Glanzlichter der Wissenschaft

Ein Almanach

herausgegeben
vom Deutschen Hochschulverband

Bibliografische Information der Deutschen Bibliothek
Die Deutsche Bibliothek verzeichnet diese Publikation in der Deutschen Nationalbibliografie;
detaillierte bibliografische Daten sind im Internet über http://dnb.ddb.de abrufbar

ISBN 3-8282-0239-X
Redaktion: Felix Grigat, M.A. (verantwortl.)
Dr. Michael Hartmer
Meike Krüger, Dipl.-Sozw.
Ina Lohaus
Druck: Saarbrücker Druckerei und Verlag GmbH, 66121 Saarbrücken

Inhaltsverzeichnis

Wissenschaft als Mythenlieferant
Naturwissenschaften in der Pop-Moderne
Jürgen Audretsch..5

Weltrisikogesellschaft revisited
Die terroristische Bedrohung
Ulrich Beck...11

„Celebrity Design" und „Muddling Through"
Die zwei Gesichter der postmodernen Politik
Norbert Bolz..17

Zwischen Bindungssicherheit und Desorientierung
Jugend aus psychotherapeutischer Sicht
Christian Eggers...21

Als die Weisheit zur Bildung wurde
Anmerkungen zur historischen und zur aktuellen Bildungsdiskussioon
Wolfgang Frühwald...25

Was Biopolitik ist und was gegen sie spricht
Eine Analyse aus philosophischer Sicht
Volker Gerhardt...37

Über Idealisten und Abzocker
Eine Polemik zur Bezahlung der Politiker
Peter Glotz..45

Globalisierung und Lebenswissenschaften
Will Deutschland die Geisteswissenschaften aufgeben?
Otfried Höffe..49

Damit sich Ehrlichkeit lohnt
Paul Kirchhof..57

Was ist der Mensch?
Renate Köcher..63

Der Großkoordinator
Wie die Medien die politische Wirklichkeit auf den Kopf stellen
Peter Lösche..73

Kreativität, Intensität und Verständnis
Erwartungen an Studenten, Professoren und Politiker
Jens Peter Meincke..77

Zur kulturellen Dimension der Bildung
Julian Nida-Rümelin..89

Die Not des Gesetzgebers im naturwissenschaftlich- technischen Zeitalter
Fritz Ossenbühl...93

Zukunftsfaktor Kinder
Barbara Schaeffer-Hegel..113

Die Natur treibt uns in die Defensive
Wer kennt die Folgen, nennt die Lösungen?
Rolf Peter Sieferle...119

Haben Sie Abitur?
Ein Messer, das Heiliges zerschneidet
Sibylle Tönnies..123

Vom Nutzen und Nachteil des Lesens für das Leben
Peter Wapnewski...128

Krämer im Tempel der Wissenschaft
Barbara Zehnpfennig...145

Die Autoren..151

Quellennachweis..153

Wissenschaft als Mythenlieferant.
Naturwissenschaften in der Pop-Moderne

Jürgen Audretsch

Die Welt der neuen Mythen

Die zentrale Frage in meinem Vortrag lautet: Wie kommen die Ergebnisse der Naturwissenschaften unter die Leute? Ich möchte Ihnen einen Statusbericht geben über die verschiedenen Orte und Formen der Aneignung von naturwissenschaftlichen Ergebnissen durch ein breiteres Publikum. Dabei schildere ich Ihnen meine ganz persönlichen Beobachtungen über die Art und Weise des Umgangs mit Naturwissenschaften in den Medien. Ich werde Ihnen zeigen, wie die Öffentlichkeit Naturwissenschaften vorgestellt bekommt. Insbesondere geht es mir darum, auf das Feuilleton aufmerksam zu machen, das hierfür gewissermaßen ein neues Medium darstellt. Ich beginne mit einem kurzen Überblick.

Da gibt es neben den reinen Fachzeitschriften zunächst die Wissenschaftsjournale. Hier ist das immer noch allgemein anerkannte Vorbild die gute alte Tante "Scientific American". Man kann auch zur deutschen Version greifen. "Bild der Wissenschaft", "Physik in unserer Zeit" und andere haben eine ähnliche Funktion. Es ist charakteristisch für diese Zeitschriften, daß sie sich primär wieder an Naturwissenschaftler wenden und in erster Linie von Naturwissenschaftlern abonniert und gelesen werden. Zum Beispiel kann der Physiker in Hochschule oder Industrie hier in einer ausführlicheren Darstellung mit guten Diagrammen und Abbildungen etwas über ein ihm ferner liegendes Gebiet der Physik erfahren oder aber über Biologie, Chemie, Medizin, Astronomie usw. Die Artikel sind so ausführlich, daß der naturwissenschaftlich mehr oder weniger gut Vorgebildete wirklich etwas verstehen kann und vor allen Dingen sind sie didaktisch gut durchgearbeitet. Es spiegelt gerade die eingeschränkte Größe des Leserkreises wider, daß die Artikel nicht ohne Anspruch und Niveau sind. Knapper und mehr vom Charakter einer Nachricht sind die Artikel aus den wöchentlichen Sonderseiten "Natur und Wissenschaft" in den großen Tageszeitungen und die Beiträge in Forschungssendungen der Rundfunk- und Fernsehanstalten. Auch in diesen Artikeln gibt es den ernsthaften Versuch, einen naturwissenschaftlichen Sachverhalt genauer zu erklären. Da die Artikel allerdings nur kurz sein können, ist damit wiederum der Leserkreis eingeschränkt. Ich kann mir allerdings nicht vorstellen, daß jemand, der keine Ausbildung in einer der Naturwissenschaften oder in einer technischen Disziplin gehabt hat, einen Artikel auf diesen Wissenschaftsseiten lesen wird. Der Durchschnittsleser der Zeitung überschlägt diese Seite einfach. Ich gehe weiter in Richtung einer wachsenden Popularisierung naturwissenschaftlicher Inhalte. Da sind dann die Nachrichtenmagazine und der relativ große Markt der popularisierenden Sachbücher zu nennen. Dieser Gang endet in der Unterhaltungskultur. Da in der Pop-Kultur die Phänomene, die ich beschreiben möchte, am allerdeutlichsten hervortreten, möchte ich an dieser Stelle mit meinen eigentlichen Ausführungen beginnen und dann einen Blick auf Nachrichtenmagazine und Sachbücher sowie auf Naturwissenschaften im Feuilleton und auf den Cross-Over werfen.

Die Pop-Kultur ist die Welt der neuen Mythen. Neue Mythen sind das Ergebnis einer Verklärung insbesondere von Personen, aber auch von Ideen. John F. Kennedy zum Beispiel ist ein Mythos, Elvis ebenfalls. Charakteristisch für die Pop-Kultur ist es, daß sich die neuen Mythen fast ganz auf die Verehrung in Kult-Bildern reduziert haben. Marylin Monroe ist ein weiterer Mythos. Wir erleben sie als Legende, Kultbild, Vorbild, Inbild, Idol und Archetyp. Marylin Monroe ist wie Lady Di, die "Königin der Herzen", zu einer Ikone des ausgehenden 20. Jahrhunderts geworden zusammen mit Micky Mouse, Donald Duck und dem Schriftzug von Coca Cola. Wie wir auch später noch mehrfach sehen werden, ist typischerweise der Übergang zur sogenannten ernsten Kultur fließend. Mit nur ein wenig Verfremdung wird aus der Pop-Ikone das Museumsbild. Andy Warhol hat das meisterlich gekonnt

"Und wo bleiben dabei die Naturwissenschaften?", werden Sie fragen. Die Naturwissenschaften sind mitten drin in dieser Welt der Bilder, Postkarten und Plakate. Zu den zumeist etwas langweiligen Postern mit den Aufnahmen von Galaxien sind die Bilder der Apfelmännchen getreten. Die große Zauberformel E=mc2 ist Bestandteil der Collagen, auch der Collagen auf den Museumsbildern. Die mit Abstand verbreitetste Trivial-Ikone ist aber Albert Einstein. Jeder kennt ihn und jedem hat er schon von den unterschiedlichsten Wänden her seine Zunge rausgestreckt. Naturwissenschaften erscheinen begreiflicherweise in der Pop-Kultur hauptsächlich in Form ausgewählter Repräsentanten. Mehr ist einfach nicht vermittelbar. Wie schön diese Personen aber mit den anderen Pop-Idolen zusammenpassen, zeigt das Bild "Einstein meets Marylin Monroe". Selbstverständlich sind solche Kombinationen nicht auf Albert Einstein und Marylin Monroe beschränkt. Auf etwas anspruchsvollerem Terrain trifft Hawking auf Ella Fitzgerald. Und dieses Photo leitet bereits zu den Naturwissenschaften in den Wissenschaftsartikeln der Nachrichtenmagazine und in den populärwissenschaftlichen Büchern, Filmen und Fernsehsendungen über.

Hier eröffnet sich uns der Blick auf eine zweite, schon merklich gehobenere und abgehobene Pop-Kultur. Hawking selber hat es vorgemacht: Vermarktung von populärwissenschaftlichen Darstellungen erfordert Personalisierung. Der Hauptdarsteller muß medienwirksam sein. Das Publikum ist sensationslüstern. Da wird dann eine schwere Behinderung gern in Fotoserien und Fernsehfilmen werbewirksam herausgestellt. Das alte Thema "Genie und Krankheit" wird hier zu einem eye-catcher umgesetzt. Wenn Sie genau hinschauen: Auch Hawking trifft Marylin Monroe. Die Naturwissenschaftsseiten in den Nachrichtenmagazinen verzichten ungern auf ein

Hawking-Bild. Es ist bezeichnend, daß man sich dann im Text nur selten die Mühe macht, etwas näher zu erläutern, was Hawking mit seiner wissenschaftlichen Arbeit eigentlich wollte und was er gezeigt hat. Statt dessen findet man z.B. im Zusammenhang mit Hawking gerne seinen Satz zitiert, daß wir mit einer Einheitlichen Theorie den Plan Gottes kennen würden. Eine so entlarvend naive theologische Konzeption von Gott hat selbst der durchschnittliche Mittelstufenschüler nicht mehr. Karl-Friedrich von Weizsäcker hat schon 1958 formuliert, daß das Vertrauen auf die Naturwissenschaft die einzige universale Religion unserer Zeit sei. Auf Grund dieses Vertrauens, so schreibt er, "rückt der Wissenschaftler ungewollt in die Rolle eines Priesters dieser säkularen Religion ein. Er verwaltet ihre Geheimnisse, ihre Prophetie, ihre Wunder." Die mythologisierende Darstellung der Naturwissenschaft ist voller Geheimnisse. Die Naturwissenschaftler werden zu Hütern dieser Geheimnisse. Ich komme zu einem weiteren Aspekt: Naturwissenschaftliche Artikel in Nachrichtenmagazinen haben häufig nur einen geringen sachlichen Erklärungswert. Sie leben zu einem guten Teil von der Wiedergabe der gleichen Ikonen, die wir schon in den Posterläden gesehen haben. Da aber eine andere Abnehmerschicht angesprochen wird, tritt neben die Personalisierung und ihrem "name dropping" in hohem Maße ein "concept dropping". Die Artikel kreisen gern und häufig um suggestive Wörter wie Schwarzes Loch, Urknall, Selbstorganisation, Synergie, Quantensprung, offene Systeme, Vernetzung, Kausalketten, Entropie, irreversibler Prozeß, den Wärmetod sterben, Phasenübergang, Selbstähnlichkeit, nicht-lineare Systeme, Chaos usw. Man könnte die Liste fortsetzen. Ich habe mich hier auf Wörter aus der Physik beschränkt. Diese Worthülsen haben bereits Aufnahme in unsere Alltagssprache gefunden: Bei jeder Bankenfusion werden Synergieeffekte freigesetzt. Natürlich auf Grund einer besseren Vernetzung. Eine politische Reform stellt einen echten Quantensprung dar und die Aktienverluste sind möglicherweise ein irreversibler Prozeß. Ob der Kanzler der große Attraktor ist, werden wir nach der nächsten Wahl endgültig wissen. In unserem sozialen System können Randgruppen den Wärmetod sterben. Bei der Finanzierung der Rente tut sich ein Schwarzes Loch auf. Naturwissenschaften sind also zum Wörterreservoir und mehr noch zum Metaphernreservoir geworden. Die Naturwissenschaften, speziell die Physik und zunehmend auch die Biologie haben die Begriffe besetzt. Für die moderne Metaphorik sind mit ihrer Hilfe ganz neue Bereiche erschlossen worden. Die Nachrichtenmagazine mit ihrem doch immerhin anspruchsvollerem Leserkreis haben zu dieser Entwicklung beigetragen. Möglicherweise sollte man das aber durchaus positiv sehen, denn vielleicht wird ja doch hin und wieder der eine oder andere neugierig und möchte wissen, was sich hinter den Wörtern versteckt, die er ständig benutzt. Z.B. Was versteht man denn wirklich unter einem Quantensprung? Dann greift dieser Neugierige zum Sachbuch und auf das, was ihn dann erwartet, komme ich jetzt zu sprechen. Viele der populärwissenschaftlichen Bücher repräsentieren wieder Pop-Kultur, nur eben für die Anspruchsvollen. Natürlich gibt es gute Sachbücher und gute Sendungen, die eher elementarisieren als popularisieren. Über sie kann man tatsächlich etwas über Chaos, Urknall oder Quantensprung erfahren. Guten Autoren geht es gerade darum, den Konzepten das Geheimnisvolle zu nehmen, indem man sie in nachvollziehbarer Weise erklärt und die Zusammenhänge klar macht, in denen sie stehen. Elementarisierung ist in der Tat eine hohe Kunst, zumeist begegnet uns aber nur Popularisierung. Nehmen Sie als Beispiel die moderne Kosmologie. Ihre schlechten Popularisierungen haben - bei genauerer Betrachtung - den Status von Weltschöpfungs- und Weltuntergangssagen. Die Medien werden Mythenlieferanten und wir konsumieren die Ware Mythos. Popularisierung und Personalisierung machen aus der Kosmologie schließlich eine moderne mythische Großerzählung. Oft schimmert noch das Rationale durch. Höchst selten aber wird der Leser wirklich zum Mitdenken und Nachfragen aufgefordert. Gab es denn nun einen Urknall? Ist mit Urknall nur ein heißer Frühzustand oder aber eine Singularität der Raum-Zeit gemeint? Welche Voraussetzungen liegen einer solchen kosmologischen Aussage zugrunde? Kennen wir wirklich die Physik bis zu beliebig hohen Energien? Wenn Bedingungen und Grenzen naturwissenschaftlicher Aussagen nicht aufgezeigt werden, sind Aussagen so gut wie wertlos. Die schlechten Popularisierungen leben aber gerade davon, daß sie das Geheimnisvolle der Konzepte vermarkten. Wir beobachten hier nicht die Entwicklung vom Mythos zum Logos, sondern im Gegenteil die Umkehrbewegung vom Logos zum Mythos. Es besteht die Gefahr, daß die Naturwissenschaften in dieser unverstandenen Form schließlich salonfähig werden. Der kulturkritische Diskurs in einigen intellektuellen Kreisen baut dann darauf auf mit allen Konsequenzen.

Ich komme damit zum Feld der sogenannten seriösen oder ernsten Kultur. Hier begegnen uns die Naturwissenschaften in einem Phänomenebereich, den man, wenn man eine modische Bezeichnung wählen will, als Cross-Over bezeichnen könnte. Der Cross-Over ist aus der Musikszene bekannt. Ein Cross-Over kann z.B. Beethoven mit aggressiver Rockmusik und Jazzelementen verbinden. In der Cross-Over-Küche trifft der amerikanische Hummer auf das kräftige thailändische Zitronengras und ein europäisches Püree von grünen Erbsen - mediterran inspiriert. Leichte Küche auf höchstem Niveau. Natürlich alles aus den besten Rohprodukten. Und damit sind wir beim Culture-Mix aus Naturwissenschaften einerseits und Philosophie oder auch Theologie andererseits. Als ein Beispiel für den Mix mit der Philosophie mag "Sokal's Scherz" stehen. Der Physiker Alan Sokal hat 1996 der amerikanischen Zeitschrift für Kulturwissenschaft mit Namen "Social Text" einen parodistischen Artikel zur Veröffentlichung angeboten, der eine Vielzahl von echten Zitaten prominenter französischer und amerikanischer Intellektueller im wissenschaftlichen Stil kommentiert. Sokal wollte dabei herausfinden, ob diese Parodie eines speziellen Typs von Aufsätzen, die sich bevorzugt im Bereich der postmodernen französischen Philosophie finden, tatsächlich gedruckt würde. Der Aufsatz hat in der Übersetzung den Titel "Die Grenzen überschreiten: Auf dem Weg zu einer transformativen Hermeneutik der Quantengravitation". Er wurde tatsächlich gedruckt. Der Aufsatz ist ausgesprochen wissenschaftlich aufgemacht mit 109 Fußnoten und 220 korrekt zitierten Werken. Ich gebe eine Kostprobe: Auf eine Frage zu seiner Theorie der Strukturen und Zeichen im wissenschaftlichen Diskurs antwortete Jacques Derrida 1970 in einem Aufsatz: "Die Einsteinsche Konstante ist keine Konstante, sie ist kein Mittelpunkt. Sie ist gerade das Konzept der Variabilität - sie ist, letztendlich, das Konzept des Spiels. Mit anderen Worten: Sie ist nicht das Konzept von etwas - eines beginnenden Mittelpunkts, von dem aus ein Beobachter das Feld beherrschen könnte -, sondern gerade das Konzept des Spiels ...." Der Artikelautor Sokal zitiert dies und fährt dann nach einer Erörterung der Invarianz der Einsteinschen Feldgleichungen unter nicht-linearen Raum-Zeit-Diffiomorphismen wie folgt fort: „Auf diese Weise höhlt die unendlich dimensionale Invarianzgruppe die Unterscheidung zwischen Beobachter und Beobachtetem aus; das ? Euklids und das G Newtons, die früher als konstant und universal galten, werden heute in ihrer unabweisbaren Historizität gesehen; ...." Alle diese Aussagen sind totaler Unsinn, allerdings auf hohem Niveau. Soviel zur „Hermeneutik der Klassischen Allgemeinen Relativität", die Quantengravitation und die emanzipatorische Wissenschaft folgen in dem Aufsatz. Der Aufsatz wurde angenommen und veröffentlicht. Sokal hat den Scherz dann zugegeben und es gab in der populären und in der akademischen Presse heftige Reaktionen auf diese Mischung der Kulturen. Das was Sokal parodiert, findet sich ebenfalls in Aufsätzen und Büchern, die Physik und Theologie verknüpfen. Als was soll man das Phänomen - ich meine die ernstgemeinten Aufsätze, nicht die

Parodie - beschreiben? Cross-Culture? Culture-Mix? Oder mehr oder weniger geschickte Übertragung moderner physikalischer Aspekte? Multikulturell? Oder einfach intellektuelles Multi-Kulti? Altmodischer ausgedrückt: Interdisziplinär? Transdisziplinär? Wohl kaum! Eher eine Kultur-Melange. Fassen wir zusammen: Auch Cross-Over bleibt höchst unbefriedigend. Aber was denn? Vielleicht vermag es das Feuilleton, als der Zeitungsteil für die gebildeten Stände. Ich will abschließend mit der Darstellung der Naturwissenschaften im Feuilleton ein neues Kapitel im Dialog zwischen Naturwissenschaften und Öffentlichkeit ansprechen. Allem Anschein nach hat sich der Wissenschaftsjournalismus mit dem Feuilleton der großen Tageszeitungen ein neues Medium erschlossen. Seit einigen Jahren und verstärkt seit der Entschlüsselung des menschlichen Genoms kann sich eigentlich niemand mehr beklagen über eine mangelnde Präsenz naturwissenschaftlicher Themen im Feuilleton. Erleben wir einen Wandel in der deutschen Geisteslandschaft? Schön wäre es und zu hoffen ist es auch!

Nach allem, was ich schon diskutiert habe, ist es nicht schwer die Gefahren, die auch diesem Unternehmen drohen, zu erkennen: es sind die alten. Eine der Gefahren ist wiederum die Ikonisierung. Statt die Sache darzustellen, wird über die Personen berichtet. Selbst die große Feuilleton-Ikone Craig Venter sieht das kritisch, wenn er in der FAZ vom 21.2.2001 sagt: "Ich glaube, man achtet viel zu sehr auf den Botschafter und zu wenig auf die Botschaft". Wenn man Wissenschaftlern - zur Zeit sind es zumeist Biologen oder Computerwissenschaftler - die Möglichkeit zur umfangreichen Selbstdarstellung gibt, dann ist die Gefahr groß, daß ein beschränktes, wenn nicht gar falsches Selbstverständnis der Wissenschaft mit transportiert wird. Wir sind dann nicht so weit ab von dem, was von Weizsäcker bereits vor Jahrzehnten beklagt hat. Der Versuchung, die Naturwissenschaften auch hier wieder zu mythologisieren, darf man nicht erliegen. Eine weitere große Gefahr besteht darin, daß man unter Umgehung der Naturwissenschaften direkt und verkürzt zu einer ethischen Diskussion übergeht. Zusammengefaßt: Nicht wenige Artikel im Feuilleton, die sich mit Naturwissenschaften und Naturwissenschaftlern beschäftigen, reduzieren sich tatsächlich wiederum auf Mythos und Moral. Es gibt aber Gott sei Dank auch andere Beispiele, und an denen kann man ablesen, was das Feuilleton leisten könnte. Das Feuilleton ist der Ort, an dem der Diskurs über Kultur stattfindet. Der erste große Schritt bestünde darin, den Leser aus seiner intellektuellen Eindimensionalität zu befreien. Es wäre schon sehr viel, wenn Naturwissenschaften vom typischen Feuilletonleser als Teil unserer Kultur wahrgenommen würden. Ich meine die Naturwissenschaften selber und nicht ihre technischen oder medizinischen Folgen. Es geht darum, Naturforschung als intellektuelle und kulturelle Leistung als geistiges Abenteuer spannend und anregend durch guten Wissenschaftsjournalismus transparent zu machen. Es muß Verständnis geweckt werden für den Charakter von Physik, Biologie usw., ihrem Wesen, ihrem Vorgehen, der Bedingtheit sowie der Stärke und Schwäche ihrer Aussagen. Wie schön, wenn viele Leser dazu angeregt werden könnten, wie Mademoiselle Ferrand über Newton zu meditieren.

Wir müssen uns erklärend und aufklärend an das bildungsbürgerlich anspruchsvolle Publikum wenden. Dabei wird der Begriff Bildung selber eine Wandlung erfahren, die er allerdings auch dringend nötig hat. Das Feuilleton widmete sich bisher fast ausschließlich der sogenannten Hochkultur: Musik, Literatur, Theater. Neuerdings liest man Artikel über Leute wie Craig Venter und Bill Joy, allerdings nur in ihrer Rolle als Wissenschaftsgurus. Das traditionelle Feuilleton war nie leicht zu lesen. Eine Buchrezension setzt Wissen über literarische Zusammenhänge und Leseerfahrungen mit vielen Büchern voraus. Das traditionelle Feuilleton erwartet etwas von seinen Lesern, und es mutet seinen Lesern etwas zu, dennoch wird es gelesen und stößt Diskussionen an. All das müßte von einem neuen Feuilleton, das Naturwissenschaften feuilletonistisch einbezieht, auch geleistet werden. Das Verständnis z.B. von ernster Musik erfordert Zeit und Mühen. Das ist bei Naturwissenschaften nicht anders. Alle seriöse Kultur, sei sie nun traditionell oder avantgardistisch, ist komplex. Sie erfordert Konzentration und insbesondere braucht sie Vermittlung. Aber es läßt sich über Kunst so schreiben, daß der Feuilletonleser nicht nur nachvollziehen kann, was der Schreibende sagen will, sondern auch die Kunst selber danach besser versteht. Zugleich mit dem Verständnis kann Begeisterung geweckt werden. Das müßte auch mit Naturwissenschaften im Feuilleton möglich sein. Wir leben in einer in höchstem Maße von Technik geprägten Welt. Schon unsere Alltagstechnik beruht auf modernsten naturwissenschaftlichen Forschungsergebnissen. Viele verstehen diese Forschungsergebnisse nicht und wissen nicht, wie sie zustande gekommen sind. Was machen die Naturwissenschaftler da eigentlich, wenn sie Physik, Chemie, Biologie usw. aktiv weiterentwickeln. Wie beschränkt ist die Gültigkeit ihrer Aussagen? All das erfährt man aber nicht, wenn der Naturwissenschaftler im Feuilleton nur daraufhin befragt wird, wie er seine Patente vermarktet und ob er nicht vielleicht aus moralischen Gründen seine Forschungsergebnisse gleich für sich behalten sollte. In den Naturwissenschaften spielen Interpretationen, Deutungen und die Einsichten, die sich als Ergebnis von Deutungen ergeben, eine zentrale Rolle. Dies wäre dem kulturell interessierten Intellektuellen mit den vielfältigen Mitteln des Feuilletons nahe zu bringen. Mir ist bewußt, daß wir hier noch ganz am Anfang stehen und die Schritte nur klein sein werden. Aber es entwickelt sich zur Zeit gerade im Medium Feuilleton ein Gefühl des Aufbruchs. Man sollte es und man muß es nutzen. Ich fasse zusammen: Nicht nur Naturwissenschaftler müssen lernen, einen Dialog zu führen, auch die Gesellschaft ist bisher kaum dazu in der Lage. Geholfen werden muß beiden.

Weltrisikogesellschaft revisited: Die terroristische Bedrohung

Ulrich Beck

Die Fragestellung

Was haben so verschiedene Ereignisse und Bedrohungen wie Tschernobyl, die Klimakatastrophe, die BSE-Krise, die Auseinandersetzung um Humangenetik, die asiatische Finanzkrise sowie die Bedrohung durch Terrorattentate gemeinsam? Sie illustrieren die Diskrepanz zwischen Sprache und Wirklichkeit, die ich „Weltrisikogesellschaft" nenne. Was ich damit meine, will ich zunächst an einem Beispiel erläutern:

Vor einigen Jahren erteilte der US-Kongreß einer wissenschaftlichen Kommission den Auftrag, eine Sprache oder Symbolik zu entwickeln, die über die Gefährlichkeit der amerikanischen Endlagerstätten für radioaktiven Müll aufklären sollte. Das zu lösende Problem lautete: Wie müssen Begriffe, Symbole beschaffen sein, um ein und dieselbe Botschaft über zehntausend Jahre an die dann Lebenden weiterzugeben?˙

Die Kommission setzte sich aus Physikern, Anthropologen, Linguisten, Gehirnforschern, Psychologen, Molekularbiologen, Altertumsforschern, Künstlern usw. zusammen. Sie hatte zunächst die unerhebliche Frage zu klären: Gibt es in zehntausend Jahren überhaupt noch die USA? Die Antwort fiel der Regierungskommission selbstverständlich leicht: *USA forever!* Doch das Schlüsselproblem, wie ist es heute möglich, über zehntausend Jahre hinweg, ein Gespräch mit der Zukunft zu beginnen, erwies sich erst allmählich als unlösbar. Man suchte Vorbilder in den ältesten Symbolen der Menschheit, studierte den Bau von Stonehenge (1500 v. Chr.) und der Pyramiden, erforschte die Rezeptionsgeschichte Homers und der Bibel, ließ sich den Lebenszyklus von Dokumenten erklären. Aber diese reichten allenfalls ein paar tausend, nie zehntausend Jahre zurück. Die Anthropologen empfahlen das Symbol der Totenköpfe. Ein Historiker erinnerte jedoch daran, daß Totenköpfe den Alchimisten Wiederauferstehung bedeuten, und ein Psychologe unternahm Experimente mit Dreijährigen: Klebt der Totenkopf auf einer Flasche, rufen sie ängstlich „Gift", klebt er an einer Wand, rufen sie begeistert „Piraten"!

Andere Wissenschaftler schlugen vor, den Boden um die Endlagerstätte mit Keramik-, Eisen- und Steinplaketten buchstäblich zu pflastern, die alle Arten von Warnungen enthalten sollten. Doch das Urteil der Sprachwissenschaftler war eindeutig: das wird nur für maximal zweitausend Jahre verstanden werden! Gerade die wissenschaftliche Akribie, mit der die Kommission vorging, machte deutlich, was der Begriff Weltrisikogesellschaft bezeichnet, aufdeckt und begreifbar macht: Unsere Sprache versagt vor der Aufgabe, zukünftige Generationen über die Gefahren zu informieren, die wir im Absehen auf den Nutzen bestimmter Technologien in die Welt gesetzt haben. Die moderne Welt vergrößert mit dem Tempo ihrer technologischen Entwicklungen die Weltendifferenz zwischen der Sprache *quantifizierbarer* Risiken, in denen wir denken und handeln, und der Welt *nicht*-quantifizierbarer Unsicherheit, die wir ebenfalls kreieren. Mit den vergangenen Entscheidungen über die Kernenergie und unseren heutigen Entscheidungen über die Nutzung der Gentechnik, Humangenetik, Nanotechnologien, Computerwissenschaften usw. lösen wir unvorhersehbare, unkontrollierbare, ja sogar *unkommunizierbare* Folgen aus, die das Leben auf der Erde gefährden.

Kontrolle des Unkontrollierbaren

Was also ist dann eigentlich neu an der Risikogesellschaft? Waren nicht alle Gesellschaften, alle Menschen, alle Epochen immer von Gefahren umstellt, denen zu wehren sich diese Gesellschaften überhaupt erst zusammenschlossen? Es ist notwendig, zwischen vorgegebenen Gefahren und kontrollierbaren Risiken zu unterscheiden. Vormoderne Gefahren werden der Natur, Göttern und Dämonen zugerechnet. Der Risikobegriff ist demgegenüber ein moderner Begriff. Im Gegensatz zu den Gefahren der Vormoderne setzt er menschliche Entscheidungen, individuelle Akteure voraus. Risiko meint die Kolonialisierung der Zukunft, die Kontrolle des Unkontrollierbaren. Der Risikobegriff versucht, die unvorhersehbaren Folgen zivilisatorischer Entscheidungen vorhersehbar und kontrollierbar zu machen. Wenn man beispielsweise sagt, das Krebsrisiko des Rauchers ist so und so hoch und das Katastrophenrisiko eines Kernkraftwerks so und so, dann heißt das: Risiken sind vermeidbare negative Folgen von Entscheidungen, die durch Krankheits- und Unfallwahrscheinlichkeiten berechenbar erscheinen – und daher keine Gefahren, keine Naturkatastrophen. In diesem Sinne wird Modernisierung üblicherweise gleichgesetzt mit der Großen Erzählung vom Übergang vorgegebener Gefahren zu berechenbaren Risiken. Dieser Siegeszug gipfelte in Europa bekanntlich in der Entwicklung und Entfaltung des Wohlfahrtsstaates bzw. Vorsorgestaates, der seine Bürger gegen Gefahren und Unsicherheiten aller Art versichert.

Die Theorie der Weltrisikogesellschaft widerspricht im Hinblick auf die Gegenwart und Zukunft dieser naiven Fortschrittserzählung. Während die Produktion von „*bads*" als Nebenfolgen der Produktion von „*goods*" dem Industrialisierungsprozeß von Anfang an eigen ist, führt erst die globale Manifestation der *bads* (die in etwa mit der Diskussion um die „Grenzen des Wachstums" in den 70er-Jahren beginnt) dazu, daß die öffentliche Wahrnehmung dieser *bads* beginnt, die Vorsorge- und Kontrollinstitutionen der ersten, industriellen, nationalstaatlich organisierten Moderne in Frage stellt. Anders gesagt: Irgendwann in der nicht weit zurückliegenden Vergangenheit hat sich in den westlichen Milieus institutionalisierter Sicherheit ein qualitativer Wandel in der Wahrnehmung sozialer Ordnung ereignet. Diese wird nicht länger primär als ein

Konflikt um die Produktion und Verteilung von *goods* verstanden, vielmehr widersprechen die Produktion und Verteilung von *bads* dem Kontrollanspruch der etablierten Institutionen. Dieser kategoriale Wandel in der Selbstwahrnehmung hat die Art, in der moderne westliche Gesellschaften ihre Institutionen und Funktionen organisieren und managen, in eine Krise gestürzt. Diese Krise nenne ich „Weltrisikogesellschaft". Es ist dies allerdings zugleich auch eine Krise der Sozialwissenschaften und der politischen Theorie, die in einer Kombination von Karl Marx und Max Weber moderne Gesellschaften als kapitalistisch und rationalistisch begreifen.

Die etablierte Unterscheidung von Gefahr und Risiko muß also ergänzt werden durch die am historischen Radikalisierungsprozeß der Moderne orientierte Unterscheidung zwischen *berechenbaren* Risiken der Ersten, nationalstaatlichen Moderne und *nicht*-berechenbaren Unsicherheiten und Gefahren *zweiter Ordnung* der Zweiten, globalen Moderne. Diese können nicht als Vergangenheit, sondern müssen als Zukunft begriffen werden; nicht als Versagen, sondern als Produkt des Sieges von Modernisierungsprozessen.

Öffentliche, massenmedial inszenierte Risikowahrnehmung

Das Argument lautet weder, daß die Epoche der Industriegesellschaft weniger riskant war, noch daß die Risikogesellschaft einfach die Industriegesellschaft ersetzt hat. Vielmehr verschwimmt die Unterscheidung zwischen quantifizierbaren Risiken und nicht-quantifizierbaren Unsicherheiten, zwischen Risiko und Risikobewußtsein. Es ist diese Universalisierung von Unsicherheiten und Gefahren zweiter Ordnung und die daraus entstehende Dominanz der öffentlichen, massenmedial inszenierten Risikowahrnehmung, die den epochalen Unterschied ausmachen. In der Weltrisikogesellschaft geht es dementsprechend auf allen Ebenen um die *zwanghafte Vortäuschung von Kontrolle über das Unkontrollierbare* – in der Politik, im Recht, in der Wissenschaft, in der Wirtschaft, im Alltag.

Das Wort *Risikogesellschaft*, das ich fand und 1986 zum Titel meines Buches machte, soll also eine Zeit auf den Begriff bringen, die nicht mehr hadert mit traditionalen Lebensformen, sondern mit den Folgen radikalisierter Modernisierung, nämlich mit unsicheren Biographien, Gefahren, die alle treffen und die niemand mehr versichert. Ich schrieb:
- die Gefahr habe die „Zerstörungskraft des Krieges". Die Sprache der Gefahr sei infektiös, verändere die Gestalt sozialer Ungleichheit: soziale Not sei hierarchisch, die neue Gefahr dagegen demokratisch. Sie treffe auch die Reichen und Mächtigen. Die Erschütterung schlage auf alle Bereiche durch. Märkte brächen ein, Rechtssysteme faßten die Tatbestände nicht, Regierungen gerieten unter Anklage und erhielten zugleich neue Handlungschancen;
- wir würden Mitglieder einer „Weltgefahrengemeinde". Die Gefahren seien nicht mehr innere Angelegenheit des Ursprungslandes, und ein Land könne die Gefahren auch nicht im Alleingang bekämpfen. Es entstehe eine „Weltinnenpolitik";
- es sei genau der Fortschritt der Wissenschaften, welcher die Rolle der Experten untergräbt. Die Wissenschaften und ihre Technologien der Visualisierung hätten fundamental das Prinzip: „Ich sehe kein Risiko, also existiert kein Risiko" in Frage gestellt. Mehr Wissenschaft verkleinere nicht notwendigerweise das Risiko, sondern schärfe das Risikobewußtsein;
- Angst bestimme das Lebensgefühl. Der Wert der Sicherheit verdränge den Wert der Gleichheit. Es komme zu Gesetzesverschärfungen, zu einem scheinbar vernünftigen „Totalitarismus der Gefahrenabwehr";

– die „Angstwirtschaft" werde sich an dem allgemeinen Nervenzusammenbruch bereichern. Der mißtrauische und beargwöhnte Bürger werde dankbar sein müssen, daß er zu „seiner Sicherheit" gescannt, abgelichtet, durchsucht und ausgefragt wird. Sicherheit werde wie Wasser und Strom zu einem öffentlich organisierten Verbrauchsgut.

Viele dieser Strukturmerkmale der Risikogesellschaft lesen sich heute wie Beschreibungen der Welt nach dem 11. September 2001, nach den Terrorattentaten von New York und Washington. Und doch ist es nötig, drei Dimensionen globaler Gefahren zu unterscheiden: ökologische Krisen, globale Finanzkrisen und terroristische Gefahren.

Ein wesentlicher Unterschied zwischen ökologischen und ökonomischen Gefahren einerseits, sowie der terroristischen Bedrohung andererseits liegt darin, daß *Zufall durch Absicht ersetzt wird.* Ökologische Krisen und ökonomische Gefahren globaler Finanzströme zeichnen sich – über alle Unterschiede hinweg – durch eine Gemeinsamkeit aus: Sie müssen in der Dialektik von *goods* und *bads,* also als zufallsbedingte Nebenfolgen von Entscheidungen im Modernisierungsprozeß, begriffen werden; nicht so im Falle von Terror. Damit werden aber die Rationalitätsgrundlagen bisheriger Risikokalkulationen aufgehoben – an die Stelle von Zufall tritt Absicht, von Gutwilligkeit Bösartigkeit.

Erst im Rückblick wird klar, daß die Berechenbarkeit von Risiken stillschweigend voraussetzt, daß die mögliche Katastrophe zufällig eintritt und gerade nicht vorsätzlich herbeigeführt wird. Dies läßt sich an einem winzigen, aber hoch symbolischen aktuellen Beispiel, nämlich der Flugsicherheit veranschaulichen. Der elektronische Flugfahrscheinautomat, der verwendet wurde für Flüge zwischen Boston – New York – Washington, fragt den Benutzer – mit elektronischer Stimme –: „Haben Sie Ihre Koffer selbst gepackt?" oder „Haben Ihnen irgendwelche Fremden etwas zur Aufbewahrung gegeben?" Und die Antwort, die den Weg freimachte, konnte dadurch gegeben werden, daß man einen bestimmten Punkt auf dem Bildschirm mit dem Finger berührte! Dieser „Sicherheitsautomat" bringt es auf den Punkt: Die westlich-technizistische Sicherheitsphilosophie beruht auf einer Art zivilisatorischen Vertrauens, das die terroristische Gefahr zersetzt.

Ende des „Restrisikos"

Das allerdings bedeutet (langfristig) einen tiefen Einschnitt im Hinblick auf die Beantwortung der Frage, wie neue Technologien öffentlich legitimiert werden. Es dürfte in Zukunft kaum mehr genügen, wenn die Verantwortlichen einer gutgemeinten Forschung und technologischen Entwicklung der Öffentlichkeit den gesellschaftlichen Nutzen und das geringe „Restrisiko" ihres Unternehmens beteuern. Vielmehr müßte die Riskanz einer Generation neuer Technologien und wissenschaftlicher Entwicklungen künftig auch die denkbaren böswilligen Anwendungen enthalten.

Die Gefahr terroristischer Aktivitäten wächst mit einer Reihe von Bedingungen: mit der Verwundbarkeit unserer Zivilisation, mit der globalen massenmedialen Präsenz der terroristischen Gefahr, mit der Bereitschaft der Täter, sich selbst auszulöschen. Zugleich vervielfältigen sich terroristische Gefahren allerdings auch exponential mit dem technischen Fortschritt selbst. Mit den Zukunftstechnologien – der Genetik, der Nanotechnologie und der Robotik – öffnen wir „eine neue Büchse der Pandora". Was die Legitimation der Zukunftstechnologien betrifft, wird es entscheidend darauf ankommen, wann und in welchem Ausmaß die Legitimation von Zufall auf Absicht, von Nebenfolgen-Gefahren auf terroristische Gefahren umgestellt wird.

Das Attentat vom 11. September hat die Verletzlichkeit der entfalteten Zivilisation ins allgemeine Bewußtsein gerückt. Genau genommen heißt das: Gegen Zufallsunfälle sind wir – mehr oder weniger – versichert. Völlig schutzlos sind wir dagegen beabsichtigten Terrorattentaten ausgesetzt. Die Risikoanalyse wird sich in Zukunft auch der böswilligen Auslösung von Katastrophen stellen müssen – unter Einsatz präzise jenes Wissens, das zur Abwehr zufälliger Katastrophen entwickelt wurde.

Die Risikoforschung gerät damit selbst in das Dilemma: Einerseits muß sie der Tat vorwegeilen und das Undenkbare denken; andererseits eröffnet sie gerade in dieser guten Aufklärungsabsicht vielleicht die Büchse der Pandora, weist möglichen Attentätern neue Wege. Die Riskanz der Risikoanalyse selbst liegt also darin, daß das Denken bislang undenkbarer Gefahren zur ungewollten Geburtshilfe derselben werden kann. Eine Welt aber, in der in präventiver Absicht die zivilisatorische Gefahrenphantasie von der Leine der Zufallsunfälle losgebunden und auf das gezielte Auslösen von Katastrophen gehetzt wird, droht die Grundlagen der Freiheit und der Demokratie aufzuheben.

* Siehe dazu Gregory Benford, Deep Time – How Humanity Communicates Across Millenia, Avon 1999 sowie Frank Schirrmacher, Zehntausend Jahre Einsamkeit, in: Frankfurter Allgemeine Zeitung, Nr. 209 vom 8. September 2000, S. 49, dem ich dieses Beispiel verdanke.

"Celebrity Design" und "Muddling Through".
Die zwei Gesichter der postmodernen Politik

Norbert Bolz

Im Zeitalter der Globalisierung zeigt die Politik dem Bürger zwei Gesichter. Da ist zum einen das graue, konturlose Gesicht der Ministerialräte, Technokraten und Sachbearbeiter, die, gut abgeschirmt von der Öffentlichkeit, Tag für Tag Entscheidungen am Fließband produzieren. Und da ist zum anderen das prägnante, allen vertraute Gesicht der politischen Stars, die wie Hohepriester die Rituale der Mediendemokratie zelebrieren. Die einen tun die Arbeit, die anderen sorgen für das „impression management". Sehen wir näher zu.

Das „Dreikörperproblem der Weltgesellschaft"

Es gibt ein Dreikörperproblem der Weltgesellschaft. Sehr große Teile der Weltgesellschaft leben *vormodern*; gemeint ist natürlich die sogenannte Dritte Welt, der wir die Dauerprobleme der Migration und des Fundamentalismus verdanken. Überall dort, wo Nationalstaaten noch versuchen, die Gesellschaft mit Steuern zu steuern, leben wir *modern*. Und überall dort, wo sich die Wissensgesellschaft formiert, die Global Players der Wirtschaft den Ton angeben und „smart cities" aus dem Boden schießen, zeigt sich die Welt *postmodern*. Es läßt sich nicht voraussehen, wie diese drei Körper sich wechselseitig beeinflussen werden – und das macht die Entwicklung der Weltgesellschaft in einem durchaus mathematischen Sinne unberechenbar.

Klar ist aber, daß die Nationalstaaten weiter an Einfluß verlieren werden – manche sprechen gar von einem neuen Mittelalter der Netzwerke und multiplen Autoritäten. Hier kollabiert die Unterscheidung von Außen- und Innenpolitik. Wenn man heute von Weltgesellschaft spricht, meint man aber gerade nicht eine *politische* Einheit der Welt. Die Politik hat ihre Führungsrolle bei der Weiterentwicklung der Gesellschaft längst verloren. Das darf sie aber nicht zugeben und deshalb produziert sie von sich eine spektakuläre Zweitfassung; dazu gleich mehr.

Weil sie die Zukunft nicht kennen kann, prozediert reale Politik kleinteilig, als „muddling through". Moderne Politik ist immer lokal, kontingent, kurzsichtig und rhetorisch. Dieses graue Operieren der realen Politik hat viele Namen: „disjointed incrementalism" (Ch. Lindblom), „inspired adhoccery" (Ch. Taylor) – oder mit Toynbee: „one bloody thing after the other". Gemeint ist, daß reale, graue Politik im allgemeinen in folgenden Schritten verfährt:
1. Entscheidung und ihre Implementierung;
2. Beobachtung der Effekte;
3. Korrektur der Nebenwirkungen;
4. Beobachtung der Effekte der Korrektur;
5. Erneute Korrektur.

Politik reagiert auf die Probleme und Erwartungen der Außenwelt also nur noch mit den Mitteln ihrer eigenen selbstbezüglichen Prozesse. Politiker antworten im Grunde gar nicht auf die Bürger und ihre Sorgen, sondern beschränken sich auf die Rückmeldung ihrer eigenen Vollzüge. Die Probleme einer modernen Gesellschaft sind nämlich unlösbar – man kann sie nur von außen nach innen verschieben. Parteien, die überhaupt noch Bodenhaftung haben, können gar nicht anders als divergierende Anforderungen von außen in interne Konflikte zu transformieren. Es geht dabei vor allem um die Folgelasten der Modernisierung und des Wohlfahrtsstaates. Und hier gilt: Wie auch immer du dich entscheidest – du wirst es bereuen.

Die Macht politischer Designer

Aber eben gerade weil die Probleme unlösbar sind und man die Zukunft nicht kennen kann, ist das Publikum von Politik fasziniert. Der Politiker verkörpert nämlich die unbekannte Zukunft – in den Talkshows. Damit übernehmen aber die politischen Designer die Macht. Nichts ist der aufgeklärten Soziologenwelt einer diskutierenden Öffentlichkeit ferner. Der permanente Wahlkampf ist Werbung, deren Rhetorik uns den Zeitaufwand politischer Information erspart. Und jeder Bürger weiß, daß es sich nicht lohnt, viel Zeit in politische Information zu investieren – denn man hat ja nur eine Stimme.

Da die Bürger keine Metakompetenz haben, um die Kompetenz der konkurrierenden Politiker zu beurteilen, bleibt ihnen nur das ästhetische Urteil. Erst in den letzten Jahren haben sich die politischen Parteien darauf eingestellt und konzentrieren ihre Anstrengungen nicht mehr auf Programme, sondern auf das politische Design. Deshalb werden Medienberater, Marketingexperten und Spin Doctors immer wichtiger. Sie behandeln den Politiker wie das Produkt einer Firma, die den Kunden mit einer Kultmarke faszinieren will.

Das Parlament ist für solche Inszenierungen denkbar ungeeignet. Das politische Design braucht Formate, die weniger störanfällig sind: Hof-Interviews, das Ritual der Elefantenrunde, Talkshows. Wer hier auftritt, ist ein Star. Wie Schauspieler und Sportler sind auch die Politiker der Talkshows und Fernsehdiskussionen „celebrity brands". Es hat deshalb einen guten Sinn, daß Meinungsforschungsinstitute nicht nur die Beliebtheit, sondern auch den Bekanntheitsgrad von Politikern veröffentlichen.

Personalisierung von Problemen

Je unübersichtlicher und komplexer die Welt wird, desto wichtiger werden Vereinfachungen. Unter modernen Medienbedingungen muß die Politik alle Probleme personalisieren. Stars ersparen uns die Kompetenz und Urteilskraft. Doch der Star der modernen Medienwirklichkeit ist kein Diktator, sondern ein Moderator. Die Zeit der Zuchtmeister ist vorbei; der Moderator kann und will kein Machtwort mehr sprechen.

Reden wir miteinander - Gewerkschafter und Unternehmer, Traditionalisten und Modernisierer, Spin Doctors und Habermasianer. Diese Aufhebung der Politik in der Rhetorik des runden Tisches und der „Bündnisse für...", diese konsequente Transformation von Richtlinienkompetenz in Medienkompetenz kann nur denjenigen irritieren, der von Politikern immer noch Visionen und eingreifendes Handeln erwartet.

Menschen interessieren sich für Menschen, d.h. für Geschichten – nicht für das politische System und seine Entscheidungssequenzen. Deshalb gestalten die Mediendesigner politische Kommunikation heute als Einheit von Nachricht, Werbung und Unterhaltung. Den Bürgern ist das durchaus recht. Im Politainment genießen sie die Intimität mit den Mächtigen und gönnen sich die Illusion der Zukunftsschau.

Indem die Mediendemokratie alle Probleme personalisiert, ermöglicht sie dem Publikum die freie Verteilung von Gefühlen und Sympathiewerten. Dabei ist es immer wieder faszinierend zu sehen, wie diese Sympathiewerte völlig losgelöst von Parteipolitik und Programmatik verteilt werden. Gegen die Macht der Unterscheidung Sympathie/Antipathie kommt man mit „Sachfragen" der Politik nicht an. Mediendemokratie heißt eben auch Mediendarwinismus. Alles läuft auf den Star und die Mitte hinaus.

Maximierung rhetorischer Differenzen

Als Mann der Mitte zeigt sich der Star marktgerecht. Einfachste Mathematik genügt, um zu verstehen, daß die Aufgabe der Stimmenmaximierung beide Wettbewerber dazu zwingt, auf der Rechts-Links-Achse jeweils in die Mitte zu gehen. Die Mitte ist das Unbestimmte, in dem sich alle treffen können. Sie ist das Medium, in das man immer wieder neue Formen und alte Werte eindrücken kann – wie mit Förmchen im Sandkasten. Doch die Mitte ist langweilig; deshalb muß man sie künstlich polarisieren. Mit anderen Worten: Die *politischen* Differenzen minimieren sich beim Kampf um die Mitte; deshalb müssen die *rhetorischen* Differenzen maximiert werden.

Wenn man einmal vom politischen Design absieht, dann muß man zugeben, daß unsere formale Demokratie und die Politik der Mitte keine starken Gefühle des Bürgers ermöglichen. Ihm bleibt ja eigentlich nur der Gang zur Wahlurne – alle vier Jahre. Diese emotionale Unterforderung des Bürgers fordert Kompensationen, zum einen durch affektiv aufgeladene Ein-Punkt-Parteien, zum andern durch das Spektakel im Fernsehen. Das hat längst dazu geführt, daß sich Politik ihre Legitimation durch Popularität verschafft. Diesen fundamentalen Sachverhalt verschleiern Politiker gerne dadurch, daß sie „Populismus" als Schimpfwort benutzen.

Doch jeder erfolgreiche Politiker ist heute natürlich Populist. Es geht ihm um das, was amerikanische Marketingexperten Mind Share nennen: den Kampf um Aufmerksamkeit in den Köpfen der Wähler. Und weil die Wähler vor allem auch Konsumenten sind, muß sich die Politik hier gegen Wirtschaft und Entertainment behaupten. Das tut sie, indem sie „soziale Probleme" konstruiert, für die sie dann „Lösungen" (zumeist: Reformen) feilbietet. Das Warenangebot der Parteien besteht also in Meinungen zu diesen selbstdefinierten Problemen. Regis Debray hat deshalb vom „etat séducteur" gesprochen. In der Zeit der Aufklärung war der Staat Erzieher; heute ist der Staat Verführer: Designer der Gefühle, Hauptkunde der Marktforschung und Warenanbieter auf dem Markt der öffentlichen Meinung.

Die Macht der Quote und der Demoskopie sind eine Art Ausgleich dafür, daß wir nur alle vier Jahre wählen dürfen. Man ersetzt politische Beteiligung durch rhetorische; jeder kann mitreden. Und auf dieses Gerede - nicht etwa auf die „Wirklichkeit" - muß der Populist sensibel reagieren. Jeder politische Führer folgt seiner Gefolgschaft. Was daraus für unsere Spitzenkandidaten folgt, ist klar: Wer Kanzler werden will, muß dem Volk folgen – d.h. der Demoskopie. Deshalb ist die erfolgreichste Haltung die Mehrdeutigkeit. Nur als Wellenreiter der Trends kann man Spitzenkandidat sein. Mit anderen Worten, der Spitzenkandidat muß ein hohes Maß an programmatischer Unbestimmtheit haben, damit möglichst viele Erwartungen auf ihn projiziert werden können. Und hier ist Deutschland wirklich führend.

Zwischen Bindungssicherheit und Desorientierung. Jugend aus psychotherapeutischer Sicht

Christian Eggers

Seit der schrecklichen Bluttat von Erfurt fragen sich viele, was denn „mit der Jugend los" sei und selbst Politiker, einschließlich Präsident, Kanzler und Innenminister reiben sich verdutzt die Augen, als hätte es nie Frühwarnzeichen gegeben. Die am häufigsten benutzten Vokabeln waren „Betroffenheit" und „Ratlosigkeit". Schnell waren auch Tatkraft und Energie vorgaukelnde Lösungsvorschläge zur Hand wie u.a. Heraufsetzen des Volljährigkeitsalters – was letztlich einer allgemeinen Verordnung von Unmündigkeit der Jugend gleich käme, welche die offenkundigen Tendenzen zur Verweigerung von selbstverantwortlichem Denken und Handeln verstärken würden – , oder Verbot von gewaltverherrlichenden Video- und Computerspielen, was angesichts der Wirklichkeit eher blauäugig und lachhaft wirkt. Was schlimm an all diesen gedanklichen und aktionistischen Schnellschüssen ist, daß die wahren Probleme der heutigen Jugend verkannt und die wirklichen Ursachen für Gewalt und Terror verleugnet werden.

Wenn wir nach den Ursachen für seelische Belastungen von Kindern und Jugendlichen fragen, die für einen Teil der Betroffenen offenbar nicht mehr oder nur unzureichend zu bewältigen sind, so sind sicher u.a. psychosoziale Faktoren wie sozioökonomische Unterprivilegiertheit von Eltern, körperliche oder seelische Misshandlung, Trennung durch Scheidung, Bestehen langjähriger zwischenelterlicher Auseinandersetzungen oder inkongruente Erziehungsstile zu nennen, die zu einer Beeinträchtigung der psychischen Stabilität und Widerstandfähigkeit bei der heranwachsenden Generation führen. Neben solchen ins Auge fallenden und leicht objektivierbaren Belastungen gibt es auch subtilere, aber nicht weniger bedeutsame Umstände, die für die normale psychische Gesundheit des Kindes und Jugendlichen von eminenter Bedeutung sind. Es sind dies die frühen Bindungserfahrungen des Säuglings und Kleinkindes, welche die Qualität der Eltern-Kind-Beziehung kennzeichnen. Die *Qualität der Bindungsbeziehung* wird wiederum ganz wesentlich bestimmt durch die *Feinfühligkeit, Sensitivität* und *Empathiefähigkeit* der Mutter, sowie durch *Konsistenz, Verlässlichkeit* und *Konstanz* des elterlichen Beziehungsverhalten. Ein unsicheres Bindungsverhalten kann als Risikofaktor für spätere psychische und soziale Auffälligkeiten angesehen werden, vor allem wenn belastende Lebenskrisen hinzukommen.

Die Lebenssituation der heutigen Jugend ist durch besondere Herausforderungen erschwert, die stichwortartig benannt werden: Globalisierung, zunehmende Vernetzung und Komplexität der postmodernen Welt, Reizüberflutung, Hyperinformation und –kommunikation, Entgrenzung von Raum und Zeit. Fast zeitgleich haben wir die Katastrophe vom 11.September 2001 erlebt, und noch nie war uns die entfernteste Provinz vom fernen Afghanistan so nah. Wir haben in unserer Jugend noch selbst entschieden, was für uns gut war, welches Buch wir lasen und zu welchem Zeitpunkt unserer Entwicklung wir es lasen. Heute ist der *Verführungsdruck* des weltweiten Informationsangebots immens und entsprechend groß die Gefahr der Desorientiertheit und Überforderung.

Seelische Stabilität, Selbstsicherheit, Vertrauen in die eigenen Kräfte und Bewältigungsmöglichkeiten sind somit in heutiger Zeit von größerer Wichtigkeit denn je. Die Grundlagen für diese Fähigkeiten und Eigenschaften werden schon sehr früh gelegt, nämlich spätestens gegen Ende der pränatalen Entwicklung. Schon während der Schwangerschaft sind die emotionale Beziehung der werdenden Mutter zu dem heranwachsenden Kind und die Phantasien der Eltern über ihr Kind von erheblicher Bedeutung. Aufgrund ihrer fortgeschrittenen zentralnervösen Organisation sind das Neugeborene und der junge Säugling bereits in der Lage, zu mehr als einer Person Kontakt aufzunehmen und aktiv mit der unmittelbaren Bezugswelt zu interagieren. Dabei ist es wichtig, daß die unmittelbare Bezugsperson von Anfang an taktvoll auf diese Interaktions- und Kommunikationsbemühung des Neugeborenen und jungen Säuglings reagiert, und daß der junge Säugling das Gefühl bekommt, daß er bei seinen relevanten Bezugspersonen für ihn adäquate, d.h. „richtige Reaktionen" auslösen kann. Auf diese Weise kann der junge Säugling bereits ein „*Effektanzgefühl*" entwickeln, d.h. er kann wahrnehmen, daß seine Aktionen zum Erfolg führen. Hier schon wird der Grundstein für spätere *Ich-Stärke, Selbstvertrauen* und ein gesundes *Selbstwerterleben* gelegt. Damit dies gelingt, kommt es entscheidend darauf an, daß interne Verhaltensbereitschaften des jungen Säuglings und externe Förderung seitens der unmittelbaren Bezugspersonen sorgfältig aufeinander abgestimmt werden.

In der frühen Mutter-Baby-Beziehung entwickelt sich ein harmonisches Interaktionsmuster, welches dem Säugling das Gefühl vermittelt, daß zwischen seinen Intentionen und denen der Mutter kein Unterschied besteht, was wiederum darauf gründet, daß die Mutter die *Signale* ihres Säuglings nicht nur *intuitiv* versteht, sondern sie auch *adäquat* beantwortet. Es kommt dabei darauf an, daß die Mutter nicht nur die Reaktionen und Aktionen ihres Säuglings wahrnimmt und richtig beantwortet, sondern daß sie auch dessen inneren mentalen Zustände erfasst und darüber *reflektiert*. Dadurch wird sie vermeiden, eigene Vorstellungen, Wünsche und Ansprüche auf ihr Kind zu projizieren, sie wird vielmehr in der Lage sein, die Perspektive ihres Säuglings einzunehmen und nicht ihre Sichtweise zum Maßstab ihrer Interaktionen zu machen. Die intuitive Reaktionsbereitschaft, Empathiefähigkeit und Reflexivität der Bezugspersonen sind Voraussetzung dafür, daß das heranwachsende Individuum seinerseits später zur sozialen Perspektivenübernahme befähigt ist und sich in die jeweiligen Affekte, Absichten, emotionalen Gestimmtheiten und Wertvorstellungen des anderen hinein versetzen kann.

Eltern, die ein intuitives und reflexives Beziehungs- und Interaktionsverhalten zeigen, welches sich durch Konstanz, Verlässlichkeit, Konsistenz und Voraussagbarkeit auszeichnet, vermitteln dem heranwachsenden Kind *Bindungssicherheit* und stellen ihm eine sichere Basis für Eroberungs-, Erkundungs- und Neugierverhalten zur Verfügung, was wiederum die Erweiterung der Erfahrungswelt des jungen Kindes ermöglicht. Gleichzeitig wird die Entwicklung *prosozialer Verhaltensweisen* gefördert. Prospektive Längsschnittstudien zur Bindungssicherheit im Alter von 12 und 18 Monaten, im Kleinkindesalter und im Alter von 22 Jahren haben gezeigt, daß sicher gebundene Kinder souverän mit Aggression innerhalb der Peer-Group umgehen, im Kindergarten halten sie Regeln ein und gehen kompetent mit entstehenden Gruppenkonflikten um, indem sie an der Entwicklung konstruktiver Konfliktlösestrategien beteiligt sind. Sie verteidigen sich in adäquater Weise oder halten Distanz, während unsicher gebundene Kinder Schwierigkeiten mit der Dosierung von Gewalt haben und auch leichter in die Opferrolle geraten. Außerdem hat sich gezeigt, daß sicher gebundene Kinder später als Erwachsene in sicheren, haltgebenden, zuverlässigen und warmherzigen Partnerschaftsbeziehungen leben. Es besteht also eine Beziehung zwischen frühkindlichen Bindungserfahrungen und der späteren Fähigkeit, emotionale und wertschätzende Beziehungen einzugehen. Kinder von Eltern, die ein inkonsistentes Interaktionsverhalten zeigen, sind unsicher-ambivalent gebunden. Sie können sich nicht auf die Haltefunktion der Eltern verlassen, z.B. nicht darauf, zum rechten Zeitpunkt in der rechten Weise getröstet, geschützt und gehalten zu werden. Das Niveau der Bindungssicherheit kann verlässlich durch entsprechende Testuntersuchungen wie dem sog. Fremde-Situationstest bestimmt werden. Dabei hat sich gezeigt, daß etwa 10 – 25 Prozent der etwa ein- bis eineinhalbjährigen Kinder ein ambivalentes Beziehungsmuster aufweisen als Folge inkonsistenter Beziehungsstile seitens der entscheidenden Bezugspersonen.

Die Auswirkungen unzureichender Bindungssicherheit sind gravierender als sich dies in epidemiologisch zu belegenden Daten ausdrücken lässt. Es sind Begriffe wie Heimatlosigkeit, Bindungslosigkeit, innere Leere, Vereinsamung, Langeweile, Neigung zu Angst- und Panikzuständen und das Fehlen einer eigenen persönlichen, unverwechselbaren Identität, welche die seelische Situation solcher jungen Individuen kennzeichnen. Durch Alkohol- und Drogenkonsum oder andere Süchte (Magersucht, Esssucht, Bulimie und selbstverletzende Verhaltensweisen) versuchen sie diesen Gefühlen zu entrinnen bzw. die innere Leere aufzufüllen. Ein anderes Vehikel ist der Zusammenschluss in ideologisierten rechts- oder linksextremen, gewaltbereiten Gruppen, wozu auch der Hooliganismus gehört. In solchen Gruppen versuchen sie ein Gemeinsamkeitsgefühl („Wir-Gefühl") und eine eigene (Pseudo-)Identität zu gewinnen.

Die seelischen Probleme unserer Kinder und Jugendlichen werden zunehmend komplexer, intrafamiliäre Gewalterfahrungen, sexueller Missbrauch und körperliche Misshandlungen nehmen ein immer bedrohlicheres Ausmaß an. Etwa 20 Prozent der Kinder und Jugendlichen weisen infolgedessen gravierende behandlungsbedürftige Verhaltensprobleme auf. Immer wieder kommt es zu einer Eskalation in Form spektakulärer, brutaler Verzweiflungstaten, wie z.B. in Erfurt. Nach einiger Zeit teilweise mit Sensationsgier gepaarter Betroffenheit kehren wieder

Desinteresse und unbeteiligtes Schweigen ein. Die Signale sind quasi erloschen, sie finden keine Resonanz mehr. Das scheint dem heutigen *Zeitgeist* zu entsprechen, welcher sich das „immer-gut-drauf-Sein" zum Motto gewählt hat.

Vieles deutet darauf hin, daß wir in einer Zeitperiode der *Beliebigkeit* leben, die durch einen Verlust an echter moralischer Autorität einerseits und der Bindungsfähigkeit an unverbrüchliche ethische Prinzipien andererseits gekennzeichnet ist. Moralische Grenzen und Gesetze werden vielfach nicht mehr oder kaum noch be- und geachtet, werden sie übertreten, hat das keine fühlbaren Konsequenzen. Statt Übernahme von Verantwortung „eines jeden durch die Weise seines Lebens in Wahrheit und Freiheit" (K. Jaspers, 1958) ist vielmehr eine gewisse Verwahrlosung der Erwachsenenwelt mit schlechter Vorbildfunktion für Kinder und Jugendliche zu registrieren. Die italienische Psychoanalytikerin Simona Argentieri Bondi verweist in ihrer Arbeit *„Die Unaufrichtigkeit als Neurose und als Verbrechen"* darauf, daß durch den Mechanismus der *Unaufrichtigkeit* viele Menschen in eine enge Verflechtung mit *„den heruntergekommenen Aspekten des gesellschaftlichen Lebens und der Politik geraten, mit der Korruption und der Verkommenheit so vieler institutioneller Strukturen: Vetternwirtschaft, Drückebergerei, kleinere Vandalismen, Steuerhinterziehung, leichte Komplizenschaften mit der Macht und mehr noch Unbeteiligt-Sein, Versäumnisse und Gleichgültigkeit gegenüber der Ungerechtigkeit"* (S.A. Bondi 2002, S. 106).

Wir sehen sowohl die Beliebigkeit als auch die Unaufrichtigkeit als Ausdruck letztlich einer Bindungslosigkeit an, die ihre Wurzeln in der frühen Kindheit hat, wie dies dargelegt wurde.

Welches *Fazit* ist zu ziehen? Es geht um die Stärkung der individuellen psycho-sozialen Ressourcen des Kindes, und zwar von der pränatalen Periode an. Nur ein starkes kindliches Ich mit einem gesunden Selbstbewusstsein und der Fähigkeit zur sozialen Perspektivenübernahme, d.h. zu Empathie, Einfühlung und prosozialem Handeln, wird in der Lage sind, die gegenwärtigen und zukünftigen Herausforderungen der Postmoderne *verantwortungsvoll* anzugehen. Dies kann unserer Jugend nur dann ermöglicht werden, wenn die *Familie* als Schutzort der kindlichen Entwicklung wieder ernstgenommen, absolut wertgeschätzt und ins Zentrum der Aufmerksamkeit gerückt wird. Dazu gehört, elterliche Kompetenzen und Ressourcen frühzeitig zu fördern und mit einer entsprechenden Beratung schon in der Schwangerschaft und auf den Neugeborenen- und Säuglingsstationen zu beginnen, sowie darüber hinaus an entsprechenden Fachkliniken spezielle Sprechstunden für Säuglinge und ihre jungen Eltern bereit zu halten, um etwa bestehende frühe Interaktionsstörungen rechtzeitig zu erkennen und behutsam behandeln zu können. Leider scheitert dies an mangelnden Finanzen bzw. an irrationalen Sparzwängen, wobei die vermeintlichen Einsparungen die Gesellschaft später teuer zu stehen kommen. Es ist aber jetzt allerhöchste Zeit, daß wir alle, die wir die Gesellschaft bilden, ganz besonders aber die von uns gewählten Politiker, die Verantwortung für die Zukunft unserer Kinder *wieder ernst nehmen,* ganz im Sinne von Oswald Spengler, der die *Sorge* als *Mutter* bezeichnet, „welche das Kind – die Zukunft – an der Brust trägt".

Der Richter am Bundesverfassungsgericht Prof. Dr. Dr. Udo Di Fabio trifft den entscheidenden Punkt, wenn er feststellt: „Auf Dauer müssen wir alle wieder diejenigen Werte als Höchstwerte erkennen, die den Fortbestand einer jeden Gemeinschaft in Freiheit und Würde sichern. Es bedarf einer kulturellen Neuorientierung: Wir brauchen ein anderes Verhältnis zu Ehe, Familie und vor allem zu Kindern, als es das inzwischen eingeschliffene Muster konsumorientierten Individualismus geprägt hat. Wenn wir nicht noch gerade rechtzeitig begreifen, daß Kinder die entscheidende Zukunftsoption und vor allem eine Quelle erfüllten Lebens und wahrer Selbstverwirklichung sind, drohen wir als politische und soziale Gemeinschaft unsere Identität und Vitalität einzubüßen".

Als die Weisheit zur Bildung wurde.
Anmerkungen zur historischen
und zur aktuellen Bildungsdiskussion

Wolfgang Frühwald

1. Eine Skizze der Zeit

Welches die vollkommene Allegorie unserer Zeit sei, lese ich in der *Grammatik der Schöpfung* von George Steiner, dem jetzt in Oxford lehrenden Komparatisten und Kulturkritiker? Und ich finde dazu die ironische Antwort: Diese sei ein Sarg, der soeben ins Grab hinabgelassen wird, während unter dem geschlossenen Sargdeckel das Mobil-Telephon des Verstorbenen klingelt. In der Tat, das ist zumindest *ein* paßgenaues Bild unserer gehetzten und gedrängten Zeit: auch nach dem Tode mußt du noch erreichbar sein! Rings um uns scheint die Luft erfüllt von dem fast hörbaren Brausen einer gewaltigen, in unglaublicher Geschwindigkeit die Erde umrundenden Woge des Geschwätzes. Je weniger es zu sagen gibt, umso höher türmt sich diese Woge. Privatheit, Einsamkeit, Erinnerung, Gedächtnis, Vergangenheit und Geschichte werden von ihrer Brandung weggerissen. Diese Woge zeigt sich an der Inflation der *talk*-Runden in Hörfunk und Fernsehen, an der Fülle belangloser SMS-Texte, die uns erreicht, an den flüchtigen, oralisierten Texten der *chat rooms* im Internet, an dem *e-mail*-Schrott, der uns aus den Computern entgegenquillt, an dem nicht enden wollenden Signalton der Fax-Geräte.... Ich bin noch aufgewachsen in einer Zeit, in der an die Mauern der Häuser ein schwarzer Schattenmann gemalt war. Unter ihm stand geschrieben: „Pst! Feind hört mit!" Ich habe noch die Kunst der nahezu laut- und lippenlosen Zweiergespräche in den Staaten des Ostblocks erlebt, welche die horchenden Geheimdienste ausgeschlossen hat. Doch will ich die Sklavensprachen, an die wir uns gewöhnt hatten, die wir alle mehr oder weniger gut beherrschten, nicht verteidigen. Aber zwischen ihrer Herrschaft und der Woge des Geschwätzes, der gänzlich belanglosen Öffentlichkeit des Privaten in unserer Gesellschaft, spannt sich nun einmal mein Leben.

2. Ein Blick in die Sprach- und Bedeutungsgeschichte

Die tägliche Erfahrung von Beschleunigung und Geschäftigkeit scheint Ausdruck des „magischen Turnus der Investitionen und Auslöschungen" zu sein, der unsere zum Dorf geschrumpfte Welt (*global village*) kennzeichnet. Durs Grünbein, der 1962 in Dresden geborene Lyriker, hat ihn im März 1998 am Modell von Los Angeles beschrieben. Das „wuchernde Territorium" dieser Stadt erschien ihm als „ein Diagramm jener Amnesie, die am Jahrhundertende über den ganzen Globus fegt. Weniges überdauert die letzten fünf Jahre, den magischen Turnus der Investitionen und Auslöschungen. ‚History is five years old', sagt eine kalifornische Redensart". Wo ist in dieser Welt der Beschleunigungen ein Ort für die Bildung, das heißt ein Ort ruhiger Besinnung auf die Herkunft und die Entwicklung des Menschen, der sich das Wort seines Schöpfers einprägt, es sich in sein Herz *hinein bildet*?

Daher nämlich rühren Wort und Begriff der Bildung, aus der von Luther übernommenen und verbreiteten Sprache der Mystik des Mittelalters. „Diese heilige, tröstliche, gnadenreiche wort gottes musz sich ein iglich christenmensch tief und wol zu herzen nehmen und mit groszem dank *in sich bilden*", heißt es bei Luther. Die deutschen Mystiker des Mittelalters, zum Beispiel Meister Eckhart und seine Schüler Johannes Tauler und Heinrich Seuse, waren bei der Verkündigung der Gottesgeburt in der Seele des Menschen an die äußersten Grenzen der Ausdrucksfähigkeit der scholastisch-lateinischen Schul- und Begriffssprache gestoßen. Bei ihrer Suche nach einer unverbrauchten Sprache entdeckten sie (wie ihre Zeitgenossen in anderen europäischen Ländern, in Frankreich, in Italien) den begriffssprachlich ungenutzten Reichtum der Volkssprache. In der Volkssprache erst, nicht in der lateinischen Gelehrten- und Kirchensprache, wurde mit Substantivierungen (*das Wesen, das Sein, das Seiende*), mit Antithesen, Paradoxen und Intensivbildungen jener Wortschatz der Innerlichkeit geschaffen, zu dem das mittelalterliche *inbilden* und dann das daraus abgeleitete Abstraktum *Bildung* gehören. Bis heute zeichnet der Wortschatz der Innerlichkeit die deutsche Sprache unter den Sprachen der Völker der Welt aus. Noch die Psychoanalyse Sigmund Freuds wurde durch diesen Wortschatz zu einer mit der deutschen Sprache eng verbundenen Disziplin. In amerikanischen Filmen aus den vierziger und den fünfziger Jahren des 20. Jahrhunderts – so konstatierte Uwe Henrik Peters – „gehörte es zu den Standardkennzeichen des Psychiaters, daß er einen deutsch-jüdisch klingenden Namen hatte und Englisch mit deutschem Akzent sprach". Daß wir uns etwas „einbilden", daß wir „in uns hineingehen", „aus uns herausgehen", daß der Mensch sich seiner selbst „*ent*äußern" kann, daß er etwas

„durchschauen", daß er seiner selbst „inne werden", daß er ganz „bei sich und außer sich sein" kann, etc., wissen wir erst seit diesem sprachlichen Durchbruch. Selbst der Berliner Witz könnte ohne ihn nicht existieren: „Mensch jeh in dir", sagt ein Berliner Straßenjunge zum andern. „War ick schon, ooch nischt los", lautet die Antwort.

Schon in früher Zeit also, wenn wir Martin Luthers Sprache als jene Wegmarke benennen, an der mystisches Sprechen und Denken an die Neuzeit vermittelt wurde, erscheint eine Trias, die für den „inneren Menschen" und seine Öffentlichkeit charakteristisch ist: *Bildung – Freiheit – Buchdruck*. Noch die Parole von Joseph Meyers populärer, zwischen 1848 und 1854 erschienener Groschen-Bibliothek: „Bildung macht frei" verweist auf diese Trias von Basis, Ziel und Medium aller Erziehung des Menschen, auf Bildung, auf Freiheit und auf den Buchdruck, durch den Bildung und Freiheit an die Vielen vermittelt werden. Damals, zu Joseph Meyers Lebzeiten, im Zeitalter des Liberalismus, war „Freiheit" auch politisch gemeint, war Bildung demnach ein Mittel bürgerlicher Emanzipation, wurde das um sich greifende Lesen, wurde die meditative Privatlektüre – wie Jürgen Habermas verdeutlicht hat – zum Königsweg der bürgerlichen Individuation.

Ehe dieser Königsweg beschritten werden konnte, mußte das Objekt der Bildung entdeckt und entwickelt werden, das Individuum, der den Einzelnen und die Einzelne prägende und (wie der Name sagt) unteilbare Kern der menschlichen Person, die in ihrer Kostbarkeit und Einmaligkeit, in ihrem unverwechselbaren und daher von Würde geprägten Dasein im Laufe des 18. Jahrhunderts sich selbst zum Gesetz, autonom geworden ist. Die Weisheit des Sprechers des Bremer Tabak-Collegiums hat für die Zusammenkunft in den Franckeschen Stiftungen in Halle einen Vortrag über „Bildung" vorgesehen, weil Bildung „als zielbewußter und teleologischer Prozeß des einzelnen Menschen" zwar eine „Bedeutungsprägung" ist, die erst bei Johann Gottfried Herder „in Verbindung mit dem Individualitäts- und Entwicklungsbegriff in vollem Umfange" erreicht wurde (R.Vierhaus, S.515), die aber ohne die Entdeckungen des Pietismus zum „inneren Menschen" nicht denkbar ist. August Hermann Francke, der Pietist, der Erzieher, der seinen Anstalten zur Erziehung der Jugend in Halle nicht zufällig, sondern, der reformatorischen Trias folgend, eine Lateinschule, eine Buchhandlung, einen Verlag, eine Druckerei und eine Apotheke angegliedert und sogar schon die (am Ende des 19. Jahrhunderts so heftig vermißten) Realien in das Unterrichtsprogramm mit einbezogen hat, gehört mitten in die spannende Geschichte der Bildung mit hinein. Der Begriff „Bildung" nämlich wird im frühen 18. Jahrhundert fast synonym mit „Erziehung" gebraucht, er bedeutet früh „Herzensbildung", und alle Sitten und Manieren, alle Kenntnisse, alles Wissen sind nichts, wenn sie nicht auf diesem Grunde aufruhen. Bei Johann Gottfried Herder ist die Hierarchie der Bildung, die in der „Bildung der Humanität" (dessen, was dem Menschen Maß ist) gipfelt, von dieser Wertung geprägt. Daß die enge Verbindung von Herzensbildung und Bildungswissen im Laufe des Säkularisierungs- und des Rationalisierungsprozesses der Moderne gelockert wurde, bedeutet nicht, daß sie jemals gelöst wurde. Noch in der Mitte der sechziger Jahre des 20. Jahrhunderts hat Hans Georg Gadamer betont, daß wir mit Bezug auf das Bildungskonzept „mit dem Jahrhundert Goethes noch immer wie gleichzeitig" sind (vgl. R.Vierhaus, S.517). „Also gehets auch unter euch", predigte August Hermann Francke am 11. Sonntag nach Trinitatis im Jahre 1716, „daß sich gar viele bey dem äusserlichen aufhalten, und sich dadurch selbst rechtfertigen, aber in ihres Herzens Grund nicht kommen."

Der moderne Bildungsbegriff, wie er seit der Mitte des 18. Jahrhunderts entstanden ist und maßstabsetzend durch Herder, Wilhelm von Humboldt und Hegel entfaltet wurde, ist vermutlich aus der Säkularisierung des pietistisch-mystischen „Bildens" hervorgegangen und in seiner

Bedeutung erweitert worden. Die enge Verbindung des Begriffes zur *Erziehung* aber, die ihm bis heute anhaftet, weist auf pietistische Ursprünge. Sie sind auch im Prozeß der Modernisierung (und das heißt im Prozeß der Erfahrungsbeschleunigung, der Rationalisierung aller Lebensbereiche, der Ausdifferenzierung der Wertsphären und der Säkularisierung ehemals religiöser Bedeutungs-Domänen) unberührt geblieben. Welche starken religiösen Energien bis heute dem Bildungsbegriff innewohnen, ist am immer wieder aufflammenden Bildungsstreit zwischen nord- und süddeutschen Ländern zu belegen. Er ist deshalb so heftig, weil im Laufe des 19. Jahrhunderts in Deutschland *Konfessions*gegensätze in *Bildungs*gegensätze verwandelt wurden und die protestantische Wortkultur des deutschen Nordens sich deutlich von der katholischen Bildkultur des deutschen Westens und Südens abgehoben hat. Goethes Erlebnis der katholischen Welt, das für ihn auf dem Weg nach Italien in Süddeutschland begann, war das Erlebnis dieser Bildkultur, das der lateinischen Schulsprache, der barocken Pracht der Kirchen und schließlich der anderen Farbe des Himmels.

So ist „Bildung" in der Bedeutungsfülle des späten 18. und des frühen 19. Jahrhunderts, die bis tief in die sechziger Jahre des 20. Jahrhunderts erhalten blieb, etwas sehr Deutsches, weil es Wort und Begriff dieser *Bildung* in den anderen Weltsprachen nicht gibt. In der englischsprachigen Auslegung seines Romans *Der Zauberberg* hat Thomas Mann die mit *Bildung-* zusammengesetzten Kernworte des Textes deutsch belassen: „And after all, what else is the German *Bildungsroman* (educational novel) ... than the sublimation and the spiritualization of the novel of adventure? ... And my Hans Castorp, the *Bildungsreisende*, has a very distinguished knightly and mystical ancestry ..." Doch „Bildung" ist, weil sie sich (nach Herder) vor allem der Sprache, also des Mittels bedient, das den Menschen erst zum Menschen macht, (*cum grano salis*) auch etwas sehr Protestantisch-Norddeutsches, das sich in den katholischen Gebieten nur langsam durchgesetzt hat. Preußen war unter allen deutschen Staaten der „Staat der Bildung". An der Gründung der Berliner Universität 1810 sollte dieser Bildungsbegriff, welcher *Persönlichkeitsbildung* durch den freien Dienst an der freien Wissenschaft meinte, *in praxi* erprobt werden. Es macht den Modernitätsvorsprung der amerikanischen Eliteuniversitäten bis zum heutigen Tage aus, daß sie diesen Gründungsgedanken Wilhelm von Humboldts am reinsten verwirklicht haben.

Der neuhumanistische Bildungsbegriff nahm seit dem letzten Drittel des 18. Jahrhunderts in sich alle Bedeutungen auf, welche der „Weisheit" im 17. und noch im 18. Jahrhundert innewohnten; „gebildet sein" hieß nun nicht „viel wissen", Bildung bedeutete nicht Polymathé, sie bedeutete in der Formulierung Wilhelm von Humboldts (1809/10), „seine Kraft in einer möglichst *geringen* Anzahl von *Gegenständen* an, so viel möglich, *allen Seiten* üben, und alle Kenntnisse dem Gemüt nur so einpflanzen, daß das Verstehen, Wissen und geistige Schaffen nicht durch äußere Umstände, sondern durch seine innere Präzision, Harmonie und Schönheit Reiz gewinnt". Ähnlich hat es Goethe später in seinem Altersroman *Wilhelm Meisters Wanderjahre* (1821) gesagt: „Allem Leben, allem Tun, aller Kunst muß das Handwerk vorausgehen, welches nur in der Beschränkung erworben wird. Eines recht wissen und ausüben gibt höhere Bildung als Halbheit im Hundertfältigen. ... Weise Männer lassen den Knaben unter der Hand dasjenige finden, was ihm gemäß ist ..." Bildung also bedeutet nicht die Fähigkeit, sich an den aus den USA importierten Leiterspielen der Quizsendungen des Fernsehens mit Aussicht auf Erfolg zu beteiligen, sie bedeutet letztlich: Urteilsfähigkeit. Der ungebildete Mensch bleibt für Hegel in der „unmittelbaren Anschauung, im subjektiven Sehen und Auffassen" stehen, während der gebildete „die Grenze seiner Urteilsfähigkeit" kennt. „Er suche in den Gegenständen, mit denen er sich beschäftige, nicht sein besonderes Subjekt, sondern ohne eigenes Interesse die Gegenstände als sie selber in ihrer freien Eigentümlichkeit." (R.Vierhaus, S.535)

Ein solch umfassender und doch konzentrierter Bildungsbegriff bewährte sich lange an einem allen Gebildeten gemeinsamen, breiten Kanon bekannter und wohlbekannter Gegenstände (die freilich schon im 19. Jahrhundert nicht ohne Widerspruch meist aus Kunst und Literatur entnommen und über die Schule vermittelt wurden); er schloß in sich Kultur und Humanität und jenes historische Gedächtnis, das es erlaubt, sich selbst seinen Platz in der langen Reihe der vorangehenden und der künftigen Menschen zu bestimmen und so *Identität* zu gewinnen. Dieser Bildungs-Begriff reicht so weit, daß Thomas Mann „Unbildung" sogar mit „Erinnerungslosigkeit" gleichsetzen und dies noch 1955 an einem Kanontext *seiner* Zeit, an Schillers Gedicht *Die Glocke*, belegen konnte. „Ungeheure Popularität" sei diesem Gedicht zugefallen, heißt es in Thomas Manns *Versuch über Schiller*, „fast im Augenblick seines Erscheinens, und erst in der Nacht von Unbildung und Erinnerungslosigkeit, die jetzt einfällt, beginnt sie sich zu verlieren. Aber es ist noch nicht lange her, daß Leute aus den einfachsten Volksschichten das Ganze auswendig konnten, und der Däne Hermann Bang sagt in einer seiner ‚Exzentrischen Novellen' von einem rezitierenden Hofschauspieler: ‚Er war der einzige im Saal, der in der ‚Glocke' nicht ganz sicher war.'"

3. Bildungsstreit heute

Damit aber sind wir zurückgekehrt zur Woge des Geschwätzes, die heute in ungebremster Geschwindigkeit die Erde umbrandet, die sich deshalb so hoch türmt, weil die Erinnerung nur fünf Jahre währt und alles, was weiter zurückreicht, bloße Nostalgie zu sein scheint. Die Naturwissenschaft setzt dieser Entwicklung mit eiserner Konsequenz den „reinen" Fortschritt entgegen, das naturwissenschaftliche Experiment. Die Rückseite der Woge des Geschwätzes ist die Flucht in das Bild, in das Experiment und – das Schweigen. Nun könnte man einwenden, daß die Flut von Literatur über Bildung und das Bildungswesen heute eine ganz andere Sprache spreche, daß „Bildung" eines der am häufigsten diskutierten Schlagworte unserer Zeit sei, daß sich ungezählte Kommissionen und Arbeitsgruppen mit ihrer Stützung und ihrer Reform befassen, daß kaum ein Tag vergeht, an dem sich nicht Politiker, Vertreter der Wirtschaft, Stiftungen, Ministerien und Wissenschafts-Organisationen zur „Bildung", zu ihren zu verändernden Inhalten und zu reformierenden Strukturen, äußern? Immerhin, könnte man sagen, gibt es doch das Buch von Dietrich Schwanitz, das einfach *Bildung* heißt und in seinem nicht gerade bescheidenen Untertitel verheißt, es enthalte *Alles, was man wissen muß*. Das amüsant zu lesende, einem traditionellen, literarisch-historischen Bildungsbegriff anhängende Buch, das fast 700 eng bedruckte Seiten umfaßt, hat es in vier Jahren auf zwölf Auflagen gebracht und lange hartnäckig einen Platz auf den Bestsellerlisten behauptet. Immerhin, könnte man weiter sagen, beherrscht doch die Kanon-Diskussion die Feuilletons, immerhin hat Ernst Peter Fischer ein Buch *Die andere Bildung* geschrieben, das im Untertitel verkündet: *Was man von den Naturwissenschaften wissen sollte* und auf rund 450 weit bedruckten Seiten lesenswert und informativ nachliefert, was bei Schwanitz fehlt: die naturwissenschaftliche Allgemeinbildung. Es ist 2001 erstmals erschienen und hat bis Februar 2002 sechs Auflagen erreicht. Also: Bildung ist „in", Bildung ist ein Geschäft, Bildung hat einen Markt! Auf etwa 1.200 Buchseiten müßte „man" wohl lernen können, was „man" wissen sollte? Wenn es nur so einfach wäre!

All diesen Bildungsinitiativen, der Kanon-Diskussion, den Bestands-Musterungen von der einen oder der anderen Seite, ist eines gemeinsam: sie beziehen sich auf bloßes Konversationswissen, sie sind auf Reduktion des Bildungswissens bedacht, bis der literarische Kanon auf etwa ein Dutzend Romane geschrumpft ist und für die Geschichte Europas 220 Druckseiten genügen. Der Grund für diesen Reduktionismus liegt einerseits in der Informationsüberflutung unserer Zeit, in der Zunahme des Funktions- und des Spezialwissens, das für Grund- und Orientierungswissen kaum noch Gedächtnisraum freihält. Der Grund liegt auch im Zerfall der bürgerlichen Gesellschaft, die den Königsweg ihrer Individuation deshalb kaum vermißt, weil es sie nur noch in Resten gibt. Der Grund liegt auch im Wandel des Zugangs zur Bildung. Peter Glotz hat am 4. April 2002 in der ZEIT geschrieben: „Wenn Sabine Christiansen über Bildung diskutiert, lädt sie längst Guildo Horn ein. Wenn Hamburg eine Kultursenatorin sucht, kommen sofort griechische Schlagersängerinnen ins Gespräch. Endlich haben wir die Unterscheidung zwischen E (ernst) und U (unterhaltend) überwunden. Sind wir nicht cool? Da die Debatte mit Präsidenten, Ministern und Professoren jahrzehntelang nichts gebracht hat, diskutieren wir die Bildungspolitik jetzt mit den Entertainern. Deutschland ist auf einem guten Weg." In der Tat: Bildung (im Sinne des traditionellen Konversationswissens, das einst dazu geführt hatte, daß jeder als gebildet galt, der ein Konversations-Lexikon sein eigen nannte), Bildung in diesem Sinne hat sich in ein soziales Spiel verwandelt, dessen Ziel es – nach Schwanitz – ist, „gebildet zu erscheinen und nicht etwa ungebildet".

An diesem Spiel sind noch immer Hunderttausende (Leser, Rundfunkhörer, Fernsehzuschauer) beteiligt. Es kann fröhlich oder auch mit bitterem Ernst gespielt werden. Es kann unterhaltsam und sogar spannend sein, im Fernsehen beginnen, in den Feuilletons und den Lesezirkeln fortgesetzt, von prominenten und einfachen Personen gespielt werden: mit dem, was Bildung wirklich ist, was sie inzwischen extrem gefährdet, was sie notwendig und nicht nur reizvoll macht, meine ich, hat dieses soziale Spiel wenig zu tun. Es betrifft eher den „Sozialtypus des Gebildeten", als die Bildung selbst. Die Gefährdung der notwendigen Bildung, der Urteilsfähigkeit, die in der weltweit entfesselten Wissens-Konkurrenz die Basis des neuen Wissens und der Kreativität bildet, kommt von außen. Das Bildungs-Spiel aber ist dem System des Sozialtypus der Gebildeten eingeschrieben, es ist system-immanent und vielleicht nur einer der Nottriebe an einem insgesamt kranken Baum.

4. Sprachzerstörung

Seit wir von „Bildung" und ihren Vorläufer-Begriffen sprechen, gehen wir explizit oder stillschweigend davon aus, daß der Weg zur Bildung über die Sprache führt. Das schreibende und das lesende Publikum war gemeint, wenn man im 18. Jahrhundert von den „gebildeten Ständen" oder der „denkenden Klasse" sprach. „Da sich in der Sprache" – schreibt Rudolf Vierhaus – „der ‚Geist' und die Bildung der Völker zu verschiedenen Zeiten und in verschiedenen Räumen dokumentierten, so war die Beschäftigung mit der Sprache in besonderem Maße ‚bildend' und die Philologie Bildungswissenschaft par excellence." Wilhelm von Humboldt hat die Sprache zum Mittelpunkt seiner Bildungsidee gemacht und verdeutlicht, daß in jeder Sprache eine dem Umfange der unbeschränkten menschlichen Bildungsfähigkeit entsprechende Totalität liege, aus der sich alles einzelne, im Rahmen der ursprünglichen Sprachanlage einer Nation, schöpfen lasse (R. Vierhaus, S.536). Diese Kernidee des Bildungsgedankens aber scheint heute an ein Ende gekommen, die Sprache entschwindet langsam, aber kenntlic, aus der Existenzdeutung des Menschen und seiner Welt. Es könnte also sein, daß mit den Rahmenbedingungen des „inneren Menschen", daß mit der nur noch als Spiel betriebenen „Bildung", daß mit dem Ende der „Galaxis Gutenbergs", das heißt mit dem nahenden Ende der Drucküberlieferung des Wissens, die durch digitale und virtuelle Welten ersetzt werden könnte, auch der dritte Begriff der „Bildungstrias" entschwindet: die Freiheit, – zuerst der Begriff, dann das Faktum?

Vermutlich ist die Woge des belanglosen Geschwätzes, welche die Erde überspült, nichts anderes als das Pendant jenes Sprachversagens und jenes Zweifels an der Ausdrucksfähigkeit der Sprache, der die europäische Literatur schon am Ende des 18. Jahrhunderts erfaßte, über Nietzsche an die Neuromantik und den Symbolismus vermittelt wurde und nun zur prägenden Signatur der Nachmoderne in Europa geworden ist. „Die Ahnung des *fin de siècle*, die Sprache werde menschlicher Erfahrung nicht mehr angemessen sein", schreibt George Steiner, „mit ihr nicht mehr übereinstimmen, ihre Korrumpierung durch politische Lüge und die Vulgarität des Massenkonsums werde sie zu einem Instrument der Bestialität machen, hat sich erfüllt." Die Schrecken der allgegenwärtigen Todesdrohung waren im 20. Jahrhundert, dem blutigsten Jahrhundert in der neueren Geschichte, von der Art, daß sie der Sprache und damit auch der Erfahrungsmöglichkeit des Menschen entglitten. Auf die Frage, was denn das Grauen der nationalsozialistischen Vernichtungslager ausgemacht habe, gibt es vermutlich nur eine einsichtige Antwort: das Leben im Nichts. Cordelia Edvardson, die heute in Israel lebende Journalistin, Tochter der deutschen Schriftstellerin Elisabeth Langgässer, die als 14jähriges Mädchen in Auschwitz die Todeslisten des Dr. Josef Mengele führen mußte, hat dieses sinnentleerte Todesreich der Vernichtungslager genau beschrieben: „Bis an den Rand war das Mädchen angefüllt von der grauen Leere. Nichts. Niemand, nicht Mensch und nicht Ding, nicht Leben und noch nicht Tod. ... Nicht einmal der Schmerz kann im grauen Nebel des Nichts Fuß fassen, der Schmerz kann nur Wurzel schlagen im Land der Menschen, getränkt werden von menschlichen Tränen. ..." Das also ist das Reich der Lager, des Vortodes, der Leere und des Nichts, ein Reich, das – anders als im Mythos von Orpheus – von Lied und Klang und Sprache nicht erreicht werden kann. „Hier verstummten auch das Gedicht, das Märchen und das Lied ...", heißt es bei Cordelia Edvardson. Solche Vernichtungserfahrungen bei lebendigem Leibe kann die Sprache, die ein *menschliches* Werkzeug ist, die den Menschen und seinen Schöpfer allererst definiert, nicht mehr erreichen. „Im Anfang war das Wort", schreibt Cordelia Edvardson in *Gebranntes Kind sucht das Feuer*, „aber am Ende die Asche." Vielleicht kennzeichnet tatsächlich die Episode aus einem der Todeslager, die George Steiner berichtet, das Ende des Jahrtausende alten Bildes vom Menschen, der „durch die Würde der Rede definiert ist – diese selbst ein Abbild des ursprünglichen und zeugenden Mysteriums der Schöpfung", am besten. In einem Handeln, das sich sprachlicher Erfahrung und sprachlichem Ausdruck entzieht, hat dieses Menschenbild sein Ende gefunden. „Ein Häftling, der vor Durst umkam", berichtet George Steiner, „sah zu, wie sein Peiniger langsam ein Glas frisches Wasser auf den Fußboden goß. ‚Warum tun Sie das?' Der Schlächter antwortete: ‚*Hier gibt es kein Warum.*'" Steiner folgert, daß diese Geschichte „mit einer Knappheit und Durchsichtigkeit aus der Hölle die Scheidung von Menschlichkeit und Sprache, von Vernunft und Syntax, von Dialog und Hoffnung" bezeichne. „Es gab *stricto sensu* nichts mehr zu sagen."

Zwar hat der Lyriker Paul Celan (nach dem Völkermord) das „Gegenwort" gegen die Mächte der Sprachzerstörung entdeckt, die „Majestät des Absurden", welche auch in tiefster Verzweiflung „für die Gegenwart des Menschlichen" zeuge, - zwar hat der österreichische Satiriker Karl Kraus das sprechende Schweigen geübt und sowohl 1914 (zu Beginn des Ersten Weltkrieges), als auch 1933 (als die Nacht des Nationalsozialismus über Europa hereinbrach) gemeint, daß das Schweigen des sonst so beredten Satirikers markerschütternd durch den Lärm des Tages dringen werde, - zwar hat der Nobelpreisträger Elias Canetti auch nach der nationalsozialistischen Sprachzerstörung dem poetischen Wort noch immer die Macht der Verwandlung von Vergangenem in Gegenwärtiges zugetraut, - trotz alledem gebe ich George Steiner recht: die „von den mitteleuropäischen Sprachkritikern und Verfechtern des Schweigens" seit der Wende vom 19. zum 20. Jahrhundert prophetisch ausgeführte „Argumentationsbewegung" ist eine „seismische Verschiebung" im Kontinent der menschlichen Existenz. Er glaube, sagt Steiner, „daß diese Verschiebung, diese Woge, die sich gegen das Wort richtet, schwerwiegender und folgenreicher ist als jede andere in der Moderne. Ja, sie definiert möglicherweise das Wesen der Moderne als das, was ‚danach kommt'. Wenn, wie es in unserem hebraisch-hellenischen Glauben heißt, das Wort am Anfang war, dann wird es einen ‚Tod der Sprache' und ein Schweigen am Ende geben". In unserer Kultur (vielleicht sogar in der Kultur der monotheistischen Religionen überhaupt) ist bekanntlich sogar „das Postulat der Existenz Gottes ... im tiefsten und absoluten Sinne ein Sprechakt" (G. Steiner). Die Rede von Gott ist immer eine *Rede* von Gott. Daß der unsichtbare Gott zu Adam und Eva, zu Abraham, Moses und den Vätern *gesprochen* hat, gehört zu den religiösen Grunderfahrungen der Menschheit, zu der Weise unserer Gotteserfahrung, zu der existentiellen Verbindung von Sprechen und der Möglichkeit des Glaubens. „Ich fürchte", sagte Friedrich Nietzsche in der *Götzen-Dämmerung*, „wir werden Gott nicht los, weil wir noch an die Grammatik glauben."

5. Strukturwandel des Wissens

Der Rückzug der Sprache ist inzwischen längst in Bildung und Wissenschaft angekommen und hat dort zu einer gravierenden Veränderung der Struktur des Bildungswissens sowohl, wie auch der unterschiedlichen Wissensbestände in unterschiedlichen Bereichen der Wissenschaft geführt. Die Strukturänderung des Wissens zeigt deutlich die Tendenz von der Verbalität zum Experimentalismus (zu einer Art von Totalität des Experiments), sie verweist auf die Änderung der Wissenshierarchien (naturwissenschaftliches Wissen vor philosophisch-geisteswissenschaftlichem Wissen), auf den Austausch der Leitwissenschaften (von der Physik zur Biochemie), auf die Veränderungen in der Wissensproduktion (vom Grundlagenwissen zum angewandten Wissen) und damit auch auf die Wandlung des Wissens- und des Forschungsbegriffes, an dem die Geisteswissenschaften kaum noch teilhaben. Auf alle diese grundlegenden Veränderungen haben die Schulen bisher überhaupt nicht, die Universitäten eher hilflos reagiert, obwohl die Leittexte der Veränderung durchaus von Hochschullehrern stammen. An wenigen Beispielen nur versuche ich, die revolutionären Veränderungen in der Wissensstruktur, deren Zeugen wir sind, zu verdeutlichen:

1. Die Suche nach den Ursprüngen, die in allen Wissenschaften (mit neuen Apparaten und experimentellen Methoden) seit etwa einer Generation gewaltige Fortschritte gemacht hat, scheint die Faszination des Experiments nochmals zu beschleunigen. Die zumal in den Lebenswissenschaften inzwischen aufgeschütteten Datenberge gehorchen keiner gemeinsamen Theorie, sie sind gleichsam wege- und pfadlos und wachsen gleichwohl ständig weiter. Im Bannkreis des hier zu bemerkenden Experimentalismus, in dem die Computer-Abfrage zum unentbehrlichen Hilfsmittel für das Neuheitsgebot wissenschaftlicher Publikationen und wissenschaftlichen Experimentierens geworden ist, scheint die Wissenschaftssprache an *natürliche* Grenzen zu stoßen. Die wissenschaftliche Kommunikation durch Publikationen, durch Experiment- und Methodenbeschreibungen, ist nämlich dadurch gestört, daß sich die Sprache (auch die englische Koiné der Naturwissenschaften) häufig der Darstellung verweigert. Es geht uns bei der

Lektüre solcher Experimentbeschreibungen wie bei der Lektüre von Gebrauchsanweisungen. Wir bringen das Gerät erst dann zum Laufen, wenn wir alles Gelesene vergessen und uns von jemand, der „es kann", unmittelbar anleiten lassen. Offensichtlich gibt es längst experimentelle Ergebnisse und Methoden, die auch für die Fachgemeinschaft so komplex sind, daß sie nicht mehr transparent beschrieben werden können, daß wegen der unwillentlich intransparenten Beschreibung die Wiederholbarkeit der Ergebnisse (und damit die einzige Kontrolle ihrer Richtigkeit) gefährdet ist. In der wissenschaftstheoretischen Literatur ist diese Erfahrung inzwischen als *natural excludability* bekannt, als die Erfahrung eines naturgegebenen Ausschlusses vom vollständigen Verständnis komplexer, experimenteller Forschungsergebnisse und Forschungsmethoden. Ein solcher Ausschluß vom Verstehen kann standard- oder formelsprachlich nicht behoben werden. Empfohlen wird daher ein anderer Erfahrungszugang: *hands on experience*, das heißt die Zusammenarbeit bei der Wiederholung des Experiments.

So ist es nur konsequent, daß heute neue, nicht-sprachliche Erfahrungsmedien gesucht werden. Die Cyberspace-Technik, das heißt die Technik der Datenanzüge oder der Datenhandschuhe (auch als *VR*- das heißt *Virtual Reality*-Anzüge bekannt), ist zumindest *eine* mögliche Methode des Umgangs mit Wirklichkeit. Klaus Mainzer nennt als Anwendung solcher Cyberspace-Systeme die Weltraumforschung, „wo ein Kosmonaut an Bord seiner Workstation bleiben kann, um gefährliche Reparaturen außerhalb durch einen Roboter ausführen zu lassen, gelenkt durch die unmittelbare Tast- und Sehwahrnehmung des Kosmonauten in der virtuellen [das heißt im Computer existierenden] Realität einer simulierten Außenwelt". In solchen „virtuellen Welten" gibt es dann auch Blutbahnreisen, der Chemiker kann Moleküle anfassen, fühlen, sehen, etc. Mainzer zitiert zu diesem neuen Schritt in der Experimentierfähigkeit des Menschen eine Überlegung von J. Lanier, die nicht von der Hand zu weisen ist: „Nehmen wir einmal an, man könnte mit einer Zeitmaschine zu den ersten Wesen zurückgehen, die eine Sprache erfanden, zu unseren Vorfahren irgendwann, und könnte ihnen VR-Anzüge geben. Hätten sie dann je die Sprache erfunden? Ich glaube kaum, denn sobald man die Welt irgendwie verändern kann, verfügt man damit über äußerste Macht und Ausdrucksfähigkeit. Beschreibungen würden sich dagegen recht beschränkt ausnehmen." Daß sich die Evolution anders „entschieden" hat und wir zu sprechenden Wesen geworden sind, bedeutet nicht, daß sich der Weg der Evolution nicht nochmals verzweigen könnte.

2. Wer sich für Bibliotheken und ihren Kulturauftrag interessiert, sieht sich gegenwärtig (nicht nur in Deutschland) mit einer erstaunlichen Diskussion konfrontiert. Da gibt es naturwissenschaftliche Fachbereiche, die ihren Beitrag zu der allen Fakultäten gemeinsamen Universitätsbibliothek streichen, weil sie bei der Beschaffung der von ihnen täglich benötigten Information angeblich autark seien; da gibt es durchaus ernst gemeinte Artikel mit der Überschrift „Schließt die Bibliotheken!" und den ebenfalls ernst gemeinten Vorschlag, die Informationsvermittlung zu privatisieren. Noch ehe sich die Begriffe Wissens- oder Informationsgesellschaft ausdifferenzieren konnten, scheint die Entscheidung längst zu Gunsten der Informations- und zu Lasten der Wissensgesellschaft gefallen zu sein. Die aktuelle, flüchtige, der Speicherung angeblich nicht bedürftige, aber wirtschaftlich ertragreiche Information wird der gewichteten, der beurteilten und kritisch bewerteten Information, aus der allein Wissen entstehen kann, systematisch vorgezogen. Der Experimentalismus bedarf der Aktualität. Der „magische Turnus der Auslöschungen und Investitionen" hat hier Besitz von der Wissenschaft ergriffen. Information, Aktualität, Informationsmanagement und Informationszugang erwarten sich die experimentellen Wissenschaften heute von einer funktionierenden Bibliothek. Die Speicherung, die Pflege, die Aufbereitung der Information erscheint dagegen sekundär. Der Wissenschaftsrat der Bundesrepublik

Deutschland hat (2002) die Entwicklung von sogenannten „Hybridbibliotheken" empfohlen, das heißt von Bibliotheken, gemischt aus Buchpflege und Informationsmanagement. In vielen großen Bibliotheken hat aber schon heute ein schleichender Umorientierungsprozeß hin zum Informationsmanagement eingesetzt. Sondersammlungen geraten in den Zustand musealer Preziosen, die bisherigen Kernaufgaben der Bibliothek: Erwerbung, Bewahrung und wissenschaftliche Erschließung des im Druck und in Handschriften überlieferten Wissens werden – mit allen Folgen für die Bibliothekskultur und das Berufsbild des Bibliothekars – im Vergleich mit Informationsmanagement und Informations-Navigation zweitrangig.

3. Die beiden grundlegenden Methoden, denen die Wissenschaft ihre Struktur verdankt, sind Theorie und Experiment. Seit der Erfindung des Computers aber, seit der Entwicklung des Arbeitsplatzrechners und entsprechender Software, scheint eine dritte Methode an die Seite von Theorie und Experiment gerückt zu sein: die Visualisierung komplexer Zustände im Computer. Offenkundig gibt es komplexe und überkomplexe Zustände (zum Beispiel das Gasgemisch in einem Ottomotor), dessen Struktur weder sprachlich beschrieben, noch berechnet werden, aber im Computer visualisiert und damit verändert, erklärt, optimiert werden kann. Noch kennen wir die Folgen dieser zum *iconic turn* in der Wissenschaft gehörenden Methode nicht. Daß sie das Gewicht der „Verbalität" noch einmal verändert, steht außer Frage. Die Struktur des Wissens verändert sich mit einer Rasanz, die dem Bildungswissen alten Zuschnitts (also dem ganzen Konversationslexikon) keine Chance mehr läßt. Es ist in vielen Teilen veraltet, noch ehe es im Druck erscheint. In diesen Bereichen unserer Wirklichkeit reicht „Geschichte" nicht einmal fünf Jahre zurück. Wer die Zeitung von gestern lese, heißt es hier, sei ein Historiker.

6. Remythisierung

Die PISA-Studie (*Programme for International Student Assessment*) hatte für mich zwei erstaunliche Ergebnisse: (1.) Sie erbrachte die Einsicht, daß Lesekompetenz, also die Fähigkeit, Texte zu lesen, zu verstehen, zu erklären, sie zu reflektieren und zu bewerten, eine Art von Schlüsselkompetenz ist. Diese Kompetenz öffnet die Türen nicht nur zu geschriebenen und gedruckten Texten, sondern auch zu Bildtexten und ist korreliert mit mathematischer Modellierungsfähigkeit. Wer keine Lesekompetenz hat, heißt der brutale Satz, hat auch keine mathematische Modellierungsfähigkeit. Rund ein Viertel aller 15jährigen Schülerinnen und Schüler in Deutschland erreichen hier nicht einmal durchschnittliche Testergebnisse. (2.) Die Studie teilt mit, daß 42% aller befragten fünfzehnjährigen Jungen und Mädchen in Deutschland noch niemals zum Vergnügen gelesen haben. Während also die Lesekompetenz zum Verständnis der komplizierter werdenden Welt an Bedeutung zunimmt, entziehen sich ihr die informationsverwöhnten jungen Leserinnen und Leser.

So ist es nicht verwunderlich, daß gleichsam durch die Hintertüre der sprachlos werdenden Welt archaische Mythen und Vorstellungen eindringen und sie inzwischen fest im Griff halten. Die scheinbar völlig durchrationalisierte Welt wird ein Opfer der Remythisierung, der auch hochintellektuelle Bereiche verfallen: dem Mythos des die Welt errettenden Helden (Rambo gegen den Rest der Welt), dem Mythos des frühen und (angeblich) schönen Todes, den die Selbstmordattentäter inzwischen fast täglich sterben, dem Mythos archaischer Rache, dem der ewigen Gesundheit, dem des Menschenopfers und sogar dem der Fortexistenz des Leibes. Vermutlich ist auch die Behauptung, wir wüßten genau, was „gut" ist und was „böse" ist auf der Welt, wo die „Achse des Bösen" verläuft, eine dieser Mythen. Die Einführung der Derivate menschlicher Embryonen in den Therapiekreislauf moderner Medizin, sagte Regine Kollek, stellvertretende Vorsitzende des Nationalen Ethikrates der Bundesrepublik Deutschland, erinnere „in prekärer Weise an archaisch-kannibalistische Praktiken". Daß die Attentate des 11. September 2001 dem Mythos des Menschenopfers folgten, daß die allgegenwärtigen Selbstmordattentäter einem archaischen Opferritual folgen, ist nicht zu bezweifeln. Eine sprachlose Welt verfällt ihren eigenen Mythen.

*

In dieser kulturrevolutionären Situation sollten und müßten die Bildungs-Institutionen eine ganz andere Rolle spielen als nur die von Produktionsstätten für sehr spezielle Handelswaren. Schon wegen der Erneuerung der in Experimentalismus und Sprachlosigkeit abgleitenden Wissenschaften müßten sie das Schwergewicht auf den Umgang mit der Sprache, auf die sprachliche Durchdringung der Welt legen. Das bedeutet für die Universitäten, sie müßten ihr noch lange nicht erschöpftes theoretisches Potential, außerhalb der Sprachspielereien und der intellektuellen Tändelei, aufbieten, um Wege und Stege durch die Datengebirge zu suchen, um der undurchsichtig gewordenen Welt, die wir bekanntlich als ganze nicht mehr denken können, einen Weg, eine Theorie anzubieten. Zum Rückweg zur Sprache und ihren bildenden Fähigkeiten sehe ich keine Alternative, es sei denn, wir sind tatsächlich, wie die Kulturpessimisten meinen, bereits in ein nach-humanes Zeitalter eingetreten. Ob für die Durchquerung von dessen Wüsten „Bildung" überhaupt noch ein Kompaß wäre, wage ich zu bezweifeln.

So lange der Mensch aber ein sprechendes Wesen ist und sich durch die Würde der Rede von seinen tierischen Vorfahren unterscheidet, ist „Bildung" durch Sprache (nicht durch Geschwätz) unentbehrlich. *Kommt* – hat Gottfried Benn ein Gedicht überschrieben, das diese Erfahrung an eben der Zeitenwende zur Sprache bringt, an der die Weltkarriere des Experimentalismus begonnen hat:

„Kommt, reden wir zusammen
wer redet, ist nicht tot,
es züngeln doch die Flammen
schon sehr um unsere Not.

Kommt, sagen wir: die Blauen,
kommt, sagen wir: das Rot,
wir hören, lauschen, schauen
wer redet ist nicht tot.

Allein in deiner Wüste,
in deinem Gobigraun –
du einsamst, keine Büste,
kein Zwiespruch, keine Fraun,

und schon so nah den Klippen,
du kennst dein schwaches Boot –
kommt, öffnet doch die Lippen,
wer redet, ist nicht tot."

Was Biopolitik ist und was gegen sie spricht
Eine Analyse aus philosophischer Sicht

Volker Gerhardt

Ein neues Handlungsfeld

Wer glaubt, er verstehe im Prinzip worum es geht, wenn von Innen-, Außen-, Verteidigungs- oder Wirtschaftspolitik die Rede ist, der dürfte auch keine Mühe haben, sich die Aufgaben der Biopolitik erklären zu lassen. So, wie es spezielle Probleme der Erziehung, des Verkehrs oder der Landwirtschaft gibt, auf die sich jeweils besondere Aufgaben des politischen Handelns beziehen, so kann es auch spezielle Fragen der Erhaltung und Entfaltung des Lebens geben, um die sich die Politik zu kümmern hat. Und sofern man dies von ihr verlangt, steht sie unter der Erwartung der „Biopolitik".

Mit der seit Platon und Aristoteles bestehenden, spätestens durch Leibniz und Kant erneuerten, aber erst im letzten Drittel des letzten Jahrhunderts zum Gemeingut werdenden Einsicht in den systemischen Zusammenhang aller Lebensvorgänge auf der Erde wurde bewußt, wie sehr die hypertrophe Entwicklung der menschlichen Gattung das ökologische Gleichgewicht gefährdet. Und da sich eine solche Einsicht heute nicht verbreiten kann, ohne daß sich daraus Forderungen an die Politik ergeben, ist – zumindest dem Anspruch nach – ein neues Handlungsfeld eröffnet. Dieses Feld wird „Biopolitik" genannt. Es hat im weitesten Sinn mit den Fragen zu tun, die sich auf die Bewältigung der ökologischen Krise beziehen, und es verdient seinen Namen, weil es in allem um Probleme des Lebens (griechisch: *bios*) geht. Sie stehen hinter den ökonomischen, technologischen, medizinischen und sozialen Fragen, die im Vordergrund zu lösen sind.

Die Politik mit dem Leben

Nachdem der ökologische Begriff der Biopolitik Mitte der sechziger Jahre erst einmal gefunden war, lag es nahe, ihn auch auf jene Handlungsfelder zu übertragen, die gleichzeitig durch die produktive Entwicklung der Biowissenschaften eröffnet wurden. Die Züchtung nutzbarer Pflanzen und Tiere, die Jahrtausende lang zeitraubenden, weitgehend auf Mutmaßungen gegründeten Versuchen überlassen war, ließ sich nunmehr mit gentechnischen Mitteln direkt angehen. Zwar blieb und bleibt auch hier (eben wegen der systemischen Verfassung des Lebens) ein hohes Maß an Unsicherheit. Denn es ist nicht möglich, die Lebensbedingungen auch nur eines einzigen Organismus vollständig zu kontrollieren.

Doch schon die Erfolge einer lediglich unter Anleitung mikrobiologischen Wissens erfolgenden Züchtung waren so groß, daß man sich unschwer ausrechnen konnte, welche zusätzlichen Effekte sich durch die technische Rekombination von Erbanlagen ergeben. Beides, eine durch genetisches Wissen fundierte Selektion und der direkte Einsatz der Gentechnologie, haben die Land- und Viehwirtschaft in wenigen Jahrzehnten grundlegend verändert. Die Förderung dieser Entwicklung und ihre rechtliche Kontrolle sind eine Aufgabe der Politik. Folglich betreibt das klassische Ressort für Landwirtschaft heute in erheblichem Maße Biopolitik.

Die biologisch gesteuerte Produktivität

Die ersten Freilandversuche mit gentechnisch verändertem Leben brachten die öffentliche Befürchtung auf, die nicht in natürlicher Evolution entwickelten Lebewesen könnten das ökologische Gleichgewicht vollends zerstören. Da den künstlichen Organismen die natürlichen Feinde fehlen, könnten sie Entwicklungen einleiten, zu deren ersten Opfern die Menschheit als ganze gehört. Ganz gleich, wie man diese durch die Filmindustrie massenwirksam verstärkten Ängste bewertet: Durch sie war eine unmittelbare Verbindung zwischen Gentechnologie und Ökologie hergestellt. Ihr kann sich die Biopolitik nicht entziehen.

Der Zusammenhang zwischen ökologischen Aufgaben und lebenswissenschaftlichen Erwartungen kommt aber nicht nur in den verbreiteten Befürchtungen zum Ausdruck. Es gibt auch sachlich begründete Hoffnungen: Vielleicht lassen sich durch die „grüne" Gentechnologie die Böden effektiver und zugleich schonender nutzen? Vielleicht kann man die Wüsten urbar und die Meere noch ertragreicher machen? Vielleicht läßt sich für ein schnelleres Nachwachsen der Wälder sorgen? In Verbindung mit der „roten" Gentechnologie könnte es möglich sein, die Nahrungsproduktion so zu steigern, daß die Grundversorgung aller Menschen gesichert ist. Damit wäre ein entscheidender Schritt zu einer zwanglosen Regulierung der Weltbevölkerung getan, und man hätte die wichtigste Voraussetzung für das geostrategische Ziel der Biopolitik geschaffen, nämlich die selbstbestimmte Reduktion der Übervölkerung der Erde. Wenn überhaupt, kann nur sie zu einer langfristigen ökologischen Entspannung führen.

Der Mensch als seine eigene Aufgabe

Die ökologischen, ökonomischen und sozialen Erwartungen der Biopolitik sind auf große und vorrangige Ziele gesellschaftlichen Handelns bezogen. Ihre Einheit haben sie sämtlich darin, dem „Interesse des Menschen" zu dienen, das, nach Kant, mit dem „Interesse der Vernunft" zusammenfällt. Doch auch der unüberbietbar hohe Anspruch hat es nicht vermocht, Begriff und Bedeutung der Biopolitik populär zu machen.

Das änderte sich erst, als durch die Entschlüsselung des menschlichen Genoms so gut wie sicher war, daß auch der Mensch zum Gegenstand biotechnischer Eingriffe werden würde. Selbst die von der vollständigen Entzifferung unabhängigen medizinischen Möglichkeiten waren innerhalb weniger Wochen populär: Nun werde man auf direktem Weg erreichen, worum die Medizin sich in Jahrtausenden nur indirekt bemühen konnte, nämlich die Eindämmung schwerer erblicher Defekte. Endlich werde es möglich, bislang als unheilbar geltende Krankheiten durch den Transfer von Stammzellen zu bekämpfen. Und auch die alten Menschheitsträume von einem verlängerten Leben und einer Steigerung von Kraft und Schönheit schienen in greifbare Nähe gerückt.

Ganz gleich, ob diese Hoffnungen sich erfüllen oder nicht: Das Handlungsfeld der Biopolitik ist durch sie definitiv erweitert: Es umfaßt auch jene Fragen, in denen sich der Mensch zum Objekt seiner lebenswissenschaftlichen Erkenntnisse macht. Und es bedarf keiner prognostischen Fähigkeiten, um festzustellen, daß die Politik hier vor ihrer schwierigsten Aufgabe steht: Wenn sich der Mensch durch gentechnische Eingriffe zum Gegenstand seiner eigenen Verfahren macht, hat spätestens die Politik dafür zu sorgen, daß die Selbstzwecksetzung des Menschen nicht preisgegeben wird.

Die Mobilisierung der Ängste

Die Anwendung der Technik auf ihren Urheber ist ein Basiselement der menschlichen Kultur. Von dem Selbstversuch mit dem Leben, als den wir die Kultur als ganze zu begreifen haben, hat sich der Mensch selbst dort nicht ausgenommen, wo seine Entwicklung stagnierte. Es gäbe weder Pharmazie noch Humanmedizin, weder Kunst noch Wissenschaft, weder Erziehung noch Sport noch Schmuck – und erst recht keine Waffen –, wenn sich der Mensch nicht immer auch zum Gegenstand seines eigenen Handelns hätte machen können. Es wäre etwas vollkommen Neues, wenn dies mit den jüngsten Biotechnologien anders sein sollte.

Um so befremdlicher ist das öffentliche Geschrei, das seit dem geschäftsträchtigen Medienrummel um Craig Venter nicht verstummen will. Seit den zur Sensation gemachten Nachrichten über die Entschlüsselung des menschlichen Genoms wird der Eindruck verbreitet, die gentechnische Selbstfabrikation des Menschen stehe unmittelbar bevor. Prophetische Mahner, vornehmlich geisteswissenschaftlicher Provenienz, bei denen die Altmarxisten besonders auffällig sind, haben die Ungeheuerlichkeit vor Augen, daß der Mensch sein eigener Schöpfer werden und sich von seinem genetischen Erbe lösen könne. Sie warnen vor dem „neuen Menschen", der zwar dem „Design" des alten Menschen entspringt, ihm aber zwangsläufig den Untergang bereiten werde. Im äußersten Triumph ihres Könnens schaffe sich die Menschheit selber ab. Biopolitik als Selbstanwendung der Lebenswissenschaften auf den Menschen, so lautet die massenhaft verbreitete Warnung, laufe auf die Selbstdemontage des Menschen hinaus.

Das ist die Art von Schreckensvision, die sich mühelos mit jedem Machtmittel des Menschen verbinden läßt. Man stelle sich nur die durchschnittliche Schwäche, Durchtriebenheit und Zerstörungswut des *homo sapiens* vor –: und schon muß die Tatsache, daß sich jeder straflos in den Besitz eines Messers bringen kann, als der Anfang vom blutigen Ende der Menschheit gelten. Es wundert nicht, daß die für Horrorszenarien besonders empfängliche Medienwelt sich primär mit den möglichen Aberrationen der neuen Techniken befaßt. Aber daß sich als ernsthaft geltende Publizisten und Wissenschaftler in die Stimmung eines „Kulturkampfs" gegen die Biowissenschaft hineinsteigern, wirft kein gutes Licht auf den „alten" Menschen. Was läßt sich zu seiner Entschuldigung sagen?

Das Minimum an Rationalität

Niemand weiß, was eines Tages geschehen wird. Auch das Schlimmste ist möglich. Und wenn wir versuchen, es uns jetzt schon als unausweichlich vorzustellen, wird alles egal. Deshalb ist es vernünftig, auch für die Zukunft von dem Minimum an Rationalität auszugehen, das unsere eigene Lebensform trägt. Doch es ist eben diese Annahme, die den Visionären der biopolitischen Katastrophe so schwer fällt. Vermutlich vertrauen sie in allen Kleinigkeiten des Lebens auf den geregelten Gang der Dinge, glauben, daß ihr Arzt, ihr Steuerberater oder der Pilot, mit dem sie gerade fliegen, guten Willens sind, daß ihre Enkel von ihnen abstammen und daß ihre Texte verständlich sind. Vielleicht halten sie sogar ihre Renten für halbwegs sicher und meinen allen Ernstes, daß Bildung etwas Nützliches ist.

Strenggenommen gähnt hinter allen diesen alltäglichen Überzeugungen ein Abgrund aus Ungewißheit. Wer wagt es, nach dem Trojanischen oder dem Peloponnesischen Krieg, nach der gewaltsamen Zerstörung Karthagos oder Roms, vor allem aber nach Stalin und Hitler, nach Auschwitz und dem Gulag überhaupt noch irgend etwas für gewiß zu halten – außer der Katastrophe selbst? Doch so ungeheuerlich es scheint: Selbst die unerbittlichste Kulturkritik glaubt mindestens noch an sich selbst. Das aber kann sie nur, weil sie jenes Minimum an Kontinuität und Rationalität unterstellt, das in jeder ernsthaften Handlung beansprucht wird. Warum fällt es so schwer, von diesem Selbstverständnis auch gegenüber der Biopolitik auszugehen? Dafür gibt es im wesentlichen drei Gründe, die ich im folgenden nur kurz skizzieren kann:

Die Kapitulation vor dem Zusammenhang

Wenn man die drei Hauptaufgaben der Biopolitik: ökologische Sicherung der Lebensmöglichkeit, biologische Steigerung der nutzbaren Lebenserträge und umfassender medizinischer Schutz für die Entfaltung des menschlichen Lebens in ihrer Gesamtheit nimmt, hat man ein so weitläufiges Handlungsfeld, daß allein die Wahrung der Übersicht als eine zu große Aufgabe erscheint. Und da man in fast allen biopolitischen Aktivitäten neue Wege zu beschreiten hat, erscheint es absehbar, daß sich der Mensch überfordert. Davor warnen die Kritiker.

Die Warnung ergeht zu Recht. Solange sie nicht zu der lebensfernen Forderung führt, von aller Biopolitik zu lassen, wird sie zu beachten sein. Denn es ist ein Unterschied, ob man sich von der Komplexität der organischen Prozesse nur tragen läßt, oder ob man daran geht, sie selbst zu erzeugen. Das damit verbundene Risiko ist aber nicht neu. Es gehört zu jedem bewußten Eingriff in das Leben, kann erfahren werden, wann immer es um Tod oder Leben geht, und ist spätestens mit der politischen Organisation menschlichen Daseins auch als Problem gegenwärtig. Die Politik ist als ganze ein riskanter Großversuch mit dem Leben. Deshalb hat sich die Bio-politik am Beispiel der Politik als ganzer zu orientieren. Hier kann sie lernen, wie man mit Gefahren umgeht, die man selbst erzeugt. Und der beste praktische Schutz vor den Risiken der Biopolitik liegt in starken politischen Institutionen, deren Ausgangspunkt die unveräußerlichen Rechte des Einzelnen sind.

Der scholastische Rückfall der Kirchen

Die Opposition gegen die Biopolitik wird in einem nicht zu unterschätzenden Ausmaß von den christlichen Kirchen mobilisiert. Da ist zu hören, die Gentechnologie sei ein anmaßender Eingriff in die Schöpfung Gottes, und der „Verbrauch" embryonaler Zellen verstoße gegen die „Heiligkeit" des Lebens. Das könnten respektable Argumente sein, wenn sie durch praktische Konsequenz beglaubigt wären. Davon aber kann keine Rede sein. Von einem Protest der Kirchen gegen die Rosenzucht ist nichts bekannt; Nektarinen oder Kiwis gehören nicht zu den verbotenen Früchten; und beim Umgang mit den embryonalen Formen des menschlichen Lebens sind die Glaubensgemeinschaften zu „Kompromissen" bereit, die mit einer Heiligung auch nur des menschlichen Lebens unvereinbar sind.

Tatsächlich bietet weder das Alte noch das Neue Testament einen Anhaltspunkt für das Verbot einer Nutzung der Natur im Dienst menschlicher Interessen. Die Abtreibung, die den Kirchen den Anlaß zum Protest gegeben hat, wird von der Bibel nicht untersagt. Für den Anfang des individuellen menschlichen Lebens gilt zunächst die frühe jüdische Auffassung, die von der Geburt eines Menschen ausgeht. Erst mehrere hundert Jahre nach Christus kommt die Auffassung heidnischer Denker hinzu, die von einer „Beseelung" um den vierzigsten Tag nach der Empfängnis ausgehen. Das sind denkbar schlechte Voraussetzungen für einen christlich motivierten Protest gegen die Verwendung menschlicher Zellen zu therapeutischen Zwecken.

Schließlich müssen die Kirchen sich fragen lassen, warum sie die Legalisierung der *In-vitro-Fertilisation* hingenommen haben. Das Sakrament der Ehe hätte gute Gründe für eine nachdrückliche Warnung geboten. Nun aber wird eine erkleckliche Anzahl von Menschen im Labor erzeugt, und der dort rein technisch vollzogene, in allen seinen chemischen Etappen kontrollierte Prozeß soll die Personalität des Individuums begründen. So wird das höchste Ideal des Menschen auf ein labortechnisches Faktum gegründet. Ausgerechnet die Kirchen werden zum Anwalt der Positivität.

Eine religiöse Tragik kommt hinzu. Sie liegt im glaubensgeschichtlichen Rückfall hinter die Säkularisierung, die offenbar immer noch als Verlust begriffen wird: So als hätte es die Trennung von Staat und Kirche nie gegeben, wird ein allgemein-politisches Mandat für Moral und Wissenschaft in Anspruch genommen. Das hat der Theologe und Philosoph Richard Schröder mit Recht moniert. Obgleich die Kirchen nur für ihre Gläubigen sprechen können, fordern sie moralische und rechtliche Sanktionen für alle ein. Sie treten auf, als sei ihre Autorität auf ein Wissen und nicht auf den Glauben gegründet, und sie vertun die Chance, die gerade für die christliche Botschaft in der Stärkung der individuellen Verantwortung liegt.

Das Delirium des Verdachts

Die dritte Variante des Einspruchs gegen die Biopolitik ist mit Abstand die bedenklichste. Sie ist auf einen Verdacht gegründet, der gegen die Zivilisation als ganze gerichtet ist. Urheber sind jene bürgerlichen Marxisten, die aus dem Scheitern ihrer revolutionären Hoffnungen die Konsequenz gezogen haben ihre Ansprüche auszuweiten. Demnach ist der traditionelle Ansatz beim Gegensatz zwischen Kapital und Arbeit zu eng: Das Verbrechen der bürgerlichen Gesellschaft liegt bereits darin, daß sie das Leben überhaupt reguliert und kontrolliert. So setzt die Mechanik der Unterdrückung mit der Disziplinierung der Körper im höfischen Zeremoniell und in der spektakulären Artistik ein, um in der industriellen Arbeit zu ihrer monotonen Vollendung zu finden. Die Erfindung der Anstalt mit der ihr zugehörigen Psychiatrie gilt als der perfideste Ausdruck einer universellen Maschinisierung, deren Opfer nichts anderes als das Leben selber ist.

Es ist diese angebliche Perversion der Aufspaltung und Ausgrenzung des Lebens, die Michel Foucault beschrieben und mit dem Begriff der „Biopolitik" verbunden hat. Auch wenn man meinen möchte, Foucault sei durch seine späte Bekehrung zum antiken Individualismus der „Selbstsorge" zu diesen nur scheinbar konkreten Analysen der „Bio-Macht" auf Distanz gegangen, so verschärfen seine Schüler das Ressentiment gegen die Biopolitik. Was mit dem Ausschluß des Wahnsinns und der Unterdrückung der Sexualität begann, ist in den kommunistischen und nazistischen Lagern, im Gulag und in Auschwitz zu seinem konsequenten Abschluß gekommen. Damit ist die Biopolitik als Instrument totalitärer Systeme entlarvt. Es liegt auf der Hand, was aus dieser Diagnose für die westlichen Demokratien folgt, wenn sie die Biopolitik als neues Handlungsfeld für unverzichtbar halten.

Vertrauen in die eigenen Kräfte

Folgt man den Analysen des Foucault-Anhängers Giorgio Agamben, dann ist die Biopolitik der Vorbote des unausweichlichen Untergangs der westlichen Zivilisation. Denn die „innerste Solidarität zwischen Demokratie und Totalitarismus" verstellt jeden begründbaren politischen Ausweg aus der Katastrophe. Und worin liegt diese Ungeheuerlichkeit begründet? In der bloßen Tatsache des Rechts, das Agamben, in souveräner Mißachtung der historischen Tatsachen, dem Totalitarismus genauso zugute hält wie der Demokratie. Da er sich seinen Rechtsbegriff von Carl Schmitt vorgeben läßt, kann er sogar den Anschein einer Begründung erwecken, die durch die Berufung auf den absoluten Schrecken der Vernichtungslager moralisch unangreifbar erscheint.

Da ist es ein Glück, daß sich der Autor selbst hinreichend diskreditiert: Aus der griechischen Wortgeschichte des Lebensbegriffs zieht er Konsequenzen, die durch seine eigene Analyse der lateinischen Etymologie entkräftet werden. Auf den Spuren Foucaults geht er der römischen Rechtsgeschichte nach, ohne die Korrektur durch die politische Philosophie der Antike zu nutzen. Schließlich gründet er seine Beweisführung auf eine dezisionistische Distinktion Carl Schmitts, der die naturrechtliche Vorgeschichte seiner eigenen Überlegung wohlweislich verschweigt. So basiert der Verdacht gegen die Biopolitik auf einer juristischen Beschaffungsmaßnahme für die Diktatur. Kein Wunder, daß in ihr die Demokratie keine Chance mehr hat.

Mit der Biopolitik hat das natürlich nur am Rande zu tun. Allerdings sollte der spektakuläre Verdacht, der aus ihr eine anonyme Verschwörung gegen das angeblich noch nicht historisch zur Geltung gekommene Leben macht, nicht ohne politische und moralische Konsequenzen bleiben: Da die Biopolitik in besonderem Maß unseren Selbstbegriff als Menschen berührt, haben wir entschieden auf ihrer Bindung an die Grund- und Menschenrechte zu bestehen. Und da sie weitreichende Konsequenzen für unser individuelles Selbstverständnis haben kann, sind wir vor allem auch in unserer eigenen Lebensführung gefordert. Wer nicht will, daß die Biotechnologie sich in jene Fragen mischt, die unter dem diskreten Schutz der Liebe stehen, hat dies zunächst und vor allem für sich selbst zu entscheiden.

Die Tatsache der Biopolitik beweist nichts gegen den Menschen und seine Zukunft. Sie benötigt jedoch eine politische Verfassung, die den Individuen starke eigene Rechte sichert.

Über Idealisten und Abzocker
Eine Polemik zur Bezahlung der Politiker

Peter Glotz

Es ist schon richtig: Das deutsche Volk glaubt in seiner Mehrheit, daß seine Politiker Abzocker, Abstauber, jedenfalls grotesk überbezahlt seien. Kürzlich war ich in einer Sendung bei Johannes B. Kerner. Ich hatte häufig freundlichen Beifall. Nur ein einziges Mal, als ich darauf hinwies, daß auch ein Bundesminister nicht so arg viel verdiente (es sind 165.138 Euro) erntete ich heftige Proteste. Darüber sollte man sich auch nicht wundern. Wer mit 20.000 oder 25.000 Euro eine ganze Familie ernähren muß, hält selbst die 82.536 Euro, die ein Abgeordneter jährlich bekommt, für viel Geld. Die 8,4 Millionen Euro des Vorstandsvorsitzenden der Deutschen Bank oder die 6,1 Millionen Euro des Chefs von DaimlerCrysler sind außerhalb der Vorstellungskraft der Hausfrau aus Pinneberg und des Oberamtmanns aus Murnau. Dem Durchschnittsverdiener zu erklären, daß wir uns im digitalen Kapitalismus befinden, daß unsere Aktiengesellschaften sich international behaupten müssen und daß deutsche Unternehmen mit amerikanischen Unternehmensteilen schon eine gewaltige Schwerkraft brauchen, um bei „deutschen" Bezügen zu bleiben, ist nahezu unmöglich. Wer eine Zeit lang in der Politik verbracht hat, weiß, daß Debatten um Diätenerhöhungen zu den unangenehmsten Szenen im Leben eines Politikers gehören. Zwar weiß man als Bundestagsabgeordneter, daß noch die vierte Reihe bei den großen Aktiengesellschaften besser bezahlt ist als man selbst. In den Versammlungen – jedenfalls bei den großen Volksparteien – sitzt aber nicht das Management von Siemens, der Telekom oder von DaimlerChrysler. Dort sitzen Facharbeiter, Bibliothekarinnen, Sekretärinnen, alleinerziehende Mütter mit Teilzeitjobs, Oberstudienräte und Beamte vom Inspektor bis zum Direktor. 80.000 Euro im Jahr und dazu noch eine Unkostenpauschale und eine ordentliche Altersversorgung? Märchenhaft. Deswegen sind die Bundestagspräsidenten, Fraktionsvorsitzenden und Fraktionsgeschäftsführerinnen, die immer wieder vor Diätenerhöhungen zurückschrecken, weil sie die Headline der Bildzeitung fürchten, keine Feiglinge, sondern Realisten. Sie wollen sich nicht die Knochen brechen lassen. Das ist die eine Seite der Medaille. Es gibt aber auch eine andere. Wenn der Vorstandsvorsitzende eines großen Unternehmens zu Konrad Adenauer, Ludwig Erhard, Franz-Josef Strauß, Herbert Wehner oder Helmut Schmidt mußte, war er gelegentlich etwas nervös. Wenn heute Bundes- oder Landesminister zu Heinrich von Pierer, Jürgen Schrempp oder Henning Schulte-Noelle müssen, sind sie ein bißchen nervös. Die Situation hat sich gedreht. Die alten Elefanten, die aus der Emigration oder aus dem Krieg gekommen waren und – genauso wie die Unternehmer der ersten Stunde – bei Null anfangen mußten und deshalb ein unbändiges Selbstbewußtsein hatten, sind tot. Heute hat das durchschnittliche Mitglied des Vorstands einer Aktiengesellschaft nicht nur sehr viel höhere Bezüge als ein Abgeordneter, er hat auch einen weit größeren Handlungsspielraum als selbst ein Minister. Das bedeutet: In der Regel sind die durchschnittlichen Mitglieder der Vorstände unserer Aktiengesellschaften stärker (und deshalb selbstbewußter, härter, präziser) als der Durchschnittspolitiker. Die Entwicklung des Industriekapitalismus zum digitalen Kapitalismus hat sowieso dazu geführt, daß die wirtschaftliche Elite mächtiger geworden ist als die politische. Wollen wir zulassen, daß sich das mehr und mehr auch in der Qualität des politischen Personals ausdrückt? Die Parteien überaltern. Wenn einer gut, jung und links ist, geht er eher zu Greenpeace als zur SPD. Wenn einer gut, jung und (halb-) rechts ist, geht er eher zu BMW als zur CSU. In den Sechzigerjahren wollten die besten jungen Leute Kennedy, Brandt oder Dag Hammarskjoeld nacheifern. Inzwischen träumen sie davon Jack Welch, Steve Case, Rainer E. Gut oder Joe Akkermann zu werden. Ist das eine gute Entwicklung?

Natürlich ist diese Entwicklung nicht nur die Folge der unangemessenen Bezahlung von Politikern. Eine wichtige Rolle spielt die kommunikative Wehrhaftigkeit, die verlangt ist. Jeder Manager kann sich Dauerpetenten, problematische Naturen und aggressive Nervensägen locker vom Leib halten. Der Politiker ist in jeder Versammlung, jeder Sprechstunde solchen Leuten ausgesetzt. Die Arbeitszeit ist nicht kürzer als bei den Spitzenjobs der Wirtschaft. Aber die „Macht", also die Chance, Lösungen durchzusetzen und Gehorsam zu finden, ist ungleich geringer. Dazu kommt der gewaltige Aufwand an Persuasion. Niemand muß mehr Gremien befassen als der Politiker. Während der Geschäftsbereichsleiter der Telekom, der eine Runde seiner Mitarbeiter zusammengerufen hat, den Laden auflösen kann, wenn er weiß, was er tun will, muß der Politiker immer noch die Meinung der Kollegin aus Sachsen-Anhalt und das Ceterum censio des Zwölfenders aus Niederbayern anhören. Warum sollte, wer eine Businesscard von Harvard, Insead, der WHU oder St. Gallen erworben hat, sich solch einen Job antun?

Natürlich gibt es auf diese Frage eine gute Antwort: Weil er dem Gemeinwesen, dem Vaterland, seinen Mitmenschen oder auch einer ganz bestimmte Gruppe dienen möchte. Solche Idealisten gibt es auch heute. Man sollte sie hoch in Ehren halten. Die Idee allerdings, daß ein ganzes Parlament – für das föderalistische Deutschland müßte man sagen: daß siebzehn Parlamente – aus solchen Leuten bestehen könnten, ist naiv. Es wäre im übrigen nicht einmal zweckdienlich. Ohne Idealisten funktioniert keine Demokratie. Aber eine Demokratie, die nur auf Idealisten angewiesen wäre, würde zum Irrenhaus. Der materiell bedürfnislose, leidenschaftlich auf ein einziges Ziel konzentrierte, nicht nach links und nicht nach rechts schauende Gesinnungsethiker wird mit dem Volk, dem großen Lümmel mit all seinen ordinären Bedürfnissen, nicht fertig. Da sind schon noch ein paar Rechtsanwälte nötig, die nebenbei eine ordentliche Praxis haben; oder ein paar Gewerkschaftsvorsitzende, Syndicie und Aufsichtsratsprofis.

Gut, man kann Politiker nicht so bezahlen wie das Spitzenmanagement. Das würden die Wähler nicht ertragen. Es wäre auch nicht gerechtfertigt; denn ein Teil der Abgeordneten steht sich in der Politik in der Tat besser als im Privatberuf. Aber diesen Teil darf man nicht in den

Mittelpunkt der Betrachtung stellen. Sie sind nötig – und oft genug leisten sie in der zweiten Reihe des Agrar- oder Verteidigungsausschusses auch solide Arbeit. Das Gewicht der politischen Klasse aber hängt von hundert, vielleicht auch hundertfünfzig Figuren in Schlüsselpositionen ab. Diese Schlüsselfiguren sind in den letzten dreißig Jahren – im Durchschnitt – schwächer geworden. Wenn wir diesen Prozeß nicht weiter treiben wollen, müssen wir die Politiker besser bezahlen, nicht schlechter. Und wir müssen aufhören, die „fringe benefits", die einen Spitzenpolitiker darüber trösten mögen, daß er weniger verdient als der Vorstand einer mittleren Sparkasse, zu skandalisieren. Wenn eine Spitzenpolitikerin ein paar Wochen Leute damit beschäftigen muß, Flugaufträge zu überprüfen, weil man ihr übel nimmt, daß sie – die ihre Familie sowieso kaum sehen konnte – angeblich einen Umweg zu ihrer Tochter gemacht hat, ist das Tollheit. Wenn erwachsene Staatsrechts-Professoren die steuerfreien Kostenpauschalen für Abgeordnete als „heimliche und verfassungswidrige Schatteneinkommen" verunglimpfen, ist das unverantwortlich. Vielleicht reden wir einmal über die Wirklichkeit. Diese Wirklichkeit besagt, daß von der Kostenpauschale nicht viel übrig bleibt, wenn der Abgeordnete sein Bürgerbüro finanziert, seine Mandatsträger-Abgaben bezahlt und seinen Wahlkampf abbezahlt hat. Im übrigen sind diese Kostenpauschalen gesetzlich geregelt und gehören zum traditionellen Diätenrecht. Sie sind eher zu knapp bemessen; von „verfassungswidrig" keine Rede.

Erinnern wir uns noch an die große Debatte um die deutsche Hauptstadt? Die Berlinbefürworter schwelgten in Phantasien von der Metropole Berlin. Man tat so, als ob sich dort – im Unterschied zum popeligen Bonn – der Vorsitzende der IG-Metall mit Günter Grass, Hajo Neukirchen und dem Bundeskanzler bei Borchardts oder in der Paris Bar treffen würde. Nichts davon. Die Politiker (einschließlich der meisten Bundesminister) leben nach wie vor in subventionierten, flüchtig eingerichteten Einzimmerappartements. Gesellschaft? Katia Mann erzählte, daß ihre Eltern, die Pringsheims, in München ein „ziemliches Haus" führten. Kein deutscher Politiker führt ein „ziemliches Haus", in dem sich die unterschiedlichen Eliten treffen könnten. Vor einem Vierteljahrhundert gab es das noch. Ich habe bei Conrad und Heilwig Ahlers Carlo Schmid oder Rudolf Augstein kennengelernt, bei den Lambsdorffs Erwin Conradi von der Metro. Ein junger Politiker, der sich heute ein Netzwerk aufbauen will, muß zu Thomas Borer-Fielding gehen. Besser gesagt: mußte. Den gibt es inzwischen auch nicht mehr. Wie sagte Frank Schirrmacher bitter bei der Einstellung der „Berliner Seiten"? Die Berliner Gesellschaft bestehe aus einem Schweizer Diplomaten, einem Friseur und einer Talkshow-Dame.

Nun könnte man natürlich auch noch den dreifachen Rittberger springen und eine Reform an Haupt und Gliedern verlangen. Der sympathische Rumäne Andrei Plesu, kurzzeitig Kultus- und Außenminister seines Landes, hat das versucht: „Ich meine, daß die einzig effiziente gesunde und anständige Art und Weise, Politik zu machen, darin besteht, sie als einen Nebenberuf zu betreiben". Wer dem folgte, könnte die grüne Rotation einführen: Nicht länger als zwei Legislaturperioden im Parlament. Er könnte das Mehrheitswahlrecht an die Stelle des Verhältniswahlrechts setzen, um kleinere Wahlkreise zu schaffen, in denen der direkt gewählte Abgeordnete seinen Wählern direkt verantwortlich wäre. Eine stärkere „Classe politique" brächte das nur, wenn man die deutsche Versäulung der Eliten aufbräche. Es müßte normal werden, was in den USA normal ist: Daß Leute in die Politik gehen, um bekannt zu werden, dann ihren Namen teuer an eine Investmentbank oder ein großes Unternehmen verkaufen, um irgendwann wieder einmal (für einen bestimmten Posten für ein paar Jahre) in die Politik zurückzukehren. Mit diesem System kann man Leute wie Henry Kissinger, George Shultz, Dick Holbrooke oder Rick Burt binden. Aber glaubt irgend jemand, daß man in Deutschland solch eine Kulturrevolution durchsetzen könnte?

Wer also nicht will, daß die Politik zur Magd der Wirtschaft wird, muß den Politikerberuf attraktiver machen. Das mag dann nicht nur mit Geld zu tun haben; aber es hat auch mit Geld zu tun. Ein erster Schritt könnte darin liegen, die Entscheidung über die Bezahlung von Politikern den Politikern aus der Hand zu nehmen und einem unanfechtbaren Areopag zu übertragen; je würdiger, desto besser, vielleicht den früheren Bundespräsidenten, Bundestagspräsidenten, Verfassungsgerichtspräsidenten, Rechnungshofpräsidenten. Geschehen muß jedenfalls etwas; sonst wird man in zwei Jahrzehnten schon auf den ersten Blick sehen, ob jemand in der Wirtschaft und wichtig oder in der Politik und unwichtig ist. Auch solch einen Staat könnte man eine Demokratie nennen. Aber nur zur Not.

Globalisierung und Lebenswissenschaften
Will Deutschland die Geisteswissenschaften aufgeben?

Otfried Höffe

Ich darf mich vorstellen: In meiner Schulzeit, verbracht in diesem Bundesland Nordrhein-Westfalen, las ich neben Thales, Platon und Nietzsche ebenso gern Einstein, Heisenberg und Planck. Meine drei Kinder haben Physik, Medizin und Biologie studiert. Und die beiden Philosophen, die ich seit längerem besonders schätze, Aristoteles und Kant, waren bedeutende Naturforscher. Niemand geringerer als Darwin nennt Aristoteles, den Sohn eines bedeutenden Arztes, „einen der größten, wenn nicht den größten Beobachter, der je gelebt hat". Und Kants „Newtonische" Theorie der Weltentstehung wird als Kant-Laplacesche Theorie eine wichtige Grundlage astronomischer Debatten bilden.

Am liebsten hielte ich daher einen irenischen Vortrag über zwei Wissenschaftschaftskulturen, die einander wechselseitig brauchen. Ohnehin bin ich nicht bloß den Geisteswissenschaften verbunden. Sowohl von der Sache der Philosophie als auch wegen der genannten Vorbilder fühle ich mich mit dem Gesamtkosmos der Wissenschaften, einschließlich Medizin und Technik, verbunden. Die Situation erlaubt aber keinen irenischen Vortrag, denn die Kooperation der zwei Wissenschaftskulturen ist empfindlich gestört. Die Geisteswissenschaften sind dabei die Hauptleidtragenden; manchem Grundlagenfach der Naturwissenschaften geht es freilich nicht besser.

Ich gliedere meine Überlegungen in drei Teile: (I) Die kurze Klage. (II) Die längere Rechtfertigung: Was leisten die Geisteswissenschaften, unter zwei Gesichtspunkten ausgeführt, dem Zeitalter der Globalisierung und den Lebenswissenschaften? Schließlich (III) fünf Vorschläge, um den Geisteswissenschaften zu helfen. Das Ganze politik- und mediengerecht, also knapp.

I. Die kurze Klage

Ich *beklage* die zunehmend engere Bindung der Forschung an politische Vorgaben, die wiederum kräftig von merkantilen Interessen durchsetzt sind. Als zukunftsträchtig gilt, wer mit Marktfähigkeit winkt. (Und erstaunlicherweise reicht oft der Wink, die pure Verheißung, der die Wirklichkeit gar nicht folgt: Die geforderte Zusammenarbeit mit der Wirtschaft ist nicht selten ein Feigenblatt – und wird trotzdem gut dotiert.)

Die Gefahren sind offensichtlich. Der Forschungspolitik fehlt der nötige lange Atem; eine über Jahrzehnte gewachsene Balance der Fächer wird abgelöst durch eine Landschaft charakterarmer Einheitshochschulen. Denn was man wohltönend „Profilierung" nennt, beläuft sich vielerorts auf Identisches: Nicht bloß wird „Wissenschaft" als „science" buchstabiert, sondern auch „science" als „life science". Sich gegenseitig kopierend, erklärt man vielerorts die Lebenswissenschaften zur Leitwissenschaft, vielleicht noch ergänzt um die Bioinformatik. Und weil es für das Profil an Geld fehlt, degenerieren mancherorts die Geisteswissenschaften, aber auch naturwissenschaftliche Grundlagenfächer zum Steinbruch für die (forschungs-)politischen Vorgaben.

Damit dieses leichter vonstatten geht, finden sich die Geisteswissenschaften in manchem Universitätsrat „ganz zufällig" weit unterrepräsentiert vor. In der DFG ist nicht bloß der Präsident Lebenswissenschaftler, auch der Generalsekretär, Jurist zwar, kommt aus dem Deutschen Krebsforschungszentrum.

Die DFG hat zwei für die Geisteswissenschaften wichtige Instrumente abgeschafft: die bislang üblichen Druckkostenzuschüsse und die Habilitationsstipendien. (Übrigens gibt es die weitaus meisten Habilitationen in der Medizin, in der es aber weit mehr Alternativen zu Habilitationsstipendien gibt, weshalb dieser in der DFG mächtige Bereich kein Veto einlegt.) Oder: Zunächst löst man eine Germanistische Kommission zugunsten einer Kommission für Kulturwissenschaften auf, die man wiederum nach einigen Jahren ebenfalls auflöst, ohne irgendeinen Nachfolger zu schaffen. Über die Folge schreibt ein Kenner und großer Freund der deutschen Universitäten, der US-amerikanische Philosoph Terry Pinkard: „I find it simply amazing that the officials in Germany are being so idiotic about their universities ... it will ultimately make German universities relatively unimportant in the world at large ... And the well-off ... send their own children to American universities."

II. Die längere Rechtfertigung

Eines der großen Werke des abendländischen Geistes, Aristoteles' *Metaphysik*, beginnt mit dem erfahrungsgesättigten Satz: „Alle Menschen verlangen nach Wissen von Natur aus." Diese natürliche Wißbegier eint sie beide: die Natur- und die Geisteswissenschaften. Beide sind „humanities" im wörtlichen Sinn: Tätigkeiten, in denen sich das Humanum, das Menschsein, äußert.

Im Fall der Geisteswissenschaften beginnt die Wißbegier auf der elementaren Stufe, der Wahrnehmung. Kunstwissenschaften lehren Farben, Formen, auch Materialien zu sehen, Musikwissenschaften lehren Melodien, Rhythmen und deren Komposition zu hören, Literaturwissenschaften und Philosophie Texte zu lesen.

Um simples Wahrnehmen handelt es sich freilich nicht. Das Sehen, Hören, bei Materialien auch Fühlen, vielleicht sogar Riechen geht über in eine zweite Leistung, in eine Kultur des Entschlüsselns, Beurteilens und Deutens von Bildern, Texten, auch Gebäuden.

Zu dechiffrieren ist beispielsweise das Titelkupfer der bedeutendsten Staatsphilosophie der frühen Neuzeit, Hobbes' *Leviathan*. Dort erhebt sich hinter einer Stadt und einigen Hügeln eine gigantische menschliche Gestalt. Sie ist Zeichen des Staates, nach Hobbes ein riesiger künstlicher Mensch. Blickt man genauer hin, so sieht man den Leib aus lauter kleinen Menschen zusammengesetzt: Abbild dafür, daß der Staat Stellvertreter aller Bürger ist, die wiederum im allmächtigen Staat vollkommen aufgehen. Der gekrönte Herrscher trägt sowohl das Symbol staatlicher Macht, das Schwert, als auch den Bischofsstab; wie in der anglikanischen Kirche hat der Staat eine Entscheidungsbefugnis auch bei religiösen Lehrmeinungen. Und die Friedlichkeit der Landschaft weist auf den Sinn der Staatsmacht hin, auf die Verantwortung für den Frieden.

Humanities sind die Geisteswissenschaften in einer weiteren Bedeutung. Indem sie den Reichtum der Menschheit teils zu erschließen, teils zu vergegenwärtigen helfen, sorgen sie – dritte Leistung – für eine Erinnerungskultur.

Sie vergegenwärtigen nicht bloß die eigene Vergangenheit, im Gegenteil stellen sie sowohl europäische als auch außereuropäische Kulturen vor, so daß sich die Erinnerungskultur – vierte Leistung – mit anamnetischer Gerechtigkeit verbindet. Diese schließt eine „Verblüffungsresistenz" ein: die Fähigkeit, nicht jede Neuerung von heute für revolutionär neu zu halten. Im Zeitalter der Globalisierung beispielsweise erinnert sie an eine Reihe sehr viel älterer Globalisierungen: daß sich Philosophie und Wissenschaften, auch Medizin und Technik seit der Antike sehr rasch über die Welt verbreiten; daß dasselbe für viele Religionen zutrifft, die deshalb Weltreligionen heißen; daß schon in hellenistischer Zeit – in Annäherung – ein Welthandelsgebiet mit Weltmarktpreisen und sogar Welthandelszentren wie Alexandria entsteht und daß sich der globale Handel zwischen den entwickelten Ländern in der Zeit der klassischen Goldwährung schon fast auf dem heutigen Niveau bewegt.

Die Verbindung von Erinnern und Beurteilen gipfelt – fünftens – in einer Aufklärung, die beispielsweise hartnäckigen Vorurteilen entgegentritt. Ob als Philosophie-, Sozial- oder Kunsthistoriker: die Mediävisten widersprechen der Rede vom finsteren Mittelalter. Wie kann auch jemand ein Jahrtausend finster nennen, in dem Augustinus' *Bekenntnisse*, Abaelards Sammlung von 158 Streitfragen *Ja und Nein* und die Ritterromane und Minnelieder entstehen; wer kann ein Jahrtausend finster nennen, in dem das Christentum, der Islam und das Judentum mit allem Scharfsinn überlegen, wie sich ihre göttliche Offenbarung mit der natürlichen Vernunft vertrage; ein Jahrtausend, in dem christliche, islamische und jüdische Buchmalerei blühen, in dem der Gregorianische Gesang entsteht, die romanischen und gothischen Kirchen gebaut werden, nicht zuletzt das bis heute weltweit gültige Muster der Einheit von Forschung und Lehre aufkommt, die Universität.

Die Aufklärung dank Geisteswissenschaften verspricht politisch erfreuliche Nebenwirkungen: Wenn in muslimischen (ebenso in hinduistischen, konfuzianischen, auch atheistischen) Gesellschaften die Geisteswissenschaften blühen, dann geschieht, was wir vom Humanismus als Epoche kennen: Man wird von einer engstirnigen Fixierung auf die eigene Kultur, von einem kulturellen Egozentrismus, frei: Man fördert zunächst die Kenntnis, sodann die Offenheit, schließlich die Toleranz gegen Fremdes. Des näheren klären die Geisteswissenschaften beispielsweise den Islam darüber auf, daß seine Verquickung von Religion mit Staat und Gesellschaft teils altorientalisches Gemeingut ist, teils vom damaligen Byzanz gelernt wurde, jedenfalls nicht zum religiösen Kern des Islam gehört. Sie erinnern an die innermuslimische Aufklärung, die immerhin mehr als drei Jahrhunderte währte. Schließlich inspirieren sie zu jener kritischen Hermeneutik gegenüber der Offenbarung, die das Christentum seit langem kennt, zumindest an den Teil, der das genuin Religiöse von zusätzlichen Ablagerungen zu trennen vermag.

Die zunehmende BWL-Mentalität der Politik, auch der Forschungspolitik verdrängt aber derart grundlegende, zwar nicht kurzfristig erreichbare, aber so gut wie unbezahlbare Erfolge. Es ist keine Zuspitzung zu sagen: „Wer heute an den Geisteswissenschaften Millionen spart, muß morgen für die Sanierung der Gesellschaft, der heimischen und der Weltgesellschaft, Milliarden zahlen".

Die Erinnerung an vergangene Kulturen und Epochen hebt nicht unterschiedslos alle Kulturzeugnisse heraus. Ohne sich auf einen Kanon festzulegen, betonen die Geisteswissenschaften vor allem jene Zeugnisse, deren Qualität eine längere Beschäftigung lohnt. Sie erweitern damit die Urteilsfähigkeit um ein Qualitätsbewußtsein, das sich nicht etwa als subjektive Willkür diskreditieren läßt. In der entsprechenden Wertschätzung sind sich nämlich viele Fachleute aus aller Welt einig. Vorbildlichkeit ist konsensfähig – vorausgesetzt, man vertritt sie nicht dogmatisch-exklusiv.

In den großen Werken der Musik, Kunst und Architektur bewundern wir nicht distanzlos lediglich große Kreativität. In vielen Fällen vermag ihr Gehalt uns existentiell zu bewegen. Damit betreten wir die sechste Stufe, die der Orientierungs- und der Sinndebatten. Um die Botschaft der klassischen Werke zu entschlüsseln, müssen sie freilich, dank der Geisteswissenschaften, für jede Generation, auch jede Kultur neu „zum Sprechen" gebracht werden. Diese Arbeit lohnt sich, denn weder die Philosophie noch die Literatur oder die Musik bieten eine Fast-Food-Unterhaltung. Sie führen etwa menschliche Leidenschaften vor, lassen sie aufeinander prallen und den Zusammenprall entweder in einer Katastrophe oder aber in einer konstruktiven Lösung enden.

Erlauben Sie zwei persönliche Beispiele, bewußt aus verschiedenen Epochen und Kulturen gewählt. Über eine isländische Saga, die Wölsungen-Saga, und eine griechische Tragödie, Aischylos' *Orestie*, lernen wir dort indirekt, hier direkt eine der für die globale Welt wichtigsten Institutionen kennen: als Alternative zur Privatjustiz die öffentliche Strafgerichtsbarkeit. Solange sie fehlt, hat die Blutrache durchaus Rechtscharakter; sie besteht in der rechtsanalogen Pflicht, gravierende Delikte am Schuldigen oder an einem seiner Verwandten zu rächen. Die Wölsungen-Saga zeigt aber, wie diese Pflicht zu einem Flächenbrand von Gewalt führt, zu einer Eskalation von Vergeltung und Wiedervergeltung, die zur Ruhe erst in der finalen Katastrophe kommt. Auch Aischylos' *Orestie* beginnt mit einer Reihe großer Bluttaten. Und wie in der Wölsungen-Saga, so sind auch hier die Leidenschaften selbst lernunfähig. Erst der Machtspruch von Athene, der Göttin der Weisheit, stiftet jene neue Institution, den Strafgerichtshof, der nicht bloß der Gewalt ein Ende setzt. Er hat auch die glückliche Folge einer umfassenden, sowohl wirtschaftlichen als auch kulturellen Blüte.

Über die Leidenschaften wie Ehrsucht, Herrschsucht, auch Habsucht lehren beide Texte einer globalen Welt dreierlei: (1) Ein weiterer Kern des Menschlichen ist kultur- und epochenindifferent gültig. (2) Seinetwegen ist nach einer kultur- und epochenunabhängig gültigen Antwort, hier: der öffentlichen Gerichtsbarkeit, zu suchen. Und (3) bedarf die Antwort entsprechender Lernprozesse. Mit Aischylos' Formel *pathei mathos*: durch Leiden lernen, korrigieren beide: Literatur und Geisteswissenschaften, jenes intellektualistische Mißverständnis, das das entscheidende Lernen für einen vornehmlich intellektuellen Vorgang hält.

Große literarische Werke versperren sich einer simplen Interpretation. Zur *Orestie* gehört auch der Streit von zwei grundverschiedenen Gesetzen: Nach dem älteren Gesetz der Blutsverwandtschaft ist Orests Muttermord ein absolutes Tabu. Nach dem neuen Gesetz der Gleichheit verdient auch eine Mutter für ihr Verbrechen schwere Strafe. In dieser Situation konkurrierender Grund-Gesetze läßt Aischylos im neuen Strafgericht zunächst gleich viele Richter für wie gegen Orest stimmen. Erst danach tritt Athene auf und folgt dem Grundsatz „in dubio pro reo": Da Orest nicht klarerweise schuldig ist, spricht sie ihn frei.

Erneut kann die durch Geisteswissenschaften erschlossene Literatur der globalen Welt vielerlei zeigen: etwa, daß Grundkonflikte weder einfache Diagnosen noch einfache Therapien kennen; ferner, daß Grundkonflikte trotz Huntington nicht bloß zwischen Kulturen, sondern auch innerhalb von ihnen auftreten; weiterhin, daß derartige Konflikte nicht von einer der streitenden Parteien, sondern nur von einem unparteiischen Dritten entschieden werden darf; auch, daß dieser Dritte, ein Strafgericht, dem Grundsatz „in dubio pro reo" folgen muß; nicht zuletzt, daß dem Dritten, beispielsweise einem Weltstrafgericht, jeder, auch eine Weltmacht, sich zu unterwerfen hat.

Selbst gegen den Vorwurf mangelnder Merkantilität halten die Geisteswissenschaften gute Argumente bereit. Werke wie die ägyptischen Pyramiden, die Akropolis in Athen, die Kirchen und Paläste in Europa, die ostasiatischen Pagoden oder japanischen Zen-Gärten sind weder auf kurzfristigen Nutzen noch aufs bloße Überleben angelegt. Gerade deshalb bringen sie via Tourismus Generation für Generation großen Gewinn. Die Werke müssen aber erschlossen werden, teils im physischen Sinn, indem man sie ausgräbt oder restauriert, teils im intellektuellen Sinn von Kunstführern und Katalogen. Hinter beiden Aufgaben steht wieder die Arbeit der Geisteswissenschaften.

Vier weitere Argumente treten dem politisch-ökonomischen Rechtfertigungsdruck entgegen. Erstens hat wegen der gesunkenen Wochenarbeitszeit und der gestiegenen Rentenzeit der Anteil an der nichtlohnorientierten Lebensgestaltung zugenommen. In Verbindung mit dem hohen Bildungsstand der Bevölkerung ergibt sich daraus ein großer Bedarf an geisteswissenschaftlich vermittelten Angeboten. Diese halten mit denen der sogenannten Freizeitparks nicht bloß qualitativ, sondern auch quantitativ leicht mit. Museen und Ausstellungen sind oft überfüllt, Kulturreisen begehrt, und der Ruf nach Seniorenuniversitäten ertönt immer stärker.

Zweitens haben die Geisteswissenschaften schon sehr früh eine sozialpolitisch bewundernswerte Leistung erbracht: Sie haben sich von Schwankungen des Arbeitsmarktes nicht unwesentlich freigemacht. Nachdem für viele Fächer ihr angestammter Arbeitsmarkt, Stellen an Gymnasien, zusammenbrach, schufen sie einen Studienabschluß unterhalb des Doktorats, den Magister artium. In ihm werden die Leistungen verlangt, die die heutige Berufswelt nachhaltig fordert. Dazu gehören die Fähigkeiten, auch schwierige Texte zu analysieren und die eigene, eurozentrische Perspektive zu relativieren, ferner Probleme eigenständig zu bearbeiten, sie in umfassende Zusammenhänge einzuordnen und all dies prägnant zu formulieren. Wie ein Student der Bioinformatik sagte, brauche er die Philosophie als Ergänzung; er wolle lernen, was die fast sprachlose Informatik nicht vermöge: zu „reden". Nicht zuletzt fallen Geisteswissenschaftlern weder Teamgeist noch Kommunikationsvermögen noch interdisziplinäres Denken schwer. Das Ergebnis spricht – fast – für sich: Die Geisteswissenschaftler sind nicht nur in so klassischen Berufsfeldern wie den Verlagen, Zeitungen, Rundfunk- und Fernsehanstalten oder in Archiven und der Weiterbildung tätig. Wir finden sie auch in den Personal- und den Stabsabteilungen von Unternehmen, mehr und mehr selbst in der Unternehmensberatung.

Ein vorletztes Argument bezieht sich endlich auf die Lebenswissenschaften. Aus Zeitgründen kann ich einen wichtigen Bereich bloß nennen, den der Neuro- und der Kognitionswissenschaften. Für ihre Aufklärung etwa über Erkennen, Lernen, Körper und Geist brauchen sie das Gespräch mit den einschlägigen Geisteswissenschaften, etwa mit der Psycholinguistik oder der Philosophie des Geistes, für das visuelle Lernen auch das Gespräch mit den Kunst- und für das akustische Lernen das mit den Musikwissenschaften.

Der zweite Bereich: Vor allem in der Medizin tauchen radikal neue Möglichkeiten auf; für deren ethische Bewertung genügt das überlieferte Ethos, das des Helfens und Heilens, nicht. Zu Recht erfreut sich daher die biomedizinische Ethik einer Konjunktur, um die jeder Wirtschaftsminister sie nur beneiden kann. Manche Forscher und Politiker wollen neue Richtlinien zwar eher im Hau-Ruck-Verfahren erlassen. Zur Demokratie gehört aber die breite öffentliche Debatte, vorgenommen in den Medien, in Volkshochschulen und Akademien, auch in Studiumgenerale-Veranstaltungen. Während wir wirtschaftlich in mageren Zeiten leben und die Lebenswissenschaften um ihre Weltgeltung noch kämpfen, braucht in der genannten Hinsicht, als Diskurs-Standort, Deutschland sich nicht zu verstecken. Er benötigt aber das Gespräch der Lebenswissenschaften mit den Geisteswissenschaften.

Bisher haben wir eine stolze Reihe von Argumenten gesammelt, und trotzdem reicht sie nicht aus. Denn sie „instrumentalisiert" die Geisteswissenschaften. In den USA, in denen ich im Herbst Vorträge hielt, spricht man bekanntlich von „Liberal Arts". Die Geisteswissenschaften sind erstens „liberal", frei, weil sie sich von ihrer Methode her gegen dogmatisches Denken und von ihren Gegenständen her gegen die Fixierung auf die eigene Kultur wenden. Primär heißen sie aber – und ebenso die naturwissenschaftlichen Grundlagenfächer – deshalb frei, weil sie sich gegen die Verkürzung des Menschen auf Marktfähigkeit sperren. Damit tragen sie einmal mehr zur Humanisierung bei. Schon in ihrem Dienst an der natürlichen Wißbegier erheben sie Einspruch gegen ein im wörtlichen Sinn de-humanisiertes Leben, nämlich gegen eines, das sich in der Jagd nach Macht, Ehre und Reichtum verrrennt. Und vor allem öffnen sie den Menschen für Dinge, um derentwillen es erst lohnt, geboren zu sein, für so wesentliche Dinge wie Philosophie und Literatur, wie Musik, bildende Kunst und Architektur.

III. Womit kann man helfen?

Politik und Medien erwarten Vorschläge; ich biete ihnen fünf:

Erstens, seitens der *Geisteswissenschaften*, leiste man nicht länger „still und bescheiden" seinen Dienst, vielmehr trage man seine Leistungen offensiv vor. Etwa betone man auf einem Symposion zur Identitätsbildung einmal weniger die gelegentlichen Methodendebatten als den substantiellen Beitrag im Sinne der genannten sechs epistemischen Leistungen. Es sind die Pflege (1) einer Wahrnehmungs-, (2) einer Erinnerungs- und (3) einer Urteilskultur; die Sorge (4) innerhalb der Erinnerungskultur für anamnetische Gerechtigkeit und (5) innerhalb der Urteilskultur für Aufklärung, schließlich (6) der Beitrag für Orientierungs- und Sinndebatten.

Zweitens, auf seiten der *Politik und der Medien*, nehme man doch bitteschön die Wirklichkeit wahr. Trotz zunehmend schwerer Bedingungen: großer Ausbildungslast, geringer Infrastruktur, ständigen Verwaltungsreformen, erbringen die Geisteswissenschaften Lehr- und Forschungsleistungen, die zum Teil weltberühmt sind. Mögen manche US-Bestsellerprofessoren mit zweifelhaften Thesen Staub aufwirbeln, etwa mit der These vom Ende der Geschichte oder der vom Kampf der Kulturen. Weltweit diskutierte Autoren wie Jacques Derrida, Umberto Ecco oder wie Hans-Georg Gadamer, Jürgen Habermas und Niklas Luhmann stammen aus Europa. Ebenfalls aus Europa kommen so hochrangige Gemeinschaftswerke wie – meine Auswahl ist unfair klein – das *Historische Wörterbuch der Philosophie* oder das „Historische Lexikon zur politisch-sozialen Sprache in Deutschland": *Geschichtliche Grundbegriffe*. Oder: Im globalen Wettkampf der Wirtschaftsstandorte spielt die kulturelle Infrastruktur eine große Rolle. Daß Deutschlands kleinere und größere Metropolen blühen, ist ohne die Zuarbeit der Geisteswissenschaftler kaum denkbar. Schließlich: Solange man merkantile Gesichtspunkte in den Vordergrund drängt, vergesse man bitte dieses nicht: Beides, die Ausbildung der Geisteswissenschaftler und ihre Forschung, zumal ihr Kern, ohne die empirische Sozialforschung, kosten viel weniger als die anderen.

Drittens, seitens der *Kultur- und Wissenschaftsminister*, verschone man uns mit arbeitsintensiven Verwaltungsreformen und mit großen Planungsumfragen, deren Ergebnisse oft Makulatur sind. Statt dessen führe man eine „genial einfache" Reform durch: Man lege die Studiengänge von Magister und Lehramt für Gymnasien in (1) *einen* einzigen (2) akademischen Studiengang zusammen. Zur Ergänzung stelle man eine Liste der gymnasialfähigen Fächerkombinationen auf und verlange gegebenenfalls vom lehramtsinteressierten Studenten gewisse Praktika. Statt lediglich immer die USA zu kopieren, darf man doch einmal von Nachbarländern wie der Schweiz lernen; dort heißt der einheitliche Studiengang „Lizentiat". Weiterhin bleibe man beim bewährten Magister, einem 2- oder 3-Fach-Studiengang, statt den Master einzuführen, der erstens oft ein 1-Fach-Studium ist und zweitens auch in der anglophonen Welt zumindest für die Geisteswissenschaften keine herausragende Rolle spielt.

Außerdem relativiere man das Bewertungskriterium Drittmittel. Während unsere drittmittelreichen Kollegen zu Generalsekretären ihrer Mitteleinwerbung geworden sind – und dafür zu gut bezahlt werden – kommen unsere besseren Forscher mit weniger Geld aus. Selbst bei der sich breit machenden Buchhaltermentalität darf man daran erinnern, daß das Preis-Leistungs-Verhältnis zählen sollte. Seriöse Buchhalter schätzen daher ein wissenschaftlich bedeutsames Werk, mit weniger Hilfsmitteln zustande gebracht, für höher ein als ein mittelmäßiges, aber mit großem finanziellen Aufwand erstelltes Werk. Im übrigen könnten auch Buchhalter andere Kriterien hinzuziehen, etwa den Anteil von Stipendiaten der Hochbegabtenstiftungen und den ausländischer Magistranden und Doktoranden oder die Präsenz in den ausländischen Debatten, unter anderem belegbar durch das Übersetzen der Veröffentlichungen. Ein Qualitätsausweis liegt auch in der Qualität der „Post docs", die in den Spitzenuniversitäten der Welt sehr willkommen sind. Nicht zuletzt pflegen Leibniz-Preisträger ihren Preis in einer drittmittelfreien Zeit zu verdienen; und ein Großteil der Mitglieder wissenschaftlicher Akademien arbeitet drittmittel-bescheiden.

Viertens, seitens der *Deutschen Forschungsgemeinschaft*, bitte ich um „epistemische Toleranz". Man lasse den Geisteswissenschaften doch die bei ihnen bewährten Instrumente: Druckkostenzuschüsse auch für nicht-DFG-geförderte Projekte, Habilitationsstipendien, um das unerläßliche zweite Werk zu schaffen, das ohnehin schon seit längerem auch in einer Kumulation grundlegender Abhandlungen bestehen darf. Frankreich hat die Habilitation neu eingeführt, die Schweiz behält ihre bei. Statt die USA hier nachzuahmen und dem freien Wettbewerb der Hochschulen die Frage zu überlassen, ob mittelfristig die Nichthabilitierten die besseren Lehrer und Forscher sind, reagiert Deutschland vormodern, wie ein typischer Obrigkeitsstaat: Die Habilitation wird von oben verboten.

Weiterhin möge die DFG bei „unseren" Fächern nicht die Projektförderung zulasten der Einzelförderung ausweiten. Denn der Großteil exzellenter Forschungen entsteht Projekte-unabhängig. Allenfalls beugt man sich den Vorgaben und biegt das eigene Vorhaben zurecht. Oder man läßt dem guten Mittelmaß den Vortritt. (Trotzdem will mancher Wissenschaftsminister *schon wieder* eine Umstrukturierung vornehmen, dabei die Forschung projektbezogen organisieren.)

In Parenthese ein Mea culpa: Geisteswissenschaftler verhalten sich untereinander leider nicht wie Theaterleute und anscheinend auch andere Wissenschaftler: „zwar sehr ehrgeizig und sehr gehässig, aber sehr loyal": In ihren Abhandlungen gewohnt, Kollegen zu kritisieren, urteilen sie in ihren Gutachten oft unbarmherzig streng.

Auch bei den Sonderforschungsbereichen bemühe man sich bitte um eine den Geisteswissenschaften angemessene Modifikation. Ferner möge man das bei vielen Forschungsinstrumenten de facto vorrangige „Territorialprinzip" abschwächen, daß man mit Kollegen derselben Universität, zumindest desselben Ortes arbeitet.

Außerdem möge man die bisherige Statistik differenzieren: Psychologie und Pädagogik sind mit Theologie und Philosophie schon seit langem kaum noch verwandt. Zu den Geisteswissenschaften im engeren Sinn gehören vor allem die Geschichts- und Kunstwissenschaften, die Sprach- und Literaturwissenschafte, die Philosophie (freilich nicht ausschließlich) und Theologie. Man fasse diese Wissenschaften, unter welchem Etikett auch immer, zusammen und sehe, ob vielleicht deren Mittel gesunken sind. Mit ca. 4 bis 5 Prozent, wie ich vermute, sind sie wie die „Kunst am Bau" gewiß nicht hoch dotiert.

Zum Schluß einen fünften quasi verfassungsrechtlichen Vorschlag: Liberale Gesellschaften bieten ihren Minderheiten einen besonderen Schutz. Wenn die anderen Wissenschaften, immerhin die finanziell überwältigende Mehrheit der DFG, mit den Minderheitenschutz der Geisteswissenschaften mehr und mehr Schwierigkeiten haben, dann löse man sie aus dem bisherigen Verbund heraus. Nach dem Vorbild der USA, ihres National Endowments for Humanities (NEH), erlaube man ihnen eine eigene Forschungsgemeinschaft. Besser und schöner wäre aber eine größere epistemische Toleranz.

Damit sich Ehrlichkeit lohnt

Paul Kirchhof

Wie sollte ein gerechtes Steuersystem aussehen? Die Republik ächzt. Wenn der Bürger ausdrücklich etwas zum Gelingen der Res publica beizutragen hat, erfüllt er diese Pflicht im Wesentlichen als Steuerzahler. Sein Steuerpflichtverhältnis aber ist gegenwärtig gesetzlich so ausgestaltet, daß es den Menschen systematisch überfordert. Wenn der Bürger seine Steuererklärung abzugeben hat, muß er rechtserhebliche Antworten geben, deren Maßstäbe oft Steuerexperten nicht verstehen. Traut er sich das Ausfüllen des Steuerformulars aus eigener Kraft zu, wird er bei der Lektüre des Gesetzes dessen Text nicht vollständig verstehen, das wirtschaftliche Geschehen rechtlich nicht sachgerecht würdigen, die Erklärungspflichten und Wahlrechte nicht immer verständig ausüben. Dennoch weiß er, daß er strafrechtlich für die Richtigkeit seiner Erklärung verantwortlich ist. Hier führt der Rechtsstaat den Steuerpflichtigen in Enttäuschungen, in Bitterkeiten, auch in Resignation, die durch eine Vereinfachung des Steuergesetzes vermeidbar wären. Bedient sich der Steuerpflichtige in seiner Bedrängnis eines Steuerberaters, kann er mit seiner Unterschrift unter seine formularmäßige Erklärung allenfalls bestätigen, daß er seinen Berater ordnungsgemäß ausgewählt und ihm das steuererheblich erscheinende Material übergeben hat. Ob aber das, was der Steuerberater ihm als Erklärung vorgeschlagen hat, inhaltlich richtig ist, vermag der Steuerpflichtige aus eigenem Rechtsverständnis nicht zu beurteilen. Sodann schwindet beim Bürger die Überzeugung, daß das Steuerrecht folgerichtig auf seinen Zweck ausgerichtet ist, den Staat mit den benötigten Finanzmitteln auszustatten. Steuerliche Sonderlasten, etwa auf umweltschädliche Fahrzeuge, veranlassen den Adressaten, ein bestimmtes Verhalten zu vermeiden. Steuerliche Vergünstigungen, etwa für umweltschonende Produktionsmethoden, schaffen einen Anreiz, bestimmte staatliche Verhaltenserwartungen zu erfüllen. Zugleich wirken staatliche Regeltatbestände vielfach ungewollt als Einladung, Steuerlasten zu vermindern. Dieses Übermaß an Lenkungsnormen und Ausweichtatbeständen führt dazu, daß der freiheitsberechtigte Mensch in Deutschland bei Wahrnehmung der Freiheit sich ständig durch das Steuerrecht verbiegen läßt. Er investiert allein aus steuerlichem Anlaß in den Schiffsbau in Taiwan und verschafft damit dem deutschen Schiffsbau eine kraftvolle Weltkonkurrenz. Er fördert den deutschen Film, obwohl ein wesentlicher Teil dieser Förderung in Hollywood ankommt. Er investiert in Flugzeuge, die in 15 Jahren abgeschrieben werden, obwohl sie auch nach 25 Jahren noch voll funktionsfähig sind und einen beachtlichen wirtschaftlichen Wert darstellen. Er sehnt sich in Abschreibungs- und Verlustzuweisungsgesellschaften nach Verlusten und schließt sich mit Mitgesellschaftern zusammen, die er nicht kennen lernen will, produziert mit ihnen eine Leistung, die ihn nicht interessiert, gründet die Gesellschaft an einem Ort, den er nie zu betreten gedenkt. Das Hauptziel seines Handelns ist der steuerliche Verlust. Die wirtschaftliche Welt steht Kopf. Erwägt der Steuerpflichtige die Organisationsform seines wirtschaftlichen Verhaltens, verheißt ihm die verfassungsrechtlich garantierte Vereinigungsfreiheit, daß er Art und Umfang seiner Organisation frei wählen dürfe. Er könne als Einzelperson mit seinem Namen und seinem Vermögen für die Qualität seiner beruflichen Leistung einstehen, im Rahmen einer voll haftenden offenen Handelsgesellschaft (OHG) eine Familientradition fortsetzen, die Risiken einer Neugründung in einer GmbH begrenzen oder durch Gründung einer AG möglichst viele Kapitalanleger an seinem Vorhaben beteiligen. Dieses verfassungsrechtliche Versprechen bleibt im derzeitigen Steuerrecht weitgehend unerfüllt.

Steuern sparen als Strategie

Das Unternehmensteuerrecht drängt den Unternehmer, die in sein Unternehmen reinvestierten Gewinne in einer GmbH zu sammeln, die konsumierten Gewinne in einer Kommanditgesellschaft (KG) entgegenzunehmen und beides um der Erbschaftsteuer willen durch eine weitere KG zu verklammern. Sollte er die Absicht haben, sich allein nach seiner wirtschaftlichen Einsicht und seinem freien Willen zu vereinigen oder auch einer Vereinigung fern zu bleiben, so macht ihm das Steuerrecht bewußt, daß diese Wahrnehmung seiner verfassungsrechtlich garantierten Freiheit ihn teuer zu stehen kommt. Er muß erheblich höhere Steuerlasten tragen, die bei steuerbewußter Gestaltung vermeidbar wären. Sodann beobachtet der Steuerpflichtige, daß einige wirtschaftlich sehr erfolgreiche Unternehmen überhaupt keine Steuern zahlen, andere Steuerpflichtige ihre Steuerlasten wesentlich verringern. Deshalb stellt er die Frage, was der Anknüpfungspunkt der Besteuerungsgleichheit sei: Gilt das Prinzip, daß jeder Erwerbstätige den Staat unausweichlich an seinem wirtschaftlichen Erfolg teilhaben lassen soll, oder ist die Steuerlast vor allem Folge steuertaktischer Unwissenheit oder Ungeschicklichkeit? Ist der Vertrag ein rechtliches Gestaltungsinstrument, um wirtschaftlich zu tauschen und sich zu organisieren, oder auch ein Mittel, um rechtsverbindlich steuerliche Ungleichheiten herzustellen? Schließlich weiß der Steuerpflichtige, daß ein Staat mit hohen Leistungen der inneren und äußeren Sicherheit, der Bildungs- und Gesundheitsstandards, der Kultur- und Verfassungsstaatlichkeit eine bestimmte Summe des Steueraufkommens benötigt, die umso stärker belastet, je mehr andere Steuerpflichtige die Regelsteuerlast vermeiden können. Jeder, der durch Steuergestaltung der steuergesetzlich gemeinten Normalität ausweicht, drängt damit den anderen in die höhere Steuerlast und vielleicht sogar in ein Lastenübermaß. Ein internationaler Steuervergleich darf deswegen auch nicht nur die Steuerlasten oder gar die Steuersätze beobachten, sondern muß das Verhältnis von Staatsleistungen und Steuerlasten würdigen. Würden lediglich die Steuerlasten verglichen, wäre diese Methode so fehlerhaft wie der Preisvergleich eines Autokäufers, der nicht zur Kenntnis nimmt, daß er für einen geringen Preis einen Kleinwagen, für einen teuren Preis eine Luxuslimousine erhält. Auch der oft geforderte "Steuerwettbewerb" würde den Blickwinkel verkürzen, nähme er nicht auch die durch Steuerzahlung ermöglichten Staatsleistungen zur Kenntnis. Im Übrigen ist der Gedanke des wirtschaftlichen Wettbewerbs hier gänzlich verfehlt. Wettbewerb meint die Marktnutzung zur größtmöglichen Gewinnerzielung. Der Steuerstaat aber muß selbst dann, wenn der Markt höhere Steuerbelastungen hergäbe, an seinen Prinzipien einer maßvollen und gleichmäßigen Last festhalten. Sollte dieser Wettbewerb dagegen eine Konkurrenz um die niedrigste Steuerbelastung meinen, wäre dieses auch ein Wettstreit um verminderte Sicherheit, niedrigere Bildungs- und Gesundheitsstandards, verringerte Kultur- und Verfassungsstaatlichkeit. Hat dieser Steuersenkungswettbewerb sein Idealziel einer Nullsteuerbelastung erreicht, ist der Staat tot. Deshalb ist es ein Gebot der Stunde, das deutsche Steuerrecht so zu reformieren, daß es den Staat angemessen mit Finanzmitteln ausstattet, die Steuerlasten maßvoll und gleichmäßig ausgestaltet, auf Steuersubventionen verzichtet und dadurch dem Steuerpflichtigen die Freiheit zur ökonomischen Vernunft zurückgibt. Vor allem aber sind die Steuergesetze wieder so einfach zu gestalten und zu formulieren, daß der sorgfältige Steuerpflichtige sie möglichst weitgehend verstehen und selbst anwenden kann. Das Einkommensteuergesetz könnte bereits dadurch wesentlich vereinfacht werden, daß man auf die derzeit sieben Einkunftsarten verzichtet und nur noch jedermann gleich in dem Erfolg seines erwerbswirtschaftlichen Handelns belastet. Wenn wir keine sieben Einkunftsarten mehr haben, können an diese Einkünfte auch nicht unterschiedliche Rechtsfolgen geknüpft, mit ihnen also nicht mehr Ungleichheiten verbunden werden. Die Vereinfachung dient somit einer gleichmäßigen und maßvollen Steuerbelastung. Wird das Einkommensteuergesetz sodann von allen Subventions-, Lenkungs- und Ausweichtatbeständen befreit, gewinnt der Staat durch diese Verbreiterung der Bemessungsgrundlage ein erhebliches Mehraufkommen, das er durch Senkung des Steuersatzes an die Allgemeinheit der Steuerpflichtigen zurückgeben kann. Auf dieser Grundlage würde eine progressive Besteuerung mit Sätzen zwischen 15 und 35 Prozent zu demselben Staatsaufkommen führen. Sodann ist die Einkommensteuer so zu bemessen, daß dem Einzelnen das zur Finanzierung seines existenznotwendigen Bedarfs benötigte Einkommen steuerlich unvermindert verbleibt. Anderenfalls würde der Steuerstaat dem Steuerpflichtigen die Hauptfunktion seines Einkommenserwerbs, die Selbstfinanzierung seines individuellen Bedarfs und eine entsprechende Entlastung des Sozialstaates, zerstören. Der existenznotwendige Bedarf sollte gegenwärtig pro Kopf und Jahr auf rund 8000 Euro bemessen werden. Dieser Grundfreibetrag von 8000 Euro steht jedem Menschen, auch jedem Kind zu, das nicht nur einen Bedarf an Ernährung, Kleidung und Wohnung hat, vielmehr auch in die moderne Welt der Computer und Fremdsprachen, der Begegnung in Jugend- und Sportgruppen, der Erfahrungen mit Reisen und Feriengestaltung hineinwachsen muß. Da das Kind im Regelfall diesen seinen Finanzbedarf nicht aus eigenem Einkommen, sondern durch Unterhaltszahlungen der Eltern deckt, ist das Einkommen der Eltern, soweit es den Kindern gehört, vermindert, muß also bei ihnen von der Bemessungsgrundlage ausgenommen werden. Auch hier ist das Steuerrecht folgerichtig auszugestalten: Wenn einerseits das Familienrecht die Eltern zum Unterhalt ihrer Kinder verpflichtet, kann nicht andererseits das Einkommensteuerrecht davon ausgehen, daß die Eltern über diesen Teil ihres Einkommens noch anderweitig verfügen und daraus Steuern zahlen könnten.

Schleier der juristischen Person

Sodann muß das gemeinsame Einkommen der Ehegatten diesen jeweils zur Hälfte im Rahmen ihrer ehelichen Erwerbsgemeinschaft zugerechnet werden. Wie jeder Steuerpflichtige, der sein Einkommen in einer Erwerbsgemeinschaft - etwa einer OHG oder einer GmbH - erzielt, dieses gemeinsam erzielte Einkommen für die Zwecke der Individualbesteuerung aufteilt und dadurch Freibeträge und Entlastungen von der progressiven Besteuerung erreichen darf, so muß dieses erst recht für die verfassungsrechtlich besonders geschützte Ehe (Art. 6 Abs. 1 Grundgesetz) gelten. Würde man hingegen das Einkommen des einen Ehegatten nicht dem anderen anteilig zurechnen, wäre der mit der Familienarbeit und der Kindererziehung befaßte Ehegatte häufig einkommens- und vermögenslos und deshalb sozialhilfeberechtigt. So würde das Sozialrecht ungewollt zu einem Instrument der Familienfinanzierung. Noch gänzlich ungelöst allerdings ist die sachgerechte Besteuerung der Personenmehrheiten im Übrigen. Das geltende Recht regelt mit seiner Unterscheidung zwischen Einkommen- und Körperschaftsteuer sowie seinen Differenzierungen zwischen Einzelperson und Personengesellschaften erhebliche Belastungsunterschiede für gleiche wirtschaftliche Vorgänge. Die Bedeutung der juristischen Person, also der Verselbständigung eines wirtschaftlichen Organismus zu einem Rechtssubjekt, ist bisher für das Steuerrecht gänzlich ungeklärt. Früher hatte das Körperschaftsteuerrecht die juristische Person, insbesondere die GmbH und die AG, als selbstständigen Schuldner eigens belastet und daneben den Kapitalgeber nochmals besteuert, also eine Doppelbelastung hergestellt. Danach hat das Körperschaftsteuerrecht ein Anrechnungsverfahren eingeführt, also die Körperschaftsteuer nur als Vorauszahlung auf die persönliche Steuerschuld des Kapitalgebers verstanden. Im Umsatzsteuerrecht ist die juristische Person der konsumierende Nichtkonsument, im Erbschaftsteuerrecht der juristisch untaugliche Versuch der Unsterblichkeit. Hier gilt es, durch eine Grundsatzreform den steuerlich über das Geheimnis der juristischen Person gebreiteten Schleier zu lüften. Das Bundesverfassungsgericht hat entschieden, daß allein die Rechtsform eines wirtschaftlichen Verhaltens steuerliche Belastungsunterschiede nicht rechtfertige. Diesem Beschluß lag der Fall der Schwarzwaldkliniken zugrunde, die miteinander konkurrierten und allein deswegen erheblich unterschiedlich besteuert wurden, weil die eine Klinik in Form einer GmbH, die andere von einem Chefarzt - also einem Freiberufler - betrieben wurde. Der Gleichheitssatz und die Garantie der Vereinigungsfreiheit verbieten diese Besteuerungsdifferenzierungen. In ähnliche Richtung weist das Europarecht. Mit der Garantie seiner Grundfreiheiten, die für natürliche Personen, Personengemeinschaften und juristische Personen in gleicher Weise gelten und wirken sollen. Deswegen ist jede rechtlich greifbare Erwerbsgrundlage in ihren Erträgen gleich zu erfassen. Mag ein Einzelkaufmann als Handwerker in die Handwerksrolle eingetragen sein, als Gewerbetreibender eine Gewerbekonzession erhalten haben, mag der Freiberufler über eine berufliche Zulassung verfügen, die Erwerbsgemeinschaft als Personengesellschaft oder als juristische Person organisiert sein, stets beobachtet das Steuerrecht denselben wirtschaftlichen Ausgangsbefund: Der Erwerbende nutzt eine Erwerbsgrundlage und erzielt daraus einen Einkommenserfolg. An diesem Erfolg muß er den Staat jeweils in gleicher Weise teilhaben lassen. Dieses Ziel kann der Gesetzgeber verwirklichen, indem er jede dieser rechtlich vorgegebenen Erwerbsgrundlagen zu einem Steuersubjekt verselbständigt, als solches zum Steuerschuldner macht, von ihm die Steuererklärungen verlangt und in ihm eine Vollstreckungs- und Haftungsgrundlage findet. Diese allein für Zwecke der Besteuerung gebildete, von der zivilrechtlichen Verselbständigung unabhängige Steuerperson kann dann wie eine natürliche Person besteuert werden. Allerdings verlangen die Gerechtigkeitswertungen des Sozialstaates, daß der Mensch in seinem Einkommen progressiv besteuert wird, während die Körperschaften traditionell ihr gesamtes Einkommen mit einem linearen Steuersatz versteuern müssen. Diese herkömmliche und bewährte Besteuerungskonzeption läßt sich auch bei einer in das Einkommensteuerrecht integrierten Körperschaftsbesteuerung bewahren, wenn die Progression nicht mehr durch den Steuersatz, sondern durch eine gestufte Bemessungsgrundlage vermittelt wird. Wenn das Gesetz das Einkommen natürlicher Personen jenseits des Existenzminimums von 8000 Euro pro Jahr anfangs nur anteilig in die Bemessungsgrundlage einbezieht und bei Einkommen bis zu 13 000 Euro 40 Prozent des Einkommens verschont, für das weitere Einkommen bis 18 000 Euro 20 Prozent von der Einkommensteuer ausnimmt, so ergibt sich aus dieser Kombination von Nulltarif und Regelsteuersatz im Ergebnis eine progressive Besteuerung. Auf dieser Grundlage können dann natürliche und juristische Personen einheitlich mit demselben Steuersatz belastet werden. Die vereinfachte und unausweichliche Steuerlast hat für den Staat den Vorteil, daß sein Steueraufkommen verstetigt und damit die Verläßlichkeit seiner Finanzplanungen erhöht wird. Die Steuerschätzung und die mittelfristige Finanzplanung gewinnen eine rechtlich gediegene Grundlage, die Aufteilung der Steuererträge im Bundesstaat einen verläßlichen gesetzlichen Anknüpfungspunkt. Ein Verzicht auf Steuersubventionen würde den Bundesgesetzgeber in Zukunft auch daran hindern, Subventionen anzubieten und diese dann ganz oder teilweise zulasten der Länderhaushalte zu finanzieren. Außerdem bieten klare steuergesetzliche Maßstäbe das Fundament, um den bisher unerfüllten Auftrag zu einem Maßstäbegesetz nunmehr materiell zu erfüllen.

Den Staat am Erfolg beteiligen

Wenn der produzierende Betrieb zu einem Steuersubjekt verselbstständigt wird, kann die Verteilung der Steuererträge auf Bund, Länder und Gemeinden an diesen Betrieb anknüpfen. Es kommt dann in Zukunft nicht mehr darauf an, wo eine Firma formal ihren Sitz hat, wo sie ihren Gewinn verbucht und ihre Löhne bezahlt; ertragsberechtigt ist vielmehr die Körperschaft, in deren Gebiet das Unternehmen produziert. Damit ist ein sachgerechter Anknüpfungspunkt für die Zuteilung von Steueraufkommen gefunden. Dieses wäre nicht nur von Vorteil für die Abgrenzung der Ländererträge, sondern ebenso für die Reform der kommunalen Finanzausstattung. Wenn heute die Gewerbesteuer in ihrer Grundkonzeption nicht mehr überzeugt, sie zudem nicht annähernd die erwarteten Erträge erbringt, werden die Gemeinden nach neuen Ertragsquellen suchen und diese, nachdem alle wesentlichen Ertragsquellen bereits steuerlich ausgeschöpft werden, nur in kommunalen Zuschlägen zur Einkommen- und Umsatzsteuer finden. Weil aber das Europarecht einer kommunalen Differenzierung der Umsatzsteuer entgegenstehen dürfte, diese außerdem wegen der Befreiung des Exports und der teilweise aufkommensmindernden Wirkung kommunaler Zuschläge im Rahmen des Vorsteuerabzugs eine Umsatzsteuer nicht in Betracht kommen dürfte, bleibt nur der kommunale Zuschlag zur Einkommensteuer. Wenn dieser aber bei den natürlichen Personen an den Wohnsitz, bei den steuerjuristischen Personen hingegen an deren Erwerbsgrundlage anknüpft, so entwickelt sich ein sachgerechter Maßstab für die Verteilung der Zuschlagserträge, der die Wohnsitzgemeinden gleichermaßen wie die Produktivgemeinden mit Steuererträgen ausstattet. Die Kommunen gewinnen wieder einen steuerlichen Anreiz, auch Gewerbe- und Industriegebiete auszuweisen und zu erschließen. Diese und weitere Grundsatzüberlegungen zur Erneuerung des Steuerrechts, das in einem einheitlichen Bundessteuergesetzbuch mit nur noch vier Einzelsteuerarten geregelt werden soll, werden derzeit in der Heidelberger Forschungsstelle erarbeitet. Das deutsche Steuerrecht ist also grundlegend zu reformieren, auf seine bewährten und erprobten Grundprinzipien zurückzuführen und damit dem Steuerpflichtigen die Sicherheit zurückzugeben, daß jedermann in Deutschland bei wirtschaftlichem Erfolg den Staat an diesem Erfolg beteiligen muß. Die Steuerzahlung wäre wieder Ausdruck beruflicher Tüchtigkeit und ökonomischen Erfolges und geriete nicht in das Zwielicht, vor allem diejenigen zu treffen, die steuertaktisch uninformiert oder einfallslos sind. Zugleich wird damit die Steuerlast unausweichlich, lädt also niemanden mehr ein, sich auf die Grauzonen des Rechts einzulassen oder gar die Grenze zur Illegalität zu überschreiten. Es ist höchste Zeit, daß auch der Steuerstaat wieder alltäglich als verläßlicher Rechtsstaat in Erscheinung tritt und das Vertrauen der Bürger zurückgewinnt.

Was ist der Mensch?

Renate Köcher

Die erste Antwort, die auf die umfassende, in ihrer ganzen Tiefe wohl kaum zu beantwortende Leitfrage der Synode in dem Kundgebungsentwurf gegeben wird, lautet: ‚Unter allen Geschöpfen ist der Mensch das einzige, das nach sich selbst fragen kann – und muß'.

Hier möchte ich direkt mit der Analyse des Zeitklimas ansetzen. Das Interesse und die Bereitschaft, nach sich selbst zu fragen, die eigene Verantwortung zu definieren, die Leitlinien, an denen das eigene Handeln ausgerichtet wird, eigenes Handeln zu reflektieren und das Gewissen zu prüfen – all das ist nicht zeitunabhängig gegeben, sondern unterliegt erheblichen Schwankungen. Es gibt Phasen, in denen das Zeitklima und das gesellschaftliche Umfeld für Selbstreflektion und -prüfung günstig sind, und Phasen, in denen die Neigung und Fähigkeit zur Selbstreflektion schwächer ausgeprägt ist.

Das aktuelle gesellschaftliche Umfeld erschwert die nachdenkliche (Selbst-)Prüfung eher. Wir leben in einem sehr pragmatischen, ungeduldigen, teilweise oberflächlichen Zeitklima, in einer Gesellschaft, die mehr in Kosten/Nutzen-Kategorien denkt als in ethischen Dimensionen. Die Überflutung mit Informationen, Ereignissen, Reizen, die Dynamik der Veränderungen und die Fülle der Optionen erzeugen eine atemlose gehetzte Stimmung und fördern den Eindruck, daß nichts Bestand hat und alles sich sehr rasch überholt. Die Kommunikation der Medien wie die zwischen Menschen ist immer mehr von kurzlebigen Aufregungszyklen bestimmt, die sich in rasender Folge ablösen und jeweils über ein, zwei Wochen die Berichterstattung der Medien und die Gesprächsthemen der Bevölkerung beherrschen. BSE, Terroranschläge, PISA, Nitrophen, Amoklauf von Erfurt, Geiselnahme von Moskau, Jahrhundertflut, Irak-Krise – die Ereignisse fesseln und beschäftigen die Menschen für Tage, manchmal Wochen und verschwinden wieder

– teilweise so, als hätte es diese Ereignisse nie gegeben. Was ist beispielsweise in der gesellschaftlichen Diskussion von dem Amoklauf in Erfurt geblieben, unter dessen unmittelbarem Eindruck Konsens bestand, daß Gewaltphänomene in der jungen Generation ein Problem darstellen, dem sich die Gesellschaft dauerhaft und mit Ernst zuwenden muß?

Genausowenig gibt es eine anhaltende gesellschaftliche Diskussion über die Schlußfolgerungen aus der PISA-Studie oder die Folgerungen, die aus Nahrungsmittelskandalen zu ziehen sind. Selbst ein Ereignis wie der 11. September mutet heute schon die Mehrheit der Bevölkerung an wie eine vergilbte Fotografie: Die Mehrheit der Bevölkerung hat den Eindruck, daß dieses Ereignis bereits viel länger zurückliegt – selbst dieses dramatische Ereignis, unter dessen unmittelbarem Eindruck die meisten der Auffassung waren, nichts werde danach mehr sein wie zuvor, wurde binnen kürzester Frist von anderen Ereignissen, Problemen und Themen überdeckt. Im Zeitalter der Massenmedien stürzen die Ereignisse der ganzen Welt auf die Bevölkerung ein, ein für uns mittlerweile so selbstverständliches Phänomen, daß wir uns gar nicht mehr klarmachen, wieweit dies die Situation des modernen Menschen grundlegend von der früherer Generationen unterscheidet. Die Menschen verbringen heute mehr als fünf Stunden am Tag mit Medienkonsum – darunter viel Hörfunk, der häufig als Hintergrundmedium genutzt wird, aber auch im Durchschnitt zweieinhalb Stunden mit Fernsehen, eine knappe halbe Stunde mit Zeitungslektüre. Muß nicht, wer heute die Frage stellt: ‚Was ist der Mensch?', gerade auch diesen Aspekt mit einbeziehen und fragen: ‚Was ist der Mensch in der Mediengesellschaft, und wie verändert die tägliche Überflutung mit einer derartigen Fülle von Ereignissen und Reizen die Voraussetzungen für dieses Nach-sich-selber-fragen des Menschen?'.

Medien erweitern den Erfahrungshorizont und machen die ganze Vielfalt der verschiedenen Kulturen und Optionen zugänglich. Sie beeinflussen jedoch auch das Zeitreservoir, das für Reflektion und das Gespräch mit anderen zur Verfügung steht, und das, was Menschen für wichtig halten, und die Maßstäbe einer Gesellschaft – nicht allein, aber doch in wesentlichem Ausmaß. Die der Mediengesellschaft zwangsläufig innewohnende Ungeduld, die Ausrichtung auf das Neue, die Veränderung, das Spektakuläre steht in Konkurrenz zu der Neigung und Fähigkeit, sich tiefergehend mit Themen, Problemen und Personen auseinanderzusetzen.

Das Interessenspektrum der Bevölkerung hat im letzten Jahrzehnt eine eigentümliche Wandlung durchlaufen. Es ist enger geworden; viele Themen, die vor zehn Jahren noch viele interessierten, haben an Bedeutung verloren. Die Überfülle der Themen und Ereignisse führt dazu, daß der einzelne schärfer selektiert. Dabei trifft die Verengung des Interessenspektrums nicht alle Themenbereiche gleichermaßen. Vielmehr sind es vor allem die grundsätzlichen weltanschaulichen Fragen, die heute weniger interessieren als noch in den frühen neunziger Jahren. So hat sich das Interesse an Sinnfragen, Religion und religiöser Erziehung, an Lebenshilfe und ethischen Fragen verringert, ebenso das Interesse an Problemen der Zeit, an der Bedeutung der Institution Kirche für die heutige Gesellschaft, an Fragen der Ökumene oder an der Entwicklung der Dritten Welt.

Alle pragmatischen Informationen, die unmittelbar in Alltagshandeln umgesetzt werden können, finden dagegen heute mehr Aufmerksamkeit oder liegen auf hohem Interessenniveau stabil. Das gilt beispielsweise für Themen wie Reisen, Informationen zu Haushalt und Garten und Geldanlagefragen.

Wir leben in einer Zeit, die durchaus viele positive Facetten hat: pragmatische Nüchternheit, Vertrauen in die Lösbarkeit von Problemen, Glaube an den Fortschritt. Es ist jedoch gleichzeitig ein gesellschaftliches Klima, in dem sich grundsätzliche Diskussionen über ethische Fragen nur schwer entfalten können, in dem lieber gehandelt als reflektiert wird. Es ist die Zeit der Macher, nicht unbedingt die Zeit der Denker und schon gar nicht die Zeit der Philosophen und Grübler. Man könnte auch zugespitzt sagen: Wir leben in einer sehr pragmatischen, eher ungeistigen Zeit. Es zählt das, was sichtbar, faßbar, zählbar ist. Der Fortschritt des Machbaren wird als so überwältigend empfunden, daß die Auseinandersetzung mit grundsätzlichen Fragen, der geistige Diskurs schwerfällig und unbedeutend erscheinen.

Die Bevölkerung steht ganz unter dem Eindruck der dynamischen wirtschaftlichen Entwicklungen und sie ist fasziniert von dem Fortschritt von Technik und Wissenschaft. Sie ist überzeugt, daß die nächsten zehn Jahre umwälzende technische und medizinische Entwicklungen bringen werden. Die überwältigende Mehrheit erwartet bahnbrechende Fortschritte bei der Bekämpfung schwerer Krankheiten, teilweise die Ausrottung von Krankheiten, die heute noch eine Quelle von Ängsten sind. Die apokalyptischen Diskussionen über Gentechnologie gehören der Vergangenheit an; das positive Potential dieses Gebiets interessiert die Bevölkerung heute ungleich mehr als die Risiken. Die Bevölkerung ist hoffnungsvoll gestimmt; vier Fünftel sehen die Fortschritte der Medizin positiv. In der alternden Gesellschaft entwickelt die Vorstellung eines Alters, das nicht oder zumindest weniger von physischen Beeinträchtigungen überschattet ist, zwangsläufig große Anziehungskraft.

Die Hoffnungen der Bevölkerung sind verständlich. Aber es stimmt unbehaglich, daß die immateriellen, die ethischen Dimensionen dieser Entwicklungen nur wenig Neugierde wecken. Materieller, wissenschaftlicher und technischer Fortschritt machen ethische Fragen und Wertediskussionen ja nicht obsolet – im Gegenteil: Gerade aus den ökonomischen, wissenschaftlichen und technischen Entwicklungen ergeben sich heute und in Zukunft ethische Fragen von großer Tragweite.

Das Interesse, sich mit der ethischen Dimension des wissenschaftlichen Fortschritts auseinanderzusetzen, hält sich jedoch in Grenzen. Die Diskussionen um PID und verbrauchende Embryonenforschung fanden in relativ eng abgegrenzten Zirkeln statt – den kirchlichen Akademien, den Feuilletons von Qualitätszeitungen, teilweise auch in politischen Zirkeln. Die Masse der Bevölkerung nahm an diesen teilweise sehr heftig und grundsätzlich ausgetragenen Kontroversen nur wenig Anteil. Auf dem Höhepunkt der Diskussion im letzten Jahr war Präimplantationsdiagnostik zwei Dritteln der Bevölkerung kein Begriff. In den Gesprächsthemen spielten Themen wie Embryonenforschung kaum eine Rolle.

Wurden die damit verbundenen Fragen jedoch gezielt angesprochen und die Begriffe erklärt, ergab sich ein ambivalentes Bild: einerseits möchte die Mehrheit der Forschung und der Anwendung von Forschungsergebnissen Grenzen setzen; die verbrauchende Embryonenforschung ist der Mehrheit unheimlich. Gleichzeitig ist jedoch zu erkennen, daß die Einstellungen der Bevölkerung keineswegs festgefügt sind, sondern Ergebnis eines Abwägens von Nutzen und Risiken. Wenn ein gravierender Nutzen zu erwarten ist, zum Beispiel Erfolge bei der Bekämpfung schwerer Krankheiten, wiegt das für die meisten schwer.

So plädierten knapp zwei Drittel dafür, die Forschung, die Eingriffsmöglichkeiten in Erbanlagen zur Bekämpfung von Erbkrankheiten zum Gegenstand hat, zu forcieren; eine starke relative Mehrheit spricht sich auch für Forschungen an Embryonen aus, um bisher unheilbare Krankheiten heilen zu können. Die Kosten/Nutzen-Analysen der Bevölkerung haben sich in den letzten Jahren deutlich verschoben, gerade in der Bewertung der Gentechnologie. Die Nutzenerwartungen im Bereich der medizinischen Forschung sind immer mehr in den Vordergrund getreten. Dies hat die Einstellung zur Gentechnologie grundlegend verändert und die Offenheit der Bevölkerung für dieses Forschungsgebiet erhöht.

In Übereinstimmung mit dem Zeitklima werden die Entwicklungen in Wissenschaft, Technik und Wirtschaft weit überwiegend auf der Ebene des materiell Faßbaren diskutiert; die Fortschritte der Medizin, der Technik werden zur Kenntnis genommen und in die Zukunft extrapoliert, teilweise in Form von Science-Fiction-Visionen. Über die Fragen, was diese Entwicklungen für das Individuum, für die Gesellschaft bedeuten, welche ethischen Herausforderungen sich stellen, wird nur wenig diskutiert, und in diesen raren Fällen ist oft das Ungleichgewicht mit Händen greifbar: Diejenigen, die die ethischen Diskussionen einfordern, gelten als rückwärtsgewandte Kräfte, zu langsam für die Entwicklungen in Gegenwart und Zukunft, als naiv in ihrem Glauben an Steuerungsmöglichkeiten, die, die solche Diskussionen für überflüssig halten und sich ganz auf den Fortschritt des Machbaren konzentrieren, als fortschrittliche Realisten.

Es ist bemerkenswert, wie eng der optimistische Fortschrittsglaube mit Fatalismus gekoppelt ist. Die große Mehrheit ist heute überzeugt, daß sich der wissenschaftliche Fortschritt und die dynamischen wirtschaftlichen Entwicklungen nicht wirklich steuern lassen, sondern eine Eigendynamik entwickeln, die jeden Versuch der Einflußnahme scheitern läßt. Die Menschen selbst fühlen sich nicht mehr als Gestalter ihrer Zukunft; die Zukunft – davon ist die überwältigende Mehrheit überzeugt – wird von Wissenschaft und Wirtschaft geprägt in Gestalt von dynamischen Prozessen von ungeheurer Wucht, an die sich Politik und Gesellschaft möglichst rasch und geschmeidig anpassen müssen.

Heute sind Naturwissenschaftler, Techniker und Unternehmer nach der Vorstellung der Bevölkerung die Gruppen, von denen die wichtigsten Impulse für die Gestaltung unserer Zukunft ausgehen. Die Politik und die Kirchen gelten dagegen eher als Gruppen und Institutionen, die zur Gestaltung der Zukunft nur wenig beitragen oder ihr sogar im Wege stehen. Für völlig unbedeutend, im positiven wie im negativen Sinne, hält die Bevölkerung heute die Intellektuellen, die Philosophen, Schriftsteller und Künstler – auch dies ein eigentümliches Merkmal unserer Zeit, daß von den Intellektuellen keinerlei Impulse erwartet und ja leider auch nur wenig Impulse ausgehen.

Es stimmt unbehaglich, wenn die Bevölkerung so einseitig auf den Fortschritt des Machbaren setzt, der Reflexion über die Zukunft der Gesellschaft zunehmend ausweicht und auch immer weniger an die Möglichkeiten glaubt, die Zukunft menschlicher Gemeinschaften jenseits dieser dynamischen wissenschaftlichen und wirtschaftlichen Prozesse zu beeinflussen. Die große Mehrheit der Bevölkerung ist überzeugt, daß das, was die Menschen selbst wollen, ihre Wünsche und Bedürfnisse, für die weitere Entwicklung nur wenig Bedeutung haben. Es ist kein Zufall, daß die Bevölkerung bei allem Vertrauen auf den Fortschritt, bei aller Faszination durch die ökonomischen und technologischen Entwicklungen ein Bild von der Entwicklung der Gesellschaft zeichnet, das von äußerster Skepsis geprägt ist. Die große Mehrheit der Bevölkerung ist überzeugt, daß das gesellschaftliche Klima künftig kälter wird, der Egoismus zunimmt, die sozialen Unterschiede und Probleme der Gesellschaft wachsen werden. Die Zukunftsvisionen für die Entwicklung von Wirtschaft und Wissenschaft stehen in scharfem Kontrast zu den Erwartungen der Bevölkerung, wie sich die Gesellschaft, das soziale Umfeld des einzelnen entwickeln wird. Wenn eine Gesellschaft den Glauben an ihre Gestaltungskraft verliert, muß dies Ängste in bezug auf die Entwicklung des gesellschaftlichen Klimas nähren. Dies alles müßte Anlaß sein, wieder verstärkt in eine Diskussion über ethische Fragen und über das Menschenbild einzutreten, das unsere Gegenwart und Zukunft bestimmt.

In dem Kundgebungsentwurf spielt der Begriff der Menschenwürde eine zentrale Rolle. Unsere Gesellschaftsordnung geht von dem großen, eindrucksvollen Anspruch aus: ‚Die Würde des Menschen ist unantastbar'. Aber reflektieren wir heute überhaupt, was menschliche Würde ausmacht und was sie antastet, gefährdet? Und wenn wir es tun: Haben wir einen Konsens über das, was hier als unantastbares Gut in der Verfassung festgeschrieben ist? Die Würde des Menschen ist unantastbar – dieser Satz enthält mehrere Forderungen von großer Tragweite: vor allem die Forderung nach physischer Unantastbarkeit, die Forderung nach einem menschenwürdigen, selbstbestimmten Leben, aber auch die Forderung, die Ehre des Menschen, seine Stellung in den Augen der anderen nicht herabzuwürdigen. Auf den ersten Blick scheint es selbstverständlich, daß über diese Ziele rascher Konsens möglich ist. In dem Moment, in dem die abstrakte Ebene verlassen und die Achtung der Menschenwürde am konkreten Beispiel diskutiert wird, wird rasch ein sehr differenziertes Meinungsbild erkennbar.

Die Forderung nach physischer Unantastbarkeit bejaht die überwältigende Mehrheit ohne Zögern. Die Überprüfung an konkreten Beispielen läßt jedoch erkennen, daß diese Norm keine absolute Gültigkeit hat. Gewaltanwendungen gegen Personen werden von der überwältigenden Mehrheit der Bevölkerung abgelehnt; die Sensibilisierung für dieses Thema ist in den letzten Jahren nicht geringer, sondern größer geworden. Das zeigte sich unter anderem in Langzeituntersuchungen der Einstellungen zu Gewalt in der Ehe und Gewalt gegenüber Kindern. Die große Mehrheit der Bevölkerung befürwortet Maßnahmen, die der Gewalt in der Familie entgegenwirken und den Opfern von Gewalt verstärkt Sanktionsmöglichkeiten geben.

Auch die Leitvorstellungen für die Erziehung von Kindern werden zunehmend von der Norm geprägt, daß Erziehung weitgehend gewaltfrei erfolgen sollte. Die publik gewordenen Fälle von Mißbrauch und Mißhandlung können nicht ohne weiteres als Indiz dafür gewertet werden, daß in der Gesellschaft eine zunehmende Verrohung eingetreten ist. Heute werden Fälle zum öffentlichen Thema, die in der Vergangenheit im Windschatten der öffentlichen Aufmerksamkeit, im abgeschotteten Raum von Familien stattfanden. Daß Fälle von Mißbrauch und Mißhandlung heute zum gesellschaftlichen Thema werden, ist daher auch ein Indiz für die Sensibilisierung der Gesellschaft für die Würde und Schutzansprüche des Kindes. Der Anteil der Eltern, die sich um eine weitgehend gewaltfreie Erziehung bemühen, ist gewachsen.

Ein zweites Beispiel, an dem man die Einstellung der Bevölkerung zu körperlicher Unantastbarkeit überprüfen kann, ist die Einstellung zur Todesstrafe. In den fünfziger und sechziger Jahren wurde die Todesstrafe noch von der Mehrheit der deutschen Bevölkerung befürwortet, in den neunziger Jahren nur noch von einem Drittel der Bevölkerung, heute von einem Viertel. Allerdings zeigen hier tiefergehende Untersuchungen, daß bei bestimmten Delikten die Minderheit zur Mehrheit wird. Gerade in Fällen von Kindsmorden wird ein erheblicher Anteil der Bevölkerung schwankend, ob die Einführung der Todesstrafe nicht sinnvoll wäre, um potentielle Täter abzuschrecken. Abgesehen von diesen Fällen lassen die Langzeitanalysen jedoch den Schluß zu, daß die Sensibilisierung für die Unantastbarkeit menschlichen Lebens in diesem Bereich zugenommen hat.

Anders haben sich dagegen die Einstellungen bei einer in den letzten Jahrzehnten besonders erbittert diskutierten Frage entwickelt: ob die Forderung nach physischer Unantastbarkeit auch für Ungeborene gilt. Die große Mehrheit der Bevölkerung plädiert heute dafür, ungeborenes Leben nicht ohne Einschränkung in diesen Schutzanspruch einzubeziehen. Dies zeigen die Einstellungen zu Schwangerschaftsabbrüchen und zur gesetzlichen Regelung von Abtreibungen. 57 Prozent der gesamten Bevölkerung vertreten heute die Auffassung, Schwangerschaftsabbrüche sollten grundsätzlich in den ersten drei Monaten der Schwangerschaft möglich sein, wobei die meisten, die diese Position vertreten, eine Beratung vor der Entscheidung für wichtig halten. 28 Prozent möchten Schwangerschaftsabbrüche nur zulassen, wenn ärztliche Bedenken gegen die Fortsetzung der Schwangerschaft vorliegen oder gravierende soziale Gründe. Der Kreis derjenigen, die Schwangerschaftsabbrüche ganz restriktiv handhaben möchten und ausschließlich aus medizinischer Indikation zulassen, umfaßt nur noch 6 Prozent der Bevölkerung. In den neuen Bundesländern sprechen sich sogar drei Viertel der Bevölkerung dafür aus, einen Schwangerschaftsabbruch in den ersten drei Monaten zuzulassen: 42 Prozent möchten diese Entscheidung Frauen völlig freistellen, 33 Prozent zumindest an die Bedingung einer vorherigen Beratung knüpfen. Wenn das Selbstbestimmungsrecht der Frauen gegen den Schutz des ungeborenen Lebens steht, hat für 49 Prozent der Bevölkerung das Selbstbestimmungsrecht der Frauen mehr Gewicht, für 29 Prozent der Schutz des ungeborenen Lebens. Der Anteil der Bevölkerung, der dem Schutz von Ungeborenen Vorrang einräumt, ist in den letzten Jahren geringer geworden, der Kreis der Unsicheren, die sich zwischen den beiden Zielen nicht entscheiden mögen, gewachsen. Die Bedeutung von Werten zeigt sich im Konflikt, dann ergibt sich die wahre Rangfolge von Werten. Die Gesellschaft ist immer weniger bereit, Normen grundsätzlich anzuerkennen. Immer mehr werden Entscheidungen in einem Prozeß des Abwägens getroffen, bei dem Vorteile und Nachteile und verschiedene Interessen gegeneinandergehalten werden.

Dieses Abwägen bestimmt auch die Haltung zu Schwangerschaftsabbrüchen und auch die individuelle Entscheidung. Das Institut für Demoskopie Allensbach hat einmal eine Studie unter Frauen durchgeführt, die einen Schwangerschaftsabbruch erwogen hatten; die eine Gruppe hatte sich dafür entschieden, die Schwangerschaft abzubrechen, die andere Gruppe eine Entscheidung für das Kind getroffen. In unserer Untersuchung haben wir geprüft, warum die Entscheidung in der einen Gruppe für, in der anderen Gruppe gegen einen Schwangerschaftsabbruch fiel. Dabei wurde ein großes Problem offenkundig: das ungeborene Kind ist zum Zeitpunkt der Entscheidung abstrakt, die Nachteile für die eigene Lebenssituation stehen den Frauen dagegen sehr konkret vor Augen. Interessanterweise war das ungeborene Kind auch für Frauen, die bereits Mutter waren, abstrakt. Dieser Aspekt wird in der Diskussion über Schwangerschaftsabbrüche kaum behandelt.

Die Kirchen stehen mit ihrem Engagement für den Schutz Ungeborener zunehmend quer zum Zeitklima – was den Wert dieser kirchlichen Position keineswegs mildert. Ethik ist keine Frage von Mehrheiten und Minderheiten. Die Kirchen kommen zwangsläufig bei Positionen, in denen sie auf die uneingeschränkte Akzeptanz von Leitlinien für Entscheidungen drängen, zunehmend in Konflikt mit der Tendenz, Entscheidungen auf der Basis von Abwägungsprozessen zwischen Vor- und Nachteilen zu treffen. Dies gilt auch für die Haltung der Kirchen, daß die Entscheidung über Leben und Tod nicht in die Verfügungsmacht des Menschen fällt. Die Mehrheit der Bevölkerung spricht sich beispielsweise heute klar für die aktive Sterbehilfe aus. 64 Prozent der westdeutschen Bevölkerung, sogar 80 Prozent der ostdeutschen möchten einem schwerkranken Patienten das Recht einräumen, den Tod zu wählen und den Arzt zu aktiver Sterbehilfe zu ermächtigen. Nur noch 12 Prozent der Bevölkerung folgen der Auffassung, daß Leben und Tod in Gottes Hand liegen und nicht in der Verfügungsgewalt der Menschen. Gerade bei dem Thema Sterbehilfe empfinden viele auch einen Konflikt zwischen der Forderung nach Unantastbarkeit des menschlichen Lebens und dem Wunsch nach einem menschenwürdigen Leben und Tod.

Die Forderung nach Unantastbarkeit der menschlichen Würde geht weit über die physische Unantastbarkeit hinaus. Dies ist den meisten durchaus bewußt. Die überwältigende Mehrheit leitet daraus an den Staat, aber auch an die gesellschaftlichen Institutionen wie die Unternehmen die Forderung ab, Lebens- und Arbeitsbedingungen zu schaffen, die wahrhaft menschenwürdig sind und ein selbstbestimmtes Leben ermöglichen, das Entfaltung, Selbst- und Fremdachtung sichert. In der seit Jahren geführten Diskussion über den Sozialstaat spielt dieser Aspekt allerdings kaum eine Rolle. Auf der einen Seite wird der Sozialstaat als Klotz am Bein einer dynamischen Wirtschaft apostrophiert, auf der anderen Seite als Garant von Besitzständen und materiellen Interessen. Eine grundsätzliche Diskussion, wie ein Sozialstaat konzipiert sein muß, der wirklich die Schwächsten und deren Würde absichert, ohne zu einem entmündigenden Versorgungsstaat zu werden, wird nicht geführt.

Auch in den seit Jahren andauernden Reformdiskussionen spielt das Thema Menschenwürde kaum eine Rolle. Die Gesundheitsreform dreht sich um Kapazitäten, Budgets, Kostenrechnungen; die ‚weichen' Aspekte, die sich nicht in Statistiken und Kostenrechnungen fassen lassen, bleiben auf der Strecke. Dabei hat die Bevölkerung heute in hohem Maße den Eindruck einer Entmenschlichung, gerade auch in der Behandlung kranker und alter Menschen. Es wird immer mehr zu einer zentralen Frage, welche Möglichkeiten es heute gibt, Menschenwürde zu einer Richtschnur bei der Betreuung alter und kranker Menschen zu machen, den ganzen Menschen zu sehen und zu würdigen, nicht nur den Fall, das Krankheitssymptom, das zu lösende Problem. Befragungen älterer Menschen zeigen die Angst vor Fremdbestimmung und Abhängigkeit, vor Entwürdigung und professionell- kühler Routine bei der Betreuung. In einer alternden Gesellschaft stellt sich die Frage der Menschenwürde auch gerade an diesem Punkt, im Umgang mit Alter und Betreuungsbedürftigkeit.

Es wird oft behauptet, daß die Familien bei dieser Aufgabe heute weitgehend ausfallen. Das ist eine grobe Unterschätzung dessen, was viele Familien auch heute noch auf diesem Feld leisten. Jeder zehnte pflegt dauerhaft oder sporadisch ältere Angehörige, und die Unterstützungsleistungen, die zwischen den Generationen gewährt werden, sind eindrucksvoll. Generell hat die Familie heute wieder einen höheren Stellenwert gerade auch im Bewußtsein der jüngeren Generation. Natürlich sind die Familien kleiner, fragiler und damit weniger leistungsfähig geworden. Als Lebensinhalt hat die Familie jedoch für die Bevölkerung unverändert zentrale Bedeutung, und das, was die Generationen in den Familien füreinander tun, ist auch heute außerordentlich eindrucksvoll.

In diesem Punkt hofft die Bevölkerung gerade auch auf die Kirchen. Befragungen zu den Erwartungen an kirchliche Krankenhäuser und kirchliche Dienste belegen, daß an sie eine andere, eine wesentlich höhere Meßlatte angelegt wird als an Dienste, die nicht in kirchlicher Regie geführt werden. Von kirchlichen Diensten wird nicht nur Kompetenz erwartet, sondern auch die menschliche Fürsorge, die Würdigung des ganzen Menschen, nicht bloße Versorgung, sondern Anteilnahme.

Während die Gesellschaft diese Fragen im Zusammenhang mit der Wahrung der menschlichen Würde sehr beschäftigen, findet das dritte Feld, die Achtung der Ehre, auffallend wenig Beachtung. Auch der Synodenentwurf, der sich viel mit Menschenwürde beschäftigt, blendet diesen Aspekt eigentümlicherweise aus. Dabei belegen alle Untersuchungen, wie sehr das Gefühl, in der eigenen Würde unangetastet zu sein, von der Achtung anderer abhängt. Die Achtung der Ehre, des Ansehens einer Person, stellt gerade in der Mediengesellschaft große Herausforderungen. Es ist erstaunlich, wie wenig sich die Gesellschaft mit der heutigen Bedeutung der Medien, mit ihrer Informationsleistung, ihrem Einfluß auf die Meinungsbildung, das Weltbild und die Werteordnung der Bevölkerung befaßt. Erziehung in einer Mediengesellschaft steht vor gänzlich anderen Herausforderungen als früher, genauso wie sich Politik in einer Mediengesellschaft verändert. Medien prägen heute das Bewußtsein der Bevölkerung in einem in der Menschheitsgeschichte vorher nie gekannten Ausmaß. Andere Berufsgruppen, die ebenfalls qua Profession Wissen vermitteln, sind sich dieser Bedeutung der Medien heute fast schmerzlich bewußt.

Bei einer Befragung von Lehrern, welche Einflüsse ihre Schüler heute prägen, schrieben die Lehrer sich selbst nur noch geringen Einfluß zu, 3 Prozent der Lehrer waren überzeugt, einen sehr großen Einfluß auf ihre Schüler auszuüben, weitere 24 Prozent zumindest einen beträchtlichen Einfluß; den Medien schrieben dagegen 60 Prozent einen sehr großen Einfluß zu, weitere 34 Prozent einen beträchtlichen Einfluß. Die Frage nach den Konsequenzen der heutigen Bedeutung der Medien, nach ihrer Verantwortung wird jedoch kaum diskutiert.

Gerade für die Frage der Achtung der menschlichen Würde wäre eine solche Diskussion wichtig. Die Omnipräsenz der Medien, ihre Möglichkeiten, Themen und Aussagen über Personen unwiderruflich öffentlich und nur noch eingeschränkt widerrufbar zu machen, führen zum Empfinden von Ausgeliefertsein und Wehrlosigkeit. Sowohl Befragungen von Führungskräften aus Wirtschaft und Politik wie von anderen Bürgern, die bereits Objekt von Medienberichten waren, liefern dafür eindrucksvolle Belege. Zwei Drittel von ihnen stuften den Persönlichkeitsschutz als nicht ausreichend ein, nur eine kleine Minderheit hielt es für opportun, sich im Falle einer unzutreffenden Medienberichterstattung zur Wehr zu setzen. Es geht hier nicht um eine Unterbindung von Kritik, sehr wohl jedoch um eine Diskussion darüber, was aus der Forderung der Unverletzlichkeit der menschlichen Würde für Konsequenzen zu ziehen sind, wieweit hier auch im Ehrenkodex des Journalismus verstärkt eine Sorgfaltspflicht im Umgang mit Menschen verankert werden muß. Der Freiheitsraum der Medien wird heute teilweise höher angesetzt als die Unantastbarkeit der menschlichen Würde. Unter dem Banner der Meinungsfreiheit und der Freiheit der Kunst soll alles möglich sein, Pornografie, Gewaltdarstellungen und Ehrverletzung – nichts wird wirklich verurteilt oder gar eingedämmt. Durch das Internet werden diese Probleme weiter verstärkt.

Interessanterweise zeigen international vergleichende Untersuchungen, daß der Fatalismus in Deutschland größer ist als in anderen Ländern, das heißt die deutsche Bevölkerung glaubt im internationalen Vergleich unterdurchschnittlich an die Möglichkeiten, Einfluß auf Inhalte zu nehmen und beispielsweise zu einem Konsens über die Grenzen dessen zu kommen, was dem Publikum und was gerade auch Kindern und Jugendlichen an Medieninhalten zugemutet wird. Wer sich mit dem geistigen und menschlichen Klima in einer Gesellschaft beschäftigt, kommt jedoch an den Medien nicht vorbei, an der Frage, was die Medien dazu beitragen können, bestimmte Werte in der Gesellschaft zu fördern, andere Einstellungen und Verhaltensweisen zu ächten und zu unterbinden. Die Medien tragen heute entscheidende Verantwortung dafür, wie sich der Wertehaushalt einer Gesellschaft, wie sich der Umgang miteinander entwickelt.

Die Gesellschaft muß das Vertrauen in ihre Handlungsmöglichkeiten, in ihren Einfluß zurückgewinnen. Die große Mehrheit der Bevölkerung bewertet die Entwicklung der Gesellschaft negativ, hat den Eindruck, daß der Egoismus immer mehr zunimmt, die Rücksichtslosigkeit, die Ellbogengesellschaft. Gleichzeitig zeigt eine zunächst spielerisch klingende Frage, daß die Gesellschaft zu wenig reflektiert, wie man solche Prozesse steuern könnte.

In einer Repräsentativumfrage haben wir folgende Situation geschildert: Zwei Schüler sind versetzungsgefährdet. Beide sind aufgrund ihrer Leistungen auf der Kippe. Gleichzeitig sind die beiden sehr unterschiedlich in ihrem Sozialverhalten, in ihrer Einstellung zu anderen: der eine rücksichtslos, ein Rüpel, immer auf den eigenen Vorteil bedacht, der andere rücksichtsvoll, das Wohl anderer vor Augen, hilfsbereit. Die Frage lautete: Soll der Charakter, soll das Sozialverhalten der beiden bei der Entscheidung über die Versetzung berücksichtigt werden? Die große Mehrheit der Bevölkerung trifft eine ganz klare Entscheidung: Sie möchte ausschließlich die schulischen Leistungen berücksichtigen, nicht das Sozialverhalten, die Maximen, an denen sich die beiden Schüler orientieren.

Eine solche Entscheidung bedeutet natürlich, daß man in der Erziehung auf Prägungen, auf Einfluß verzichtet. Kinder und Jugendliche lernen in hohem Maße durch Ächtung und Anerkennung, durch Lob und Tadel. Wenn die Gesellschaft auf Ächtungs- und Anerkennungsmechanismen für das soziale Verhalten verzichtet, darf sie sich über die Entwicklung des gesellschaftlichen Klimas nicht beklagen.

Der Stellenwert der Menschenwürde entscheidet sich gerade auch in der Erziehung, in den Werten, die der jungen Generation vermittelt werden, natürlich auch in den vorgelebten Beispielen, in den Elternhäusern, in den Schulen, in den Kirchen, in den Medien. Der Einsatz für die Menschenwürde steht heute teilweise quer zu gesellschaftlichen Strömungen. Dies darf nicht entmutigen. Vielmehr läßt sich durchaus Selbstvertrauen und Stolz aus der Tatsache ziehen, daß man teilweise gegen gesellschaftliche Strömungen steht und gerade dadurch die gesellschaftliche Diskussion bereichert und Dimensionen beisteuert, die zur Zeit unterbewertet sind. Der Wert des Beitrags der Kirchen bemißt sich nicht in den quantitativen Kategorien ‚Mehrheit' oder ‚Minderheit', sondern in dem ethischen Fundament, der Tiefe und Glaubwürdigkeit ihrer Positionen. Auch wenn die Gesellschaft zur Zeit zweifelt, ob von den Kirchen nennenswerte Impulse für die Gestaltung der Zukunft ausgehen, so richten sich dennoch viele Hoffnungen gerade an die Adresse der Kirchen, Hoffnungen auf einen Beitrag zu einer humanen Gesellschaft.

Der Großkoordinator.
Wie die Medien die politische Wirklichkeit
auf den Kopf stellen

Peter Lösche

Machen Medien Kanzler? Entscheiden sie über Wahlsieg oder Niederlage? Oder instrumentalisieren Politiker die Medien? Die Bedeutung der Medien wird zuweilen maßlos überschätzt. Die politische Realität sieht anders aus. Zwei Beispiele sollen das illustrieren, die angebliche Präsidentialisierung unserer Kanzlerdemokratie und die Amerikanisierung der Wahlkämpfe.

Wer kennt nicht das Klischee vom Kanzler als dem Superman, dem Hauruck-, dem Basta-, dem Chefsachen-Kanzler? Er erscheint als der große Entscheider, der seine Richtlinienkompetenz nutzt, um Kabinett, Koalition, Fraktion und Bundestag hinter sich zu zwingen. Dabei entmachtet er, so das Stereotyp, die Parteien und das Parlament. Er schafft Ersatzgremien, die nur eingerichtet werden, um Legitimation zu produzieren, nämlich die Konsensrunden, die Bündnisse und die Expertengremien.

Diese Vorstellung vom Präsidenten-Kanzler geht von dem Image, ja dem Mythos „starker", erfolgreicher amerikanischer Präsidenten aus. Sie hat jedoch wenig mit dem komplizierten politischen System der Machtverschränkung, Machtaufteilung und Machtdiffusion in den Vereinigten Staaten zu tun. Das Stereotyp trifft erst recht nicht auf die Bundesrepublik zu. Auch hier haben wir es mit einem unübersichtlichen, ja fast chaotischen und zum Stillstand neigenden System von „checks and balances" zu tun.

Schon die Vorstellung ist naiv, die politische Aktionseinheit von Bundestagsmehrheit, Kabinett und Kanzler stelle sich gleichsam automatisch her. Bisher gab es in der Geschichte der

Bundesrepublik faktisch immer Koalitionsregierungen. Zudem stellen Fraktionen keine homogenen, auf dem Öl der Disziplin geräuschlos laufende Gruppen dar. Fraktionen sind vielmehr in sich gespalten nach regionaler Herkunft, nach sozialen und ökonomischen Interessengegensätzen, nach ideologischen Widersprüchen und Spezialisierungen. Da gibt es Herzöge, Grafen und Fürsten, vor allem aber die Wahlkreiskönige. Um Fraktionsdisziplin herzustellen, bedarf es unzähliger „Einpeitscher", letztlich auch des Kanzlers.

Hinzu kommen weitere Akteure, mit denen der Kanzler zu rechnen hat: der Bundesrat, die einzelnen Länder oder Koalitionen von Bundesländern, die Kommunen, das Bundesverfassungsgericht, zwei Zentralbanken, die europäischen Institutionen, Dutzende von Interessengruppen. Der Bundeskanzler ist dabei nur ein Akteur unter vielen. Allerdings spielt er eine besondere Rolle, nämlich die des Großkoordinators. Er muß überzeugen, überreden, verhandeln, kuhhandeln, Druck ausüben, drohen. Der „Medienkanzler" ist ein Gefangener seiner Ohnmacht, der Kanzler versucht die Medien als Machtressource zu nutzen. Ihm kommt dabei zugute, daß die Medien den Mythos vom starken Präsidenten auf ihn projizieren. Er wiederum versucht, über die Öffentlichkeit Druck auf andere Akteure auszuüben. Dabei kommen ihm die Wirkungsmechanismen der Medien - personalisieren, emotionalisieren, Komplexität reduzieren - zupaß. Entsprechend hegt und pflegt der Kanzler die Medien, trifft sich wöchentlich informell mit Chefredakteuren, seine „spin doctors" inszenieren „events".

Die „öffentliche Kanzlerschaft", durch die der Medien-Bonaparte der deutschen Kanzlerdemokratie geschaffen wird, stellt in ihrem politischen Gehalt nichts anderes als den Versuch des Kanzlers dar, eine weitere Machtressource zu gewinnen, um aus seiner eigentlichen Ohnmacht herauszukommen. Wir haben es also nicht mit einer „Präsidentialisierung" der Kanzlerdemokratie im Sinne des Klischees vom „starken amerikanischen Präsidenten" zu tun. Viel eher trifft eine andere Analogie zu, nämlich die vom amerikanischen Präsidenten als einem relativ ohnmächtigen Akteur in einem System von checks and balances.

Und was ist mit der „Amerikanisierung" unserer Wahlkämpfe? Gemeint sind zumeist Personalisierung, Elemente des Angriffswahlkampfes, Ereignis- und Themenmanagement, Einsatz von Marketingmethoden und generell Professionalisierung. Eine andere Definition von „Amerikanisierung" nennt drei Kriterien, nämlich Personalisierung zur Reduktion von Komplexität; Professionalisierung durch eigens auf den Wahlkampf spezialisierte Experten; „Mediatisierung" des Wahlkampfes mit Hilfe elektronischer Medien. Gleich welcher Definition man folgt, „Personalisierung" steht in ihrem Mittelpunkt. Zudem wird behauptet, daß der Anteil der Wechselwähler ständig wachse.

Niemand bezweifelt, daß Spitzenkandidaten im Wahlkampf eine wichtige Rolle spielen. Aber: „Personalisierung" wird von den Medien hochgeschrieben und hochgejubelt, sie entspricht den eigenen Regeln. Vernachlässigt werden andere Faktoren, die für die Wahlentscheidung mindestens so wichtig sind, nämlich politische Inhalte und Partei-Identifikation.

Dieser Sachverhalt wird durch die amerikanische Präsidentenwahl 2000, also aus dem Herkunftsland der angeblichen „Amerikanisierung", bestätigt. Zwei Anti-Charismatiker, George Bush für die Republikaner und Al Gore für die Demokraten, standen sich gegenüber, der eine eher charmant, aber inkompetent, der andere höchst kompetent, aber dröge. Die Spitzenkandidaten zogen so gut wie keine Wähler an, der Wahlkampf ließ sich nicht personalisieren. Hingegen vertraten beide Kandidaten und beide Parteien ein klares, sich voneinander unterscheidendes inhaltliches Profil. Der Demokrat argumentierte in der Kontinuität des amerikanischen Wohlfahrtsstaates, der Republikaner prägte die Formel von „compassionate conservatism", die neoliberale Reformen und Wohlfahrtsstaatlichkeit zugleich versprach. Am Wahlabend standen sich zwei Wählerkoalitionen gegenüber, die nach demographischen Faktoren unterschieden eindeutige soziale Konturen hatten. Politische Inhalte und Mobilisierung von Stammwählern waren - für das sich dann herausstellende Patt - wahlentscheidend.

Es ist daher kein Zufall, daß man in Deutschland heute zunehmend von Wahlkampfmanagern hört, daß es auf Inhalte ankomme - sie haben die Lektion der letzten amerikanischen Präsidentenwahl gelernt. Allerdings gehen die Medien nach wie vor in die Personalisierungsfalle. Im deutlichen Kontrast dazu stehen einige neuere Untersuchungen von Politikwissenschaftlern, Marketingexperten und Betriebswirten, die zeigen, daß Wahlentscheidungen aufgrund des persönlichen, familiären und beruflichen Umfeldes der Wähler getroffen werden; daß Wahlkämpfe über Themen gewonnen werden; daß Werbung im Wahlkampf von den Wählern entsprechend selektiv wahrgenommen wird; daß mithin ein Wahlerfolg nicht allein durch den Einsatz von Medien, Werbeagenturen und Personalisierung erzielt werden kann.

Auch die Volatilität der Wähler wird - aus guten Gründen, die nicht zuletzt mit der Arbeitsweise der Medien zusammenhängen - übertrieben. Auch hier zeigt ein Blick auf die letzten Präsidentenwahlen in den Vereinigten Staaten, daß dort „Amerikanisierung" des Wahlverhaltens gar nicht stattgefunden hat. Nur etwa acht Prozent der Wähler entpuppten sich als echte Wechselwähler, als „independent independents".

Wie sind im Vergleich dazu, Daten über das Wahlverhalten der Deutschen zu interpretieren? In einer kürzlich erschienenen Studie der Konrad-Adenauer-Stiftung heißt es, daß nur zehn Prozent der Wahlberechtigten Stammwähler der CDU, nur acht Prozent der SPD, aber mehr als 50 Prozent Wechselwähler seien. Wie paßt das alles zusammen? In der politikwissenschaftlichen Literatur besteht kein Einvernehmen darüber, was eigentlich ein Wechselwähler ist: Jemand, der einmal in seinem politischen Leben „abweicht" und bei einer Wahl anders als sonst üblich wählt? Oder gilt als Wechselwähler nur, wer im Vergleich zur vorausgegangenen Wahl eine andere Partei wählt? Wie steht es mit „Wechslern" innerhalb von „Lagern"? Wie wird Wechsel von Nichtwahl zur Wahl (und umgekehrt) gerechnet? Wie hält man es mit Wahlen auf verschiedenen Ebenen wie Kommune, Land, Bund, Europa? Offenkundig stoßen wir hier auf viele ungeklärte begriffliche und methodische Schwierigkeiten, die uns bescheidener machen sollten, wenn wir von der „ungeheuren Volatilität des Elektorats" schwadronieren. Noch jeder Wahlkämpfer weiß (und noch an jedem Wahlabend stellt sich heraus), daß die Stammwähler zu mobilisieren sind, will man die Wahlen gewinnen - bevor erst dann die Wechselwähler (angeblich) den Ausschlag geben.

Zudem: Meinungsumfragen, die hohe Volatilität zeigen, sind interessengeleitet. Sie werden von Wahlkampfmanagern in Auftrag gegeben, die nachweisen müssen, daß es auf den Wahlkampf ankommt, um die nicht festgelegten Wähler noch zu überzeugen. Und: Sie werden von Umfrageinstituten durchgeführt, die gerade von der angeblichen Flüchtigkeit der Wähler leben. Und: Sie werden in Medien veröffentlicht, zu deren Eigenschaft es gehört, zu dramatisieren, zuzuspitzen und zu unterhalten. Gewiß, die Volatilität der Wähler ist gewachsen. Ebenso unbestreitbar ist, daß Personalisierung einer Kampagne für die Wahlentscheidung eine Rolle spielen kann. Nur: Wenn von „Amerikanisierung" des Wahlkampfes die Rede ist, wird interessengeleitet übertrieben und übersteigert.

Kreativität, Intensität und Verständnis. Erwartungen an Studenten, Professoren und Politiker

Jens Peter Meincke

Im Mittelpunkt des Interesses steht oftmals die Frage nach den Erwartungen, die Studenten, Professoren und Politiker an die universitäre Ausbildung richten. Sicher, niemand wird daran gehindert, Erwartungen an die Universität und an ihre Ausbildung zu formulieren. Wer aber selbst Einfluß auf die Ausbildung nimmt, der muß sich auch seinerseits Erwartungen stellen. Ich habe daher das Thema heute einmal umgedreht und frage nicht, was Studenten und Professoren von der universitären Ausbildung erwarten, sondern was aus der Sicht der universitären Ausbildung von ihnen erwartet wird (und vernünftigerweise erwartet werden kann). Dabei erstrecke ich meine Frage auch auf Politiker, weil auch sie auf die Ausbildung Einfluß nehmen und sich daher mit Erwartungen konfrontieren lassen müssen. Beginnen möchte ich mit Erwartungen an die Studenten. Die Erwartungen spiegeln Einstellungen wider, die bei Universitätsstudenten zumindest entwicklungsfähig angelegt sein sollten. Die wichtigsten sind aus meiner Sicht die folgenden vier: Selbständigkeit, Freude am Lernen, Kreativität und Teamfähigkeit.

Lernen aus eigenem Antrieb

1. An erster Stelle steht die Selbständigkeit. Die Universität setzt nicht die Schule einfach fort, sondern sie ist etwas grundsätzlich anderes. Die Studenten werden mit dem Eintritt in die Universität „sittlich und intellektuell der Freiheit und Selbsttätigkeit überlassen" – so hatte es Wilhelm von Humboldt vor knapp 200 Jahren formuliert, und so gilt es aus meiner Sicht im Wesentlichen noch heute. Die Studenten werden in der Universität „sittlich" d.h. charakterlich als selbständige Menschen angesprochen. Sie müssen zwar noch Vieles lernen, aber sie lernen

nun als Erwachsene, aus eigenem Antrieb und auf eigenes Risiko, halten sich selbst zum Arbeiten an, gehen selbstkritisch mit sich um und entscheiden im Einzelfall selbst, was in ihrer Situation zu tun oder zu lassen ist. Zugleich sollen sich die Studenten auch „intellektuell" als Selbständige bewähren und müssen daher darauf bedacht sein, ihren eigenen Weg zu finden und gegenüber ihren Eltern, ihren Lehrern und Freunden gedanklich und gefühlsmäßig unabhängig zu werden.

Die Selbständigkeit der Studenten ist kennzeichnend für das Studium in der Universität. Denn dieses Studium ist im Kern nicht ein Vorgang, der von den Lehrenden her gedacht werden darf, ein Vorgang des Einwirkens und Beibringens, des Ausbildens und Schulens, sondern es ist ein Vorgang, der aus der Sicht des Lernenden betrachtet werden muß, ein Vorgang des Fragens, des Aufnehmens, des sich Aneignens und sich Bildens, eine „geistesaristokratische Angelegenheit", wie Max Weber einmal gemeint hat, die die Studenten als selbständige Persönlichkeiten in den Mittelpunkt rückt.

Zur Selbständigkeit gehört auch die Orientierungsfähigkeit, und gerade auf sie ist das universitäre Studium angewiesen. Selbständige Studenten warten nicht wie Dornröschen darauf, daß ein Prinz kommt, und verlangen auch nicht, daß ein Professor oder Mitarbeiter sie mit immer neuen Betreuungsangeboten konfrontiert, sondern ihre Devise lautet: Werde selbst aktiv, sieh Dich um, gehe auf Leute zu, erkundige Dich, versorge Dich mit allem, was Du brauchst, sei stolz auf das, was Du aus eigener Initiative in Erfahrung bringst und schaffst.

Ohne Eigeninitiative, ohne die selbständige kritische Mitwirkung der Studenten läuft die Ausbildung nicht. Gefragt ist vor allem, daß die Studenten sich als ein untrüglicher Resonanzboden für den Unterricht erweisen, daß sie für die Anerkennung guter Dozenten sorgen und träge Dozenten unüberhörbar zu vermehrten Anstrengungen mahnen. Die Formung zur Selbständigkeit ist das entscheidende Plus, das gerade die Ausbildung an den großen Universitäten wie Köln ihren Studenten auf den Weg mitgeben kann. In Köln haben die Studenten im übrigen für jede Form der Eigeninitiative die besten Vorbilder. Denn als bei uns im 16. Jhdt. der Rechtsunterricht daniederlag, haben die Studenten in ihren Bursen ein eigenes Studium entwickelt, das so erfolgreich war, daß es über viele Jahrzehnte bestand und der ganzen Universität nachhaltig Auftrieb gegeben hat.

2. Gleich hinter der Selbständigkeit rangiert aus meiner Sicht die Freude am Lernen, die Lernlust. Sie hat ihre wichtigsten Wurzeln im Interesse am Fach und geht Hand in Hand mit der Bereitschaft, sich in Fachfragen jederzeit ansprechen und zur Mitarbeit anregen zu lassen. Kein Dozent kann seine Fähigkeiten gegenüber lernunlustigen Studenten entfalten. Jeder Dozent läuft erst dann zu guter Form auf, wenn er Resonanz spürt und im Hörsaal auf helle, aufgeweckte und interessierte Gesichter trifft.

Wach und engagiert

Lernlustig ist, wer sich wach und mit Engagement in sein Studium stürzt, das Fach von Grund auf kennen lernen will, mit Neugier auf alles blickt, was das Fach zu bieten hat, und dabei auch die fachübergreifenden geistigen Fähigkeiten nicht aus den Augen verliert. Literaturstudenten z.B. dürfen keine Scheu vor Büchern haben und nicht darauf warten, daß die Basistexte ihres Studiums irgendwann einmal als Film angeboten werden. Künftige Naturwissenschaftler und Mediziner müssen nach wie vor sehr genau beobachten können. Und für Jura-Studenten, aber nicht nur für sie, ist das Zuhören-Können ungemein wichtig. Denn als Anwälte, Richter und

Diplomaten müssen sie in der Lage sein, zentrale Argumente aus kurzen mündlichen Bemerkungen herauszufiltern. Jura-Studenten, die die Qualität ihrer Vorlesungen heute meist am liebsten nach der Zahl der im Unterricht eingesetzten Folien und Schaubilder beurteilen möchten, müssen daher eines vor allem: nämlich zuhören können.

Lernlustige Studenten haben nicht selten das Problem, über der Konzentration auf das Fach die vielen anderen faszinierenden Angebote der Universität und des Studentenlebens zu übersehen. Es gibt eine kleine Geschichte, die das Problem illustriert. Es ist die Geschichte von dem weisen Mann, der einem Jungen auftrug, einen Löffel mit Öl durch die Räume eines Palastes zu tragen, ohne einen Tropfen Öl zu verschütten. Der Junge konzentrierte sich auf seine Aufgabe, die ihm auch gelang. Doch als ihn der Weise fragte: „Was hast Du gesehen"?, mußte er einräumen, daß er von den Schönheiten des Palastes gar nichts wahrgenommen hatte. Da schickte ihn der Weise noch einmal durch die Räume, und nun sah er all die Herrlichkeiten um sich herum und staunte. Doch als er die Räume durchschritten hatte, war das Öl verloren gegangen. „Siehst Du", sagte der Weise, „das ist die Kunst des Lebens, die eigenen Ziele unverrückbar im Auge zu behalten und doch offen für die Schönheiten um einen herum durch die Welt zu gehen". An diese Geschichte muß man lernlustige Studenten gelegentlich erinnern.

3. Die dritte Fähigkeit, über die Studenten verfügen sollten, ist Kreativität. Kreativität, das heißt: Offenheit für neue Ideen, Einfallsreichtum, Assoziationsfähigkeit, Phantasie, die Bereitschaft, ungewöhnliche Wege zu gehen, anders als andere zu reagieren. Kreativität wird von jedem erwartet, der etwas voranbringen will, besonders aber von Studenten. Wer kreativ ist, denkt sich etwas aus, packt etwas an und überlegt, was man aus einer Situation machen kann, wie sich ein Erfolg verstetigen oder aus einer Niederlage vielleicht unerwartet noch ein kleiner Sieg herauszaubern läßt.

Viele Studenten richten heute ihre Kreativitäts-Bemühungen vornehmlich auf die Präsentation. Ihre Arbeiten sind optisch ansprechend gestaltet, ihr Auftritt ist selbstbewußt, ihre Vorstellung – z.B. auf einer eigenen Website oder in Bewerbungsschreiben - nicht selten voller Ideen. Das alles ist wichtig. Doch gebraucht wird in erster Linie eine Kreativität, die sich auf die Inhalte des Studiums bezieht. Wie kann man die vielen Detailinformationen auf einfache Grundlinien zurückführen, um sie leichter zu behalten? Wie läßt sich ein lückenhaft gebliebener Vortrag durch eigene Erkundigungen ergänzen? Wie kann man ganz generell mehr von dem, was einen gerade interessiert, erfahren?

Kreativität ist nicht zuletzt im Umgang mit den Mitstudenten gefragt. Wie kann ich herausfinden, mit wem man anregende Gespräche führen kann, wer interessante Ideen hat, wer bereit sein mag, mit mir zusammenzuarbeiten, zu wem sich eine Freundschaft für das ganze Leben entwickeln könnte, wer sich später einmal als der große Star der Wissenschaften oder der Praxis herausstellen wird? Einer der Studenten, mit dem ich zur selben Zeit dieselbe Vorlesung besucht habe, ist z.B. später Präsident einer großen Universität in den USA geworden. Ich wäre heute froh, wenn ich damals mit ihm ins Gespräch gekommen wäre.

4. Und schließlich noch der vierte Punkt. Er betrifft die Fähigkeit zur Zusammenarbeit und meint damit etwas, was man als Teamfähigkeit bezeichnen kann. Zur Teamfähigkeit gehört die Bereitschaft, auf andere zuzugehen, nicht nur sich selbst, sondern auch andere anzuspornen, bei allem eine freundliche, auf Zusammenarbeit gerichtete Haltung einzunehmen und sich nicht nur für das eigene Fortkommen, sondern auch noch für das Funktionieren der Gruppe, der Fakultät, der Universität ein Stück weit verantwortlich zu fühlen.

Die Teamfähigkeit umschließt die Neigung, um sich herum zu blicken und die eigene Leistungsfähigkeit im Vergleich zu anderen abgewogen einzuschätzen, sowie die Fähigkeit, sich in der jeweiligen Gruppe, in der man sich bewegt, z.B. im Kreis der Teilnehmer eines Seminars, problemlos zu integrieren und dort weder durch geistige Abwesenheit noch durch dominierende Dauer-Redeleistungen hervorzutreten. Dazu bedarf es einer Eigenschaft, die m.E. für jeden Studenten – und nicht nur für ihn - unverzichtbar ist, nämlich der Rücksicht. Der Rücksicht auf Personen, auf organisatorische Abläufe und ganz allgemein auf Spielregeln. Manche Studenten verkennen die Bedeutung organisatorischer Abläufe gerade in Universitäten mit großen Studentenzahlen, wenn sie sich in Terminabsprachen, Sprechzeiten, Vorgaben für die Anfertigung von Referaten etc. nicht einzufügen vermögen, sondern jeweils für sich, mal aus verständlichen, mal aus unverständlichen Gründen Sonderbedingungen verlangen. Sie sehen nicht ein, daß sie als Mitspieler in ein Team gehören und in diesem Team die Fähigkeit zur Zusammenarbeit entwickeln müssen.

Der Beitrag der 68er Studenten zur heutigen Univer-sitätskultur ist in den damals betroffenen Universitäten nach wie vor umstritten. Ich habe als Rektor mehrfach versucht, der sehr reservierten Haltung älterer Kollegen entgegenzuwirken. Immer mußte ich jedoch einräumen, daß es Kritikpunkte nicht nur gegenüber der damaligen Universität, sondern auch gegenüber der Studentenbewegung gab und gibt. So war ein grundlegender Mangel der damaligen Studenten zweifellos die fehlende Achtung vor durchaus achtbaren Personen, die verbreitete Distanzlosigkeit – auch gegenüber sich selbst - und die fehlende Rücksicht auf Spielregeln, ohne die die Universität nun einmal nicht funktionieren kann.

Sicher, die Professoren dürfen den Studenten die Spielregeln nicht einseitig – und womöglich nur aus der Sicht ihrer eigenen Interessen – vorgeben. Die Spielregeln, die in der Universität gelten, müssen den Respekt auch vor den Mitarbeitern und Studenten erkennen lassen. Sie müssen den Anforderungen nicht nur des wissenschaftlichen Betriebes, sondern auch der Studentenausbildung genügen. Nicht zuletzt um faire Spielregeln wurde denn auch damals gerungen. Daß es jedoch Spielregeln geben muß und daß auch die damals bestehenden Spielregeln ausgereicht hätten, um in ihrem Rahmen ohne Chaos, ohne tiefgreifende persönliche Verletzungen und ohne langfristig wirkende Entfremdungen zwischen den Gruppen der Universität wichtige Neuerungen durchzusetzen, das hätte auch schon von den damaligen Studenten erkannt werden können.

Gewünschte Fähigkeiten eines Professors

Die Studenten stehen im Mittelpunkt der Universitätsausbildung. Nicht zuletzt von ihrer Leistungsfähigkeit hängt die Qualität des Ausbildungsbetriebes ab. Über die Erwartungen, die sich an die Studenten richten, gibt es denn auch eine bis ins Mittelalter zurückreichende Literatur. Über Erwartungen an Professoren wurde dagegen wesentlich weniger geschrieben. Man scheut wohl davor zurück, die Kollegen mit Erwartungen zu konfrontieren, hinter denen zurückzubleiben, man selbst befürchten muß. Und doch sind es die Professoren, die in der Öffentlichkeit in erster Linie die Verantwortung für die Universitätsausbildung tragen, die für alle sichtbar das Moment der personellen Kontinuität in der Universität verkörpern und deren Namen mit dem Ruf der Universität in besonderer Weise verbunden ist. Standards für Professoren aus der Sicht der Ausbildung zu formulieren, ist daher ein wichtiges Thema.

Fünf Fähigkeiten sollte ein Professor vor allen anderem in die Universitätsausbildung einbringen, nämlich pädagogischen Impuls, Intensität, Klarheit, Glaubwürdigkeit und Gemeinschaftssinn. Er sollte im übrigen deutsch sprechen können, auch wenn er als Ausländer einen Lehrstuhl für Naturwissenschaften innehat. Einige weitere, heute häufig genannte Erwartungen, nämlich daß der Professor jung sein müsse, daß er über bedeutende Selbstdarstellungs- und Selbstvermarktungsfähigkeiten verfügen müsse und daß er es wie ein Geschäftsmann verstehen müsse, Gelder für die Universität einzuwerben, spielen dagegen aus der Sicht der Ausbildung kaum eine Rolle.

Was das Letztere angeht, so hatte es allerdings schon früher Berichte darüber gegeben, daß Professoren, die in einer bei der DFG geführten Drittmittelliste nicht auftauchten, nach Meinung des Präsidiums der DFG wissenschaftlich – und das heißt doch wohl auch: als Hochschullehrer - gar nicht existent seien. Und nun soll der neue Heidelberger Rektor mit Blick auf die Juristen, die Wirtschafts- und Geisteswissenschaftler seiner Universität laut FAZ Anfang Februar sogar erklärt haben: „Wer keinen Antrag auf Drittmittel stellt, hat hier nichts zu suchen". Armes Heidelberg! Will man denn wirklich auf große Universitätslehrer wie den Mitte März verstorbenen Philosophen Hans-Georg Gadamer künftig dort verzichten?

1. Wenn man Erwartungen an Professoren richtet, dann sollte man also vor allem anderen daran denken, daß die Universität nicht zuletzt von ihrer Ausbildungsleistung lebt, so daß auch Standards für Professoren nicht ohne Blick auf die Ausbildung formuliert werden dürfen. Beim Blick auf die Ausbildung wird aber sehr schnell deutlich, daß es ein Merkmal gibt, das den Vorrang vor allen anderen verdient, und zwar ist dies der pädagogische Impuls. Sein Kern ist das menschliche und fachliche Interesse an den Studenten, die Freude an einer wechselseitig anregenden Zusammenarbeit und das Bewußtsein, durch Förderung des Nachwuchses menschlich und fachlich selbst zu profitieren.

Der pädagogische Impuls motiviert die Professoren dazu, nicht nur mit fortgeschrittenen Studenten zu diskutieren, sondern sich auch schon den Anfängern zuzuwenden und sie in die von ihnen gewählte Disziplin und deren Anforderungen einzuführen. Er reizt sie an, den Studenten in Vorlesungen, Übungen und Seminaren alles das nahe zu bringen, was sie zum Lernen brauchen und ihnen dabei die ersten Schritte zum systematischen Denken, zum Gegenüberstellen und Abwägen unterschiedlicher Standpunkte und zu durchdachten eigenen Stellungnahmen zu ebnen.

Pädagogischen Impuls hat nur, wer von seinem Fach innerlich ergriffen ist, wem das Verständnis der dort auftretenden Fragen ernsthaft am Herzen liegt. Denn nur er wird die Begeisterung, die er für das Fach empfindet, auch auf die Lehre des Fachs übertragen. Er wird die Lehre nicht als etwas von seinen Forschungen Abgesondertes verstehen. Für ihn wird vielmehr das Lehren und Lernen in dem Sinne ineinander fließen, daß er sich beim Vorbereiten des Lehrens um ein besseres Verständnis des Lernstoffs und damit um das eigene Lernen bemüht, während sich ihm das eigene Lernen außerhalb der Kurse unter der Hand zum Wunsch nach Mitteilung und damit zum Lehren auswächst. Nur jemand, der in seiner Person zugleich Lehrer und Lernender ist, kann den Studenten das Faszinierende der Wissenschaft vermitteln, das nach den berühmten Worten Wilhelm von Humboldts darin liegt, daß die Wissenschaft im Universitätsunterricht immer als ein noch nicht ganz aufgelöstes Problem zu behandeln ist, daß sie als etwas noch nicht ganz Gefundenes und nie ganz Aufzufindendes zu betrachten und unablässig auch als solche zu suchen ist.

Die Wissenschaft, auch dies hat schon Wilhelm von Humboldt so formuliert, läßt sich als Wissenschaft nicht wahrhaft vortragen, ohne sie jedesmal wieder selbsttätig aufzufassen. Sie läßt sich, so sollte man hinzufügen, auch nicht einseitig vom Podium herab vermitteln. Vielmehr ist es wichtig, daß sich der Professor in seinen Kursen – anders als der Festredner hier – nicht hinter einem Manuskript verschanzt, sondern daß er den Studenten frei gegenübertritt und sich in Abständen immer wieder über ihre Aufnahmefähigkeit und ihren Kenntnisstand vergewissert. Denn nur dann wird er seine Hörer wirklich erreichen.

Der Universitätsunterricht führt den Professor und die Studenten nicht zuletzt dadurch in eine Gemeinschaft zusammen, daß er sie beide als Lernende anspricht, die sich, wenn auch auf unterschiedlichem Niveau, beide um Kenntnisse auf demselben Gebiet bemühen. Die Studenten sind es zudem, die den Vortragenden motivieren und die, wenn sie dem Vortrag intensiv folgen, den Dozenten zu immer besseren Leistungen anstacheln. So kann der Unterricht in einen Prozeß der wechselseitigen Anregung einmünden, bei dem der Professor nicht nur Lehrender, sondern zugleich auch Lernender ist, und bei dem umgekehrt der Student nicht nur die Position des Lernenden einnimmt, sondern – vermittelt über Fragen und Anregungen, aber auch über aufmerksame oder gelangweilte nicht verbale Reaktionen – stets auch ein Stück der Position des Lehrenden für sich in Anspruch nimmt.

Intensität des Denkens

2. Neben dem pädagogischen Impuls ist die Intensität des Denkens für einen Professor aus meiner Sicht unverzichtbar. Als ich selbst studierte, traf ich in den Anfängervorlesungen gelegentlich mit einem Mitstudenten zusammen, der die Professoren vornehmlich nach ihrer Gesichtsfarbe taxierte. Er meinte, ein Professor müsse von seiner Arbeit ganz gefangen sein, müsse Tag und Nacht am Schreibtisch oder im Labor verbringen. Wer von frischer Luft gebräunt in den Hörsaal kam, verfiel gleich seinem Verdikt. Ich war nicht ganz so entschieden, aber daß ein Professor in dem Wunsch, sich die Wirklichkeit durch Erkenntnis zu erschließen, am liebsten jederzeit arbeiten müsse, stand auch für mich außer Zweifel. Und tatsächlich, ich habe später in meiner Tätigkeit in der Universität nur selten einen Professor gefunden, für den nicht eine ungewöhnliche Intensität des Arbeitens charakteristisch war. Allerdings gab und gibt es Professoren, die ihr Wirken nicht mit derselben Intensität auf alle Arbeitsbereiche erstrecken, sie insbesondere nicht in dem erwünschten Umfang auch auf die Lehre ausdehnen. Dann aber genügen sie der Erwartung nicht, die man aus der Sicht der universitären Ausbildung an sie richten muß.

Wenn es heute Professoren gibt, die gleichzeitig noch ganz andere Ämter und Funktionen ausüben, die nebenher oder sogar in eine Art zweitem Hauptberuf – nicht selten auf ausdrücklichen Wunsch eines Ministeriums – als Politikberater, als Unternehmer, als Leiter außeruniversitärer Forschungsinstitute, als Sachverständiger, Mitglied wechselnder Expertenräte oder Dauer-Evaluierer tätig sind, oder die neben ihrer Tätigkeit in einer staatlichen Universität noch gleichzeitig eine private Hochschule aufbauen, um, wie es so schön heißt, die staatlichen Hochschulen „durch einen privaten Gegenentwurf aus ihrer vielbeklagten Erstarrung zu reißen", dann dürften sie in vielen Fällen die erforderliche Ausbildungsintensität an der eigenen Heimatuniversität kaum noch aufbringen. Sie tragen dann mit ihrem Verhalten selbst zu dem Zustand bei, dem abhelfen zu wollen, sie vorgeben.

3. Eine der zentralen Eigenschaften eines Professors ist drittens die Klarheit. Seine Aufgabe ist es, das Fach zu durchleuchten, die Wirklichkeit gedanklich zu durchdringen und die Strukturen des Gedachten und Erfahrenen den Studenten so präzise wie möglich vor Augen zu führen. Das Wichtigste ist dabei, Zusammenhänge herzustellen und die jeweiligen Aussagen in den Kontext des bereits Bekannten und Durchdachten überzeugend einzufügen. Diese Klarheit des wissenschaftlichen Vortrags sollte man nicht mit didaktischem Geschick verwechseln. Als Student

habe ich die Vorlesungen eines Professors besucht, der wirklich staubtrocken vortrug, beim Sprechen die Tonhöhe nur geringfügig variierte und ohne erkennbare innere Beteiligung komplizierte Details des Bürgerlichen Rechts analysierte. Kein Zweifel, daß sein Vortrag allen Regeln der Hochschuldidaktik widersprach. Und doch war ich fasziniert. Denn er verstand es, Klarheit in Zusammenhänge zu bringen, die mir bis dahin nicht verständlich geworden waren. Er konnte entfernt Liegendes auf einleuchtende Weise miteinander verknüpfen. Seit der Zeit bin ich beeindruckt von der Wucht, die das blitzartige Erhellen eines Dunklen haben kann.

4. Die vierte Erwartung an einen Professor betrifft die Seriosität seines Wirkens als Forscher und Lehrer, die Ernsthaftigkeit seines Denkens, insgesamt: seine Glaubwürdigkeit. Dieses Merkmal soll die Professoren allerdings nicht auf ein besonderes Podest heben und ihnen Glaubwürdigkeit in dem Sinne abverlangen, daß sie nach dem, was sie lehren, auch leben und als Ärzte das gesundheitswidrige Rauchen oder als Juristen das verkehrswidrige Schnell-Fahren oder das ehewidrige Flirten unterlassen. Denn im Hinblick auf Gradlinigkeit in Fragen der persönlichen Lebensführung, so wichtig dieser Punkt auch ist, unterliegen die Professoren aus meiner Sicht nur den Erwartungen, die für alle gelten. Doch sollte ihr Denken und Reden strikt auf einer einheitlichen Linie liegen.

Der Kölner Philosoph Max Scheler hat einmal auf die Frage, warum er seinen eigenen hohen Ansprüchen nicht genüge, bemerkt, ein Wegweiser gehe ja auch nicht selbst den Weg, den er weise. Das mag so richtig sein, wenn der Professor sich denn mit der Position eines Wegweisers begnügt. Denn ein Wegweiser sagt ja bei näherem Betrachten nichts darüber aus, daß man in die Richtung, die er weist, gehen soll. Man kann daher von einem Wegweiser auch nicht verlangen, daß er, wenn er gehen könnte, sich selbst in der angezeigten Richtung in Bewegung setzt. Was man aber von einem menschlichen Wegweiser verlangen kann, ist, daß er davon überzeugt ist, daß die angezeigte Richtung stimmt. Und das, aber auch nur das, ist die Erwartung an die Professoren.

Max Weber hatte allerdings Anfang des letzten Jahrhunderts die Aufgabe der Professoren gelegentlich noch deutlich stärker eingegrenzt und z.B. im Hinblick auf die Juristen gemeint, von einem Jura-Professor könne man nicht mehr verlangen, als daß er angibt, was als Recht gilt, wenn bestimmte Rechtsregeln und bestimmte Methoden ihrer Deutung als verbindlich anerkannt sind. Ob diese Regeln aufgestellt und als verbindlich anerkannt werden sollten, sei dagegen schon nicht mehr sein Thema. Damit wird jedoch im Grunde nur ein Teilauftrag an die Universitäten bezeichnet. Denn da das Recht nicht nur eine eigene, in ihren Zusammenhängen und Wirkungen beschreibbare Wirklichkeit hat, sondern da es sich auch wie ein Wegweiser verhält und in dieser Funktion eine für alle verbindliche Richtung vorgibt, dürfen sich, wie ich meine, die Universitätsprofessoren der Frage nicht entziehen, warum das Recht in eine bestimmte Richtung weist und ob diese Richtung aus der Sicht des Professors denn auch stimmt.

Die Jura-Professoren der Universität sollten sich daher entgegen Max Weber im Unterricht nicht darauf beschränken, nur zu schildern, was als Recht gilt, wenn bestimmte Regeln und Deutungsmethoden als verbindlich anerkannt sind. Sie sollten vielmehr diese Regeln und Deutungsmethoden auch selbst zum Thema machen, sollten das Recht zwar als ein kompliziertes Gefüge ineinandergreifender und sich immer wieder überlagernder Rechtssätze beschreiben, es aber zugleich auch in seiner Herkunft schildern, in seiner Wirkungsweise analysieren und in seiner Richtung kritisieren, und sie sollten mit dieser Kritik zugleich einen Hinweis auf die von ihnen bevorzugte Richtung verbinden. In ihrem Vortrag sollten sie allerdings ihre eigenen Ansichten von dem, was Allgemeingut ist, deutlich trennen. Und sie sollten keinem Studenten ihre persönlichen Ansichten aufdrängen. Aber sie sollten diese persönlichen Stellungnahmen auch nicht unterdrücken, weil ein Student von seinem Professor verlangen kann, daß er sich im Hinblick auf Fachfragen exponiert und sich bei ihrer Behandlung als ein unabhängiger und in sich glaubwürdiger Kopf präsentiert.

5. Zum Standard eines Professors gehört schließlich auch noch ein Stück Gemeinschaftsgeist. Denn die Studenten sollen nicht nur fachlich, sondern auch emotional von ihrer Ausbildung profitieren. Dazu müssen sie sich innerlich mit ihrem Studium und mit ihrer Universität identifizieren. Auf eine solche Identifizierung können die Professoren im Unterricht aber nur hinwirken, wenn sie sich selbst mit ihrer Fakultät und Universität verbunden fühlen. Sie müssen daher hinter ihrer Universität und der dort verwirklichten Ausbildung stehen, müssen gleichsam den Kern der Universitäts-Lobby bilden und ihrer Universität in der Öffentlichkeit und gegenüber den Studenten den Rücken stärken. Denn wie kann eine Universitätsausbildung auf Achtung bei den Studenten und in der Öffentlichkeit hoffen, wenn die eigenen Professoren selbst nichts von ihr halten? Wie kann man Gemeinschaftsgeist unter den Studenten erzeugen, wenn die Professoren diesen Geist nicht vorleben? Wie kann man zum Wohl der Ausbildung Sponsoren an die Universität binden, wenn den Professoren selbst jedes Interesse an dem Erfolg dieser Ausbildung fehlt?

Die Professoren fühlen sich heute in ihrer Universität meistens als Einzelkämpfer. Sie pflegen als Wissenschaftler vielfältige Verbindungen ins In- und Ausland. Am Ort ihrer Tätigkeit nehmen sie jedoch allenfalls noch fachnahe Kollegen wahr. Schon die Fakultät liegt ihnen fern. Für die Universität, in deren Namen sie arbeiten, haben sie kaum einen Blick. Hier liegt ein Moment, das geändert werden muß, wenn die Universitäten mehr Anziehungskraft in der Region und für ihre ehemaligen, gegenwärtigen und künftigen Studenten entfalten wollen. Von den Professoren wird Einsatz nicht nur für ihr Fach, sondern auch für ihre Fakultät und für die Universität insgesamt verlangt. Sie sollten den Studenten Gemeinschaftsgeist vorleben. Nur so läßt sich die Universität zu einem Ort entwickeln, an dem zu leben und zu lernen von den Studenten nicht als Belastung, sondern als eine einmalige Chance mit Ausstrahlung auf das ganze spätere Leben empfunden werden kann.

Respekt der Politik

Die bisherigen Überlegungen sind noch durch drei Erwartungen an Politiker zu ergänzen. Der Wunsch nach Geld soll dabei für mich heute keine Rolle spielen. Die Erwartungen sollen sich vielmehr nur auf immaterielle Leistungen, nämlich auf Respekt, auf Verständnis und auf Aufmerksamkeit für die Ausbildung beziehen.

1. Was zunächst den Respekt angeht, so meine ich, daß die Universitätsausbildung nach wie vor Achtung verdient, Achtung vor allem mit Rücksicht auf die große universitäre Ausbildungstradition. Sicher, die Universität und ihre Ausbildung haben sich gewandelt. Es gibt nicht mehr die früher viel zitierte Burschenherrlichkeit. An die Stelle gelegentlich etwas versponnener, eindrucksvoller Gelehrtenpersönlichkeiten sind nicht selten energisch voranschreitende, erfolgsverwöhnte Groß-Organisatoren, an die Stelle unbekümmerter, sangeslustiger Studenten sind nicht selten genau kalkulierende, selbstbewußte Jungakademiker getreten. Und doch haben sich wichtige Merkmale der Ausbildungstradition über alle Veränderungen hinweg erhalten.

Eines dieser Merkmale sehe ich darin, daß die Universitäten im Rahmen ihrer Kapazitäten unverändert allen Abiturienten offenstehen und so den Zugang zu einer qualifizierten Ausbildung und den Kontakt zu erstrangigen Spezialisten und anspruchsvollen Forscherpersönlichkeiten allen in gleicher Weise erschließen. Weil heute nahezu alle künftigen Führungskräfte die Universität durchlaufen, folgt daraus, daß sie alle in ihrer Jugend im wesentlichen dieselben Ausbildungsbänke gedrückt, dieselben Vorlesungen gehört, dieselben Eindrücke gewonnen und sich mit denselben Lernproblemen herumgeschlagen haben, so daß die Startbedingungen für alle im wesentlichen gleich gewesen sind. Die Universitäten erweisen sich damit als ein integrativer Faktor in der Gesellschaft von hohem Gewicht. Bedeutsam ist ferner, daß unsere Ausbildung mit ihren Maximen der akademischen Freiheit, der freundschaftlichen Grundstimmung unter den Studenten und der Gleichheit der Chancen im Ausbildungsbetrieb die Grundwerte von Freiheit, Gleichheit und Brüderlichkeit in bemerkenswerter Weise in den Vordergrund rückt. Der unterschiedliche Komfort, der die Menschen im späteren Leben so weit auseinander führt, hat hier noch keine trennende Wirkung. Um in der Universität Erfolg zu haben, kommt es nach wie vor nicht auf Reichtum, Schönheit oder auf das Geflecht persönlicher Beziehungen, sondern allein auf den eigenen Einsatzwillen und auf die eigene fachliche Leistung an.

Ein drittes Merkmal schließlich, das an der Universitätsausbildung immer wieder fasziniert, liegt in der Lebensweise der Studenten. Für sie ist die Zeit ihres Studiums nach wie vor eine Zeit der persönlichen Anspruchslosigkeit, was die Grundbedürfnisse des Lebens wie Essen und Trinken, Wohnen und Kleidung, Fortbewegung und Urlaub angeht, dafür aber eine anspruchsvolle Zeit mit Blick auf die eigene fachliche Unterrichtung, auf die eigene geistige Entwicklung und auf den Einfluß des kulturellen Umfelds, von Büchern und Filmen, von Theater, Musik und Kunst. Zwar wird das Studentenleben von den Studenten selbst nur als ein Durchgangsstadium verstanden, das anschließend durch ein Leben unter anderen Vorzeichen abgelöst werden soll. Und doch durchleuchtet es eine Stimmung, nach der sich manche, die als Jugendliche nicht studieren konnten, ein Leben lang sehnen, an die sich andere im Alter wehmütig zurückerinnern und die aus meiner Sicht gerade heute den uneingeschränkten Respekt der Bevölkerung und ihrer Repräsentanten verdient.

2. Neben Respekt darf die Ausbildung von Politikern auch Verständnis erwarten, und zwar vor allem Verständnis für den Geist, der die Universitätsausbildung bestimmt. Er unterscheidet sich in manchen Zügen von dem Geist, der in der Politik vorherrschend ist.

Antworten interessanter als Fragen

Bei gleichem Kenntnisstand neigen Politiker dazu, Antworten zu formulieren und den gegenwärtigen Stand des Wissens hervorzuheben, Wissenschaftler dagegen, Fragen aufzuwerfen und den Bereich des noch nicht ausreichend Gewußten und Durchdachten in den Vordergrund zu rücken. Im politischen Bereich sind Antworten interessanter als Fragen, Ergebnisse wichtiger als Argumente; im wissenschaftlichen Bereich liegt es in vielen Fällen umgekehrt. Nicht zuletzt aus diesem Grund ist auch für die Universitätsausbildung das Recht, Fragen jeder Art aufzuwerfen und Argumente jeder Art zu diskutieren, unverzichtbar. Die Konzentration auf offene Fragen und noch ungelöste Probleme, statt auf fertige Antworten und jederzeit verwendbare Ergebnisse trägt der Universitätsausbildung von Politikerseite gelegentlich den Vorwurf der Praxisferne ein. Man sollte jedoch anerkennen, daß es unterschiedliche Denkweisen gibt, die beide in gleicher Weise praxiswirksam sind.

Und noch ein Zweites: Unter dem Eindruck finanzieller Zwänge sind Politiker schnell bereit, aus der Wirtschaft stammende Organisationsmodelle zu übernehmen. So neigen sie derzeit dazu, die Universitätsausbildung als eine Art Geschäftsvorfall einzustufen. Die Universität funktioniert für sie wie ein Wirtschaftsbetrieb. Sie bietet durch ihre Professoren und Mitarbeiter Ausbildungsleistungen an. Die Studenten fragen als Kunden diese Ausbildungsleistungen nach. Das Angebot soll sich, wie im Geschäftsverkehr üblich, nach der Nachfrage richten und stets nur den Mindeststandard einhalten, der für die Nachfrager unbedingt erbracht werden muß.

Die Professoren haben demgegenüber durchweg eine ganz andere Ausbildungskonzeption. Ihnen geht es um die Anforderungen, die sich für die Vermittlung des Stoffs aus dem Fach und aus den Bedingungen des Studiums heraus ergeben. Sie fühlen sich nicht als Anbieter von Dienstleistungen, die nach den Bedürfnissen des Marktes und den Wünschen der Nachfrager beliebig verändert werden können, sondern sie verstehen sich als Lehrer, die für die Ausbildung von jungen Menschen verantwortlich sind. Diese Verantwortung erlaubt es ihnen nicht, die Akzente des Studiums beliebig zu verlagern und die Studiendauer übermäßig zu kürzen, so wie man die Aufführung einer Mozart-Sinfonie auch nicht, um sie bequemer, schneller, für die Hörer eingängiger und vor allem kostengünstiger aufführen zu können, einfach um ein paar Instrumente oder ein paar Takte Musik oder gar um ganze Melodiefolgen kürzen darf.

Vielen Politikern ist die Skepsis von Professoren gegenüber Kurzstudiengängen oder sehr knapp bemessenen Regelstudienzeiten unverständlich. Sie möchte ich an dieser Stelle an die Geschichte von dem Jungen und dem Löffel Öl erinnern. Die Frage liegt ja nahe: Wie kann es überhaupt gelingen, keinen Tropfen des Öls zu verschütten und doch die Herrlichkeiten um einen herum wahrzunehmen? Das Geheimnis ist: Man muß Zeit investieren. Man muß beim Voranschreiten genau auf das Öl achten, aber immer wieder innehalten, um herumzuschauen. Für die Studenten ist es in derselben Weise wichtig, im Studium nicht nur Intensität an das Fachstudium zu wenden, sondern auch Zeit zur Besinnung zu investieren. Dabei geht es nicht darum, Zeit zu vergeuden, sondern Zeit sinnvoll einzusetzen, um einerseits dem Fach Genüge zu tun, um andererseits aber auch die Persönlichkeit in entscheidenden Jahren des Lebens zu entwickeln und um bei allem nicht den Blick für die einmaligen Gegebenheiten der Studienzeit zu verlieren. Nicht zuletzt das haben Professoren im Sinn, wenn sie für eine nicht zu kurz bemessene Regelstudienzeit plädieren.

3. Nach Respekt und Verständnis soll nun am Schluß noch als Drittes die Erwartung nach Aufmerksamkeit für die Universitätsausbildung stehen. In diesen Zusammenhang gehört der Wunsch, daß Politiker künftig nicht nur Ehrungen von der Universität entgegennehmen, wofür sie ihr Interesse nicht selten sehr nachdrücklich bekunden, sondern daß sie auch ihrerseits Anerkennungen für die Universität und die Träger ihrer Ausbildung bereit halten und so die Bedeutung der Universitätsausbildung im öffentlichen Bewußtsein unterstreichen. Jeder verantwortliche Politiker eines Landes sollte sich in den Universitäten seines Verantwortungsbereichs unproblematisch zu Hause fühlen und dies auch durch sein Erscheinen jederzeit dokumentieren.

An einem solchen nach außen wirkenden Eintreten für die deutschen staatlichen Universitäten fehlt es z.B. dann, wenn Politiker die deutschen Universitäten immer wieder mahnend auf die unter ganz anderen Bedingungen arbeitenden großen amerikanischen Universitäten als Vorbild verweisen, oder wenn sie viel lieber zu Festakten in die kleinen, von pflegeleichten Studenten bevölkerten deutschen Privathochschulen kommen, als sich dem schwer berechenbaren und undiszipliniert kritischen Verhalten mancher Studenten in den staatlichen Universitäten auszusetzen. Oder wenn sie private Hochschulen großzügig unterstützen, die den Studenten aufwendig finanzierte, optimale Studienbedingungen bieten und sich dabei – wie es ein scharfsichtiger Beobachter spöttisch formulierte – um den schwierigen Nachweis bemühen, daß ein Porsche an Komfort, Fahrleistung, Schnelligkeit und Reichweite einem Tretroller allen Ernstes überlegen sein kann. Was könnten erst vergleichbar ausgestattete staatliche Universitäten an Ausbildungsleistung bieten!

Jeder Politiker im Bund und im Land sollte nach meiner Meinung nicht nur seinen Wahlkreis pflegen, sondern er sollte auch enge Verbindungen zu einer Universität unterhalten, damit er, wenn er über ein Hochschulrahmengesetz oder über ein Landeshochschulgesetz beschließt, aus gegenwärtiger eigener Anschauung und nicht nur vom Hörensagen weiß, worum es geht. Er sollte eine Universität zu „seiner" Universität erklären und sich für die Förderung dieser Universität persönlich einsetzen. Alle Politiker sollten die Studenten als künftige Führungspersönlichkeiten betrachten und keine Gelegenheit vorbeigehen lassen, um vor ihnen und mit ihnen über politische Grundfragen zu sprechen. Wichtige Erklärungen sollten sie nicht nur im Parlament und in Fernsehrunden, sondern – wie es der amerikanischen Tradition entspricht – auch an den Universitäten abgeben. Mehr Präsenz in den Hochschulen und verstärkte öffentliche Aufmerksamkeit auf den universitären Ausbildungsbetrieb ist es also, was ein Politiker neben vielem anderen zur Förderung der Universitätsausbildung beitragen kann.

„Zur kulturellen Dimension der Bildung"

Julian Nida-Rümelin

Das Verhältnis von Bildung und Kultur ist zugleich eng und komplex. In erster Annäherung kann es so charakterisiert werden: Die unterschiedlichen Bildungskonzeptionen in der Geschichte spiegeln das Selbstverständnis der jeweiligen Kultur wider, die Bildungspraxis ist getreulicher Spiegel des Entwicklungsstandes der jeweiligen Kultur. Alle großen Reformprojekte im Bildungswesen waren von einer inhaltlichen Vorstellung, von einer in ein kulturelles Gesamtkonzept eingebetteten Bildungsidee geprägt. Dies ließe sich zum Beispiel am Humanismus detailliert darstellen, sowohl an der humanistischen Bewegung des ausgehenden Mittelalters und der frühen Neuzeit als auch am Neuhumanismus, der vor allem mit dem Namen Wilhelm von Humboldts verknüpft ist.

Orientierungspunkt der althumanistischen Erneuerungsbewegung ist die Idee des *humanum*, des eigentlich Menschlichen. Petrarca etwa führt aus, daß das spezifisch Menschliche darin bestehe, mitis et amabilis zu sein, also sanft und umgänglich. Ethische Bindung steht im Zentrum, die würdevolle Selbstbeherrschung als Ausdruck von Charakterstärke. Bildung heißt aus der Perspektive des Humanismus auch, Personen die Möglichkeit zu geben, sich von den in der jeweiligen Gesellschaft etablierten Umgangsformen zu distanzieren. Aus diesem Ansatz entsteht im 13. Jahrhundert ein Bildungskanon, der vor allem vier Bereiche umfasst: erstens Sprache (Grammatik), zweitens Moralphilosophie mit den Teilgebieten Ethik, Politik und Ökonomie, drittens Geschichte und viertens Rhetorik. Einen prägnanten Ausdruck findet diese Bildungsidee in der Formel *res et verba* – die Dinge und ihre Bezeichnungen lernen und beides zueinander in eine vernünftige Beziehung setzen. Hinter der Leitidee einer klaren und einfachen Sprache steht bei den Humanisten vor allem das Ideal eines freien Geistes, der sich von Dogmatismus und eitler Geschwätzigkeit lösen kann.

Dem Neuhumanismus des 19. Jahrhunderts verdankt das deutsche Bildungswesen wesentliche Weichenstellungen. Ziel der Humboldtschen Bildungsreform ist es, die Menschen zu befähigen, sie selbst zu werden, Autonomie zu erlangen. Der noch in der frühen Neuzeit geltende Primat der Verwertbarkeit des Wissens weicht so dem Ideal der Persönlichkeitsbildung.

Der ersten deutschen Bildungsreform zu Beginn des 19. Jahrhunderts war ein großer Erfolg beschieden. Sie resultierte in einer weltweiten Spitzenstellung der deutschen Bildungsinstitutionen auf nahezu allen Gebieten von Kultur und Wissenschaft. Getragen wurde diese Stellung nicht zuletzt von einem – trotz aller sozialen Unterschiede – gewissermaßen schichtenübergreifenden Selbstverständnis als Kulturnation. Bemerkenswert ist im Rückblick zudem, wie die Spitzenposition des Bildungswesens mit der Rückständigkeit Deutschlands im Politischen – Stichworte Nationalstaatsbildung, Durchsetzung der parlamentarischen Demokratie - kontrastiert und diese zum Teil kompensiert.

Am Ende des langen 19. Jahrhunderts markiert der 1. Weltkrieg einen bedeutenden Einschnitt. Die kulturelle und wissenschaftliche Entwicklung Deutschlands verliert an internationaler Ausstrahlung. Die Vertreibung und Ermordung der jüdischen und kritischen Intelligenz bedeuten zu allererst unermeßliches menschliches Leid für unzählige Familien, aber sie haben auch zu einem Verlust intellektueller Substanz geführt, von dem sich die deutsche Bildungs- und Kulturnation bis heute nicht erholt hat und wohl nie ganz erholen wird.

Das kollektive Selbstverständnis der Westdeutschen nach 1945 war vom Gelingen des wirtschaftlichen Wiederaufbaus geprägt. Unter der Dominanz ökonomischer Aspekte geriet das Bildungswesen im internationalen Vergleich in Rückstand. Aus heutiger Sicht ist es interessant zu sehen, unter welchen Gesichtspunkten die Defizite vorrangig wahrgenommen wurden. Der Protagonist der Debatte über „die deutsche Bildungskatastrophe", Georg Picht, argumentierte zwar nicht allein in ökonomischen Kategorien, aber es war doch sein Menetekel vom wirtschaftlichen Niedergang der Bundesrepublik, das die öffentliche Diskussion bestimmte.

Ein zweiter, vor allem sozialer Impetus trat in den 60er Jahren hinzu. Insbesondere nach 1968 wurde die Bildungsdebatte vor allem unter dem Gesichtspunkt der Partizipation geführt. Die Erfolge dieser Reformbewegung sind unübersehbar, die Öffnung der Bildungseinrichtungen – ablesbar etwa am Anteil der Arbeiterkinder unter Gymnasiasten und Studenten – gelang zunächst in durchaus beeindruckendem Maße, um dann in den 80er und 90er Jahren wieder kontinuierlich abzusinken. Dennoch war diese zweite Bildungsreform nur eine halbierte. Die Diskussion über Bildungsinhalte blieb im Dickicht der Institutionen stecken. Das Resultat war eine weitgehende inhaltliche Erstarrung des Bildungswesens seit den 70-er Jahren. Die Ambivalenz dieser Entwicklung ist aus meiner Sicht zu wesentlichen Teilen auf ein kulturelles Defizit zurück zu führen. Ein gravierendes Manko des Reformprozesses war die mangelnde Einbettung in eine Gesamtkonzeption, das Fehlen einer kulturellen Leitidee. Eine Rolle hat hier sicherlich auch die zeitweise Dominanz (vulgär-)marxistischer Diskurse gespielt, in denen Kultur zum bloßen Überbauphänomen verkleinert wurde.

Die inhaltlichen Defizite der Reformdebatte sind in meinen Augen beispielsweise mitverantwortlich dafür, daß das Leistungsprinzip – so anfällig für Mißbrauch es ist - in Mißkredit geriet. Diese ablehnende Haltung hat das Klima in unseren Bildungsinstitutionen lange Zeit wesentlich beeinflußt. Hinweise wie der, daß die Berücksichtigung individueller Leistung ursprünglich – in Abgrenzung zu den Prinzipien einer ständisch verfaßten Gesellschaft – einen emanzipatorischen Gehalt hatte, fanden in der Diskussion der 60-er und 70-er Jahre kaum Gehör. Eine mangelnde inhaltliche Fundierung hat auch dazu beigetragen, daß die Reformbestrebungen mit übersteigerten Erwartungen befrachtet wurden. In technokratischer Verkürzung geriet das Bildungswesen leicht zum Vehikel des „progressiven" Umbaus der Gesamtgesellschaft. Die Enttäuschung dieser Hoffnungen wirkt in den Lehrkörpern ganz offensichtlich bis heute nach.

Mit dem Aufkommen des Neoliberalismus in den 80-er Jahren löste eine ökonomische Legitimationsbasis die primär soziale Orientierung ab. Die wirtschaftliche Verwertbarkeit hat sich immer deutlicher zum zentralen Kriterium des Erwerbs von Wissen entwickelt. Im Selbstverständnis der Deutschen ist die kulturelle Dimension eher schwach ausgeprägt – auch als Resultat der skizzierten Verdrängung kultureller Leitideen durch soziale nach 1968 und wirtschaftliche seit den 80-er Jahren. Deutschland definiert sich im Grunde seit längerem nicht mehr als Kulturnation. Dies hat unübersehbar Auswirkungen auf den Status von Bildung. Für das Selbstwertgefühl vieler Jugendlicher ist es zum Beispiel wichtig, zu einem frühen Zeitpunkt eigenes Geld zu verdienen oder Konsumgüter zu besitzen. Der Eigenwert der Bildung spielt demgegenüber nur eine untergeordnete Rolle.

Angesichts dessen halte ich eine inhaltliche Neubestimmung für dringend erforderlich. Im Mittelpunkt sollte dabei eine Ausrichtung der Bildungspolitik an kulturellen Leitideen stehen. Die Bildungspraxis darf sich nicht nur an vordergründigen Erfordernissen der Sozial- und Wirtschaftspolitik orientieren, sondern muß grundlegende Dimensionen von Kultur in den Blick nehmen. Dazu zählt etwa die Dimension der gesellschaftlichen Interaktion, die Frage, wie Menschen miteinander umgehen, kooperieren, Konflikte austragen etc. Ein zweiter Aspekt hängt eng damit zusammen: Je umfassender die Netze unserer Interaktion in einer sich globalisierenden Welt greifen, desto zentraler wird Verständigung. Wenn wir uns in unserer komplexen und mobilen Gesellschaft nicht miteinander verständigen könnten, würden auch unsere stabilen Formen der Kooperation und Konfliktlösung brüchig werden. In letzter Konsequenz hätte dies die Erosion der normativen Basis einer zivilen Gesellschaft zur Folge. Eine weitere zentrale Dimension - vielleicht die wichtigste - ist die der Selbstbestimmung. Menschen sind ihrem Wesen nach in der Lage – und dazu gezwungen – ihrem Leben eine je eigene Prägung, einen spezifischen Sinn zu geben. Eine Konzeption umfassender Bildung muß daher den Aspekt der Selbstbildung in besonderem Maße berücksichtigen.

Vor diesem Hintergrund wird vielleicht etwas deutlicher, warum ich für eine Anknüpfung an die ursprüngliche humanistische Bildungskonzeption plädiere. In einer Zeit, in der Prognosen über die konkrete Verwertbarkeit von Wissen angesichts eines beschleunigten Wandels in allen Lebensbereichen immer fragwürdiger werden, gibt es letztlich keine Alternative zur Orientierung an den Grundlagen unserer Kultur. In diesem Zusammenhang können wir auch ein Spannungsverhältnis nicht ausblenden, das in der Konzeption Humboldts angelegt ist und unsere Bildungsinstitutionen bis heute prägt: Der Staat ist einerseits zu inhaltlicher Neutralität verpflichtet, während er andererseits über die Gestaltung der Rahmenbedingungen in einem gewissen Grade inhaltliche Festlegungen treffen muß.

Von besonderer Bedeutung ist der Bereich der ästhetischen Bildung. Mit Ästhetik meine ich hier nicht nur das Schöne im modernen Sinn, sondern den ursprünglichen Wortsinn der „Aisthesis", die Dimension unseres Lebens also, in der wir Bezug nehmen auf Dinge, die uns durch Empfindungen und Wahrnehmungen zugänglich sind. Die kognitive Schlagseite unseres Bildungswesens drängt die musische Bildung an den Rand.

Wenn wir die Dimension der „Aisthesis" ernstnehmen, dann dürfen wir Kinder und Jugendliche, aber auch Erwachsene, nicht als gebildet ansehen, wenn allein ihre kognitiven Fähigkeiten gestärkt und erweitert worden sind. Es muß uns darum gehen, eine Balance herzustellen zwischen Sinnlichkeit und der Fähigkeit, Gründe abzuwägen und Urteile zu fällen. Nicht die kognitive Dimension allein, sondern erst diese Balance macht die gebildete Person aus. Ohne eine entfaltete Sinnlichkeit kann auch Verständigung nicht gelingen, denn sie basiert nicht zuletzt auf Empathie, der Fähigkeit sich einzufühlen.

Eine weitere Überlegung betrifft die Dimension der Interaktion und Integration. Wir leben seit längerer Zeit in einer multikulturellen Gesellschaft. Neben den unbestreitbaren Konflikten und Verständigungsproblemen, die die Vielfalt kultureller Herkünfte mit sich bringt, sollten wir die positiven Aspekte dieser Entwicklung nicht aus dem Auge verlieren. Die Grenzen zwischen den Kulturen sind fließender geworden. Das Gros der bereits in zweiter oder dritter Generation in der Bundesrepublik lebenden Immigranten hat sowohl zu ihrer Herkunftkultur als auch zum kulturellen Umfeld in Deutschland ein differenziertes und reflektiertes Verhältnis gewonnen. Nicht die Differenz ist größer geworden, sondern die Zahl der Optionen, sich mit verschiedenen kulturellen Prägungen auseinanderzusetzen. Stabile Kooperation zwischen unterschiedlich geprägten Gruppen setzt allerdings voraus, daß es einen Überlappungsbereich gibt, einen Minimalbestand geteilter Normen, Werte, Einstellungen und Kenntnissen. Für die Bildungs- und Kulturpolitik ergibt sich daraus die Aufgabe, Verständigung im weitesten Sinne – auch unter Einbeziehung ästhetischer Elemente – zu fördern, damit kollektive Identitäten und kulturelle Prägungen nicht unvermittelt aufeinander treffen. Ein Grundkanon von Fähigkeiten und Kenntnissen erscheint mir da unverzichtbar zu sein. Die Oberstufenreform hat hier die falschen Zeichen gesetzt. Der Aspekt der Selbstbestimmung bleibt immer der zentrale: Ein souveräner Umgang mit Differenz setzt umfassend gebildetete, Ich-starke Persönlichkeiten voraus, durchaus im Sinne des althumanistischen *mitis et amabilis*.

Die Not des Gesetzgebers im naturwissenschaftlich-technischen Zeitalter

Fritz Ossenbühl

1. Zum Themenbereich

Technik und Staat sowie Technik und Gesellschaft sind seit mehr als hundert Jahren bevorzugte Themen der Soziologie. Im Jahre 1961 hat *Helmut Schelsky* vor der Arbeitsgemeinschaft für Forschung des Landes Nordrhein-Westfalen über das Thema „Der Mensch in der wissenschaftlichen Zivilisation" gesprochen. Zehn Jahre später erschien eine grundsätzliche Analyse aus dem Lager der Staatsrechtslehre. Sie stammt von *Ernst Forsthoff*, der den „Staat der Industriegesellschaft" vor allem im Hinblick auf die Folgen und Auswirkungen für das überkommene Staatsbild untersucht hat und dabei der technischen Realisation ein Hauptgewicht beimißt. Beide Arbeiten vermitteln die Vision eines fundamentalen Wandels sowohl in der Existenz, Befindlichkeit und Mentalität des einzelnen Menschen wie auch in der Form und Funktion des Staates, soweit er diesen Wandel überhaupt überleben sollte. In neuerer Zeit hat vor allem der Schlüsselbegriff der „Risikogesellschaft" beflügelnd gewirkt und einen weiteren Aspekt in den Vordergrund des Interesses gerückt, nämlich die Beziehungen und Verbindungen zwischen der Rechtsordnung einerseits und der naturwissenschaftlich-technischen Entwicklung andererseits. Entsprechend der Geschwindigkeit der technischen Entwicklung ist der Begriff der „Risikogesellschaft" schon überlagert durch den modernen Begriff der „Informationsgesellschaft" resp. „Kommunikationsgesellschaft", der einen eher positiven, optimistischen Klang verbreitet. Die Technik erfaßt die Gesamtheit der einzelnen Person wie auch der Gesellschaft und des Staates und wird dementsprechend auch in dieser Breite diskutiert. Aus dieser breit angelegten, alle Lebensbereiche ergreifenden Diskussion möchte ich hier nur einen Ausschnitt behandeln und deshalb die Thematik am Anfang darauf eingrenzen.

Ansetzen kann man bei dieser Eingrenzung mit der naiv erscheinenden Frage, was uns eigentlich berechtigt, von einem naturwissenschaftlich-technischen Zeitalter zu sprechen. Gehören nicht Naturwissenschaft und Technik unabdingbar und von Anfang an zum menschlichen Dasein? Sind nicht beide natürliche Konsequenzen der Menschen als vernunftbegabter Wesen? - Hat es aber Naturwissenschaft und Technik immer schon gegeben, so muß sich das naturwissenschaftlich-technische Zeitalter durch eine zusätzliche Qualität auszeichnen. Diese besondere Qualität wird kurz gesagt darin erblickt, daß Naturwissenschaft und Technik nicht mehr nur der Bedürfnisbefriedigung des Menschen dienen, sondern daß der technische Prozeß sich um seiner selbst willen vollzieht. Die technische Realisation wird als ein Vorgang begriffen, der vom Menschen initiiert im gegenwärtigen Stadium unaufhaltsam und unumkehrbar weiterläuft, sich in neue bisher ungeahnte und unvorstellbare Dimensionen erstreckt und seinerseits die menschliche Existenz umformt. Nicht mehr der Mensch beherrscht die Technik, sondern die Technik beherrscht den Menschen.

Etwa in diesem schlagwortartig zusammengefaßten Resümee verläuft weithin die Diskussion. Und schon aus dieser Sicht drängt sich die Frage in den Vordergrund, wie denn diese selbsttätige Dominanz der Naturwissenschaft und Technik sich mit den demokratisch gebildeten Regeln des Verfassungsstaates vereinbaren läßt. Mit dieser Annäherung befinden wir uns schon fast in der Nachbarschaft unseres eigentlichen Themas, das aber noch weiterer Verdeutlichung bedarf.

Die Dominanz und Eigendynamik von Naturwissenschaft und Technik, so wie wir sie heute empfinden, war offenkundig lange Zeit unbewußt geblieben, ist jedenfalls von der Staatsrechtslehre nicht bewußt aufgegriffen worden. Die Vereinigung der Deutschen Staatsrechtslehrer, die die Staatsrechtslehre in Deutschland, Österreich und der Schweiz repräsentiert, hat sich im Jahre 1981 mit dem Thema „Gesetzgebung im Rechtsstaat" aus der Sicht aller drei genannten Staaten befaßt. Damals ist die Frage des Verhältnisses zwischen Technik und Recht in der Gesetzgebung nicht thematisiert worden - weder in den Referaten noch in der Diskussion, was dafür spricht, daß man dieses Thema damals noch nicht als Problem empfunden hat. Obwohl schon seinerzeit die Kerntechnologie als Musterbeispiel des naturwissenschaftlich-technischen Zeitalters in ihren rechtlichen, namentlich auch verfassungsrechtlichen Implikationen bekannt war, ist die thematische Verbindung zur Gesetzgebung nicht explizit hergestellt worden. Erst die Diskussion um die Gentechnologie hat das hier zu erörternde Thema in voller Breite und Bewußtheit zum Gegenstand rechtlicher Auseinandersetzungen gemacht, obwohl das von akademischer Seite vernachlässigte Arzneimittelrecht schon längst vorher die Aufmerksamkeit der Verfassungsjuristen hätte erregen können.

In meinen Überlegungen geht es mir nicht darum, Ihnen alte oder neue Visionen über eine sog. Postmoderne oder eine 2. Moderne im technischen Zeitalter zu vermitteln; auch nicht darum, wie sich die Existenz des einzelnen Menschen, seine Lebensanschauung, seine Mentalität, seine Bedürfnisse, seine Psyche, seine Wertvorstellungen verändern oder verändert haben; auch nicht darum, welche Konsequenzen sich für die Gesellschaft als Ganzes ergeben, sondern schwergewichtig darum, wie der parlamentarische Gesetzgeber, also jene Institution, die nach unserer Verfassungsordnung die wesentlichen Entscheidungen trifft, mit den Herausforderungen, die durch das naturwissenschaftlich-technische Zeitalter gestellt sind, fertig wird oder werden kann. Insoweit ist selbstredend die Frage mitberührt, inwieweit Naturwissenschaft und Technik die Staats- und Verfassungsordnung tangieren und verändern, eine Frage, die schon *Forsthoff* in aller Radikalität aufgeworfen und eher pessimistisch beantwortet hat und die gerade in der Gegenwart zunehmend diskutiert wird.

Meine Ausführungen werden sich im groben in vier Abschnitten vollziehen. Zunächst geht es darum, wenigstens in groben Umrissen einen Befund dessen zu liefern, wodurch das naturwissenschaftlich-technische Zeitalter gekennzeichnet ist. In einem zweiten Abschnitt seien die Probleme dargestellt, in denen sich der Gesetzgeber befindet. In einem dritten Abschnitt geht es um Lösungswege und Mechanismen, die befolgt werden und dazu geeignet sind, der gestellten Regelungsprobleme Herr zu werden. Schließlich ist in einem vierten Abschnitt der Frage nachzugehen, ob unsere Verfassung die Herausforderungen des naturwissenschaftlich-technischen Zeitalters bestehen kann oder der Modifikation bedarf.

2. Besonderheiten der naturwissenschaftlich-technischen Entwicklung und ihre Anwendungsfelder

Vergegenwärtigen wir uns in einem ersten Schritt die Besonderheiten der modernen naturwissenschaftlich-technischen Entwicklung und ihre Anwendungsfelder, so läßt sich folgender Befund skizzieren.

Was die Besonderheiten der modernen Technik anbetrifft, so möchte ich vier Punkte hervorheben:

Erstens die Steigerung der menschlichen Handlungsmöglichkeiten, die mit einer solchen Machtentfaltung über die Natur und einer solchen Kraft, die natürliche und soziale Umwelt zu verändern, verbunden ist, daß der Prozeß der wissenschaftlich-technischen Umgestaltung der Welt von Technikphilosophen mit Apostrophierungen wie beispielsweise „zweite Genesis" charakterisiert wird.

Zweitens ist es die Geschwindigkeit, mit der der Prozeß der naturwissenschaftlich-technischen Entwicklung abläuft und der uns allen in den kurzen Generationen von technischen Geräten und Anlagen bewußt ist. Ein Beispiel aus dem Chemiebereich: Nach einer Mitteilung der Bundesregierung sind Schätzungen zufolge weltweit etwa 8 Millionen chemische Stoffe bekannt. Ihre Anzahl erhöht sich täglich um rund 1 000 Substanzen. Etwa 60 000 Stoffe sind für die Instustrie von kommerzieller Bedeutung.

Drittens: Die aus der technischen Entwicklung und den neuen Technologien erwachsenden vielfältigen Risiken, Neben- und Folgewirkungen lassen sich nicht an Hand von Erfahrungssätzen ermitteln und abschätzen. Sie erfordern vielmehr einen hochspezialisierten Sachverstand. Vielfach lassen sich solche Gefahren auch nur vermuten. An die Stelle erfahrungsgemäß nachvollziehbarer Gefahren treten dann Risiken in Gestalt von hypothetischen Gefahren, deren Relevanz bewertet werden muß. Erfahrungswissen wird durch Ingenieurwissen ersetzt.

Viertens: Je weiter die Technik sich entwickelt und ausbreitet und sich der Erkenntnishorizont der Naturwissenschaften erweitert, umso mehr nimmt die Notwendigkeit staatlicher Schadensvorsorge zu. Denn erst mit der naturwissenschaftlich-technischen Entwicklung offenbaren sich neue Gefahren oder Risiken. Mehr noch: es zeigt sich das scheinbare Paradoxon, daß sich Wissen und Nichtwissen zugleich vermehren und neue Handlungszwänge erzeugen. Denn mit jeder Erkenntnis werden Gefahren und Risiken denkbar, über die wir nichts oder nicht genug wissen, gegen die aber möglicherweise Vorsorge getroffen werden muß.

Die Problem- und Anwendungsfelder, auf denen sich die Besonderheiten der modernen Technik zeigen, sind vor allem die Kerntechnologie und die Gentechnologie, aber auch die Telekommunikationstechnik, die Humangenetik und die Transplantationsmedizin sowie das Gefahrstoffrecht. Die juristische Problementwicklung befindet sich in diesen Bereichen auf einem unterschiedlichen Stand. Relativ weit entwickelt ist sie aufgrund jahrzehntelanger theoretischer Erörterung und vielfältiger Rechtsprechung auf dem Gebiet des Atomrechts, für das seit mehr als vierzig Jahren ein Bundesgesetz existiert. Grundlagen sind gelegt auch schon für den Bereich des Gentechnikrechts, für welches seit 1990 ein Gentechnikgesetz in Kraft ist. Noch ziemlich neu erscheinen demgegenüber die durch die explosive Entwicklung auf dem Gebiet der Telekommunikation entstandenen Probleme, vor allem deswegen, weil sie den nationalen Rahmen deutlich überschreiten.

Unterschiedlich ist nicht nur der Stand der Problementwicklung, sondern auch die Problemstruktur. Dies hat seine Ursache darin, daß die mit den jeweiligen Technologien verbundenen Gefahren und Risiken, auf die der Gesetzgeber reagieren muß, nur teilweise miteinander vergleichbar sind, aber im wesentlichen doch erhebliche Unterschiede aufweisen, die auch zu differenzierenden juristischen Abwägungen und Mechanismen zwingen.

Die dem Gesetzgeber durch die moderne Technik gestellte Aufgabe ist also durchaus heterogen, auch wenn sich in den Grundfragen die Problematik ganz ähnlich stellt.

3. Ursachen für die Not des Gesetzgebers

Die Not des Gesetzgebers im naturwissenschaftlich-technischen Zeitalter manifestiert sich vor allem darin, daß die zunehmende Geschwindigkeit des naturwissenschaftlich-technischen Entwicklungsprozesses zwar vermehrtes Wissen hervorbringt, aber damit nicht den gesellschaftlichen Regelungsbedarf verringert, sondern im Gegenteil erheblich erhöht. Gegenstand des Regelungsbedarfs sind naturwissenschaftlich-technisch imprägnierte Fragen und Probleme, deren Dimensionen vielleicht schon erkennbar sind, die aber noch keine fixierbaren Regelungen ermöglichen. Um es auf eine Kurzformel zu bringen: der Regelungsbedarf nimmt im naturwissenschaftlich-technischen Zeitalter zu, die Regelungsmöglichkeit hingegen ab. Für die Gesetzgebung stellt sich dann die Frage, was geschehen kann, um die sich öffnende Schere zwischen zunehmendem Regelungsbedarf und abnehmender Regelungskraft wieder zu schließen.

Die Schere zwischen Regelungsbedarf und Regelungspotential hat ihre Ursache in dem Gegensatz, ja in der - jedenfalls teilweise - wesensmäßigen Unvereinbarkeit von Recht und Technik. Die verfassungsrechtliche Quadratur des Kreises besteht darin, mit den gegebenen verfassungsrechtlichen Instrumenten und Prozeduren Recht und Technik sinnvoll miteinander zu verbinden, und zwar so, daß beide ihre Eigenart bewahren. Diese Aufgabe erscheint so unmöglich wie die Verbindung von Feuer und Wasser. Und doch hängt von der Synthese zwischen Recht und Technik die Lebens- und Funktionsfähigkeit des Gemeinwesens entscheidend ab. Die unterschiedlichen Welten von Recht und Technik, die sich dem Betrachter darbieten, hat der Schweizer Rechtsgelehrte *Hans Huber* in seiner Rektoratsrede über das Thema „Das Recht im technischen Zeitalter" ebenso eindringlich wie meisterhaft zusammengefaßt: „Zum Wesen des Rechts gehört Beständigkeit. Erfüllt von Vergangenheit will das Recht aus der Gegenwart heraus schon dem künftigen menschlichen Verhalten die Richtung weisen. Soll soziale Ordnung erzielt werden, so dürfen die Rechtsnormen nicht allzu flüchtig sein. Menschliches Tun und Lassen muß für eine längere Dauer denselben Regeln unterworfen sein. Neuem Recht müssen die Menschen sich angewöhnen, sie müssen es in ihr Bewußtsein aufnehmen können, es muß unter ihnen glaubhaft werden. Sodann will das Recht immer auch stabilisieren und erhalten. Ununterbrochener Revisionismus und ungehemmter Voluntarismus - die permanente Revolution - sind ihm zuwider."

Gerade dies ist aber jener Zustand, durch den die Technik gekennzeichnet ist. Naturwissenschaft und Technik befinden sich in ständiger Dynamik und führen in immer kürzeren Abständen zu immer revolutionierenden Veränderungen der sozialen und menschlichen Umwelt. Beharrung, Stabilität, Rechtssicherheit, Dauerhaftigkeit als Wesenselemente und Ziele des Rechts scheinen mit der Dynamik, der permanenten Revolution durch die Technik in einem unversöhnlichen Widerspruch zu stehen. Naturwissenschaft und Technik folgen einer unaufhaltsamen Eigendynamik, scheren sich nicht um das Recht. Das Recht kann das Tempo der Naturwissenschaft und Technik nicht mithalten; es kann Naturwissenschaft und Technik schon gar nicht den Weg weisen. Bei dem vielzitierten Wettlauf zwischen Recht und Technik hat das Recht eine notorische Verspätung. Das rechtliche Problem besteht darin, den Abstand zwischen Recht und Technik auf ein annehmbares Maß zu verkürzen.

Hinzu kommt aber ein zweites: „Das Recht ist eine normative und wertbezogene Ordnung." Das Recht ist geprägt durch Begrenzung und Werterfüllung. Naturwissenschaft und Technik tragen solche Begrenzungen und Wertsetzungen in sich selbst nicht. Ihre Grenze ist das menschlich Mögliche. Die innere Grenze der Technik ist das technisch Machbare. Diese Grenze wird durch den expansiven Drang der Technik immer weiter nach vorn geschoben. Erst die Grenzenlosigkeit der Technik scheint ihr wiederum eine moralische Dimension einzufügen. Erst dort, wo die Technik die Menschenwürde verletzen kann, wie beispielsweise in der Humangenetik, stößt sie auf ihr an sich fremden ethischen Widerstand.

Die Schwierigkeiten, Zwangslagen, Dilemmata, die sich für den Gesetzgeber aus dem Wesensgegensatz zwischen Naturwissenschaft und Technik einerseits und Recht andererseits ergeben, hängen weitgehend davon ab, welche Position der Staat gegenüber Naturwissenschaft und Technik einnimmt. Der Staat kann sich mit einer bestimmten Technologie oder einem bestimmten Wissenschaftszweig oder Technikbereich identifizieren; sich gleichsam zum „Herrn und Promotor des technischen Prozesses" machen, wie dies etwa die USA aus machtpolitischen Gründen mit der Raumfahrttechnik gemacht haben. Das Grundgesetz nimmt von der Technik keine Notiz. Der Begriff „Technik" kommt im Verfassungstext nicht vor. Die Weimarer Verfassung hatte noch in Art. 158 Abs. 2 den „Schöpfungen der Wissenschaft, Kunst und Technik" Schutz angedeihen lassen. Das Grundgesetz hingegen stellt in Art. 5 Abs. 3 Kunst und Wissenschaft unter einen vorbehaltlosen, also besonders intensiven Grundrechtsschutz, erwähnt aber die Technik nicht. Dies weist auf größte Bewegungsfreiheit des Staates bei Regelungen der Technik hin. Beschränkungen ergeben sich außer durch die grundrechtlich verbürgte Wissenschaftsfreiheit nur indirekt aus anderen Grundrechtspositionen wie beispielsweise der Berufs- und Gewerbefreiheit gem. Art. 12 oder der Eigentumsgarantie des Art. 14 GG. Dieser streng normative Befund verdeckt allerdings, daß die Förderung der Technik ein Anliegen des Staates sein kann und muß, wenn und soweit sie notwendig ist, um staatliche Aufgaben zu erfüllen. So hat die Bundesrepublik Deutschland sich in den 50er Jahren ausdrücklich mit der Kerntechnologie identifiziert und diese Identifizierung bis zumindest Anfang der 90er Jahre beibehalten. Nicht die Industrie war es, die aus eigenem Antrieb Kernkraftwerke erstrebt hätte. Aus unternehmerischer Sicht war eher ein Zögern zu verzeichnen, ob die zu erwartenden Kosten dem Nutzen entsprechen würden. Angesichts dieser Haltung war es der Staat, der die Initiative ergriff, weil er die Kerntechnologie unter dem Gesichtspunkt des Gemeinwohls für nützlich und wichtig erachtete. Dementsprechend ist auch bei der Formulierung der Zwecke des Atomgesetzes im Jahre 1959 die *Förderung* der Erforschung, Entwicklung und Nutzung der Kernenergie zu friedlichen Zwecken an die erste Stelle gesetzt worden; der *Schutzzweck* hingegen an die zweite Stelle getreten.

Identifiziert sich der Staat mit Naturwissenschaft und Technik entstehen aus der Sicht der *Gesetzgebung* keine technisch-spezifischen Probleme. Das Instrument zur Förderung von Wissenschaft und Technik ist erst in zweiter Linie das regelnde Gesetz, das sich überdies mit allgemein gehaltenen Förderungsklauseln begnügen kann. Staatliche Förderung von Wissenschaft und Technik geschieht durch Subventionierung von Forschungsvorhaben und technischen Investitionen oder Beteiligung an Pilotprojekten. Der Staat forscht sozusagen mit, macht keine Vorgaben, handelt selbst nach den Regeln von Wissenschaft und Technik, unterwirft sich dem Modus von trial and error, um Erkenntnisse zu gewinnen, die für die Verwirklichung des Gemeinwohls nützlich sein können.

Aber die Entwicklung von Naturwissenschaft und Technik hat auch noch eine andere Seite, die hier im Vordergrund stehen soll. Diese Seite betrifft die Gefahren, Risiken und Nachteile, die mit einer Technologie verbunden sind. Nach inzwischen feststehender Rechtsprechung resultieren aus den Grundrechtsgewährleistungen des Grundgesetzes nicht nur Abwehrrechte des einzelnen gegen den Staat, sondern auch Schutzpflichten des Staates gegenüber dem Bürger, die sich in Extremfällen zu gerichtlich verfolgbaren Schutzansprüchen verdichten können. Diese verfassungsrechtlichen Schutzpflichten muß der parlamentarische Gesetzgeber beachten und in praktisch vollziehbares wirksames Recht umsetzen. Das heißt: er muß Regelungen schaffen, die bei der Verwirklichung einer Technologie dafür Sorge tragen und gewährleisten, daß keine unzumutbaren Schäden für Leib, Leben oder Gesundheit der Bürger eintreten. Viele Technologien tragen Chancen und Risiken in sich. Dies zeigen exemplarisch die Kerntechnologie und die Gentechnologie. Damit ergibt sich für den Staat ein Abwägungsproblem dahin, wie er sich zu der jeweiligen Technologie verhalten soll.

Gleichgültig, ob sich der Staat mit einer Technologie identifiziert oder das Gegenteil tut, er muß in jedem Fall der ihm verfassungsrechtlich auferlegten Schutzpflicht nachkommen. Genau an dieser Stelle beginnt die Not des Gesetzgebers im naturwissenschaftlich-technischen Zeitalter - oder besser eine der Nöte, denn es ist nicht die einzige. Es stellen sich nämlich für ihn viele Fragen, die hellseherische Fähigkeiten erfordern oder gegenwärtig noch gar nicht zu beantworten sind. Etwa die: Welche Risiken ergeben sich bei Verwirklichung einer Technologie? Gibt es für solche Risiken hinreichende Anhaltspunkte oder nur Vermutungen? Wie stark müssen die Anhaltspunkte sein, um auf solche wirklichen oder vermeintlichen Risiken gesetzgeberisch zu reagieren und Vorsorge zu treffen? Wenn denn ein Risiko definiert werden könnte, wie hoch ist dieses Risiko einzuschätzen? Wie ist der Wahrscheinlichkeitsgrad des Eintritts einer Verwirklichung des Risikos, d.h. des Eintritts von Schäden? Wie ist das Risiko zu bemessen? Beispielsweise: wieviel radioaktive Strahlung, gemessen über welchen Zeitraum und welchen räumlichen Bereich, kann als unschädlich oder risikolos eingestuft werden? Welche Vorkehrungen sind zu treffen, um eine Kernenergieanlage gegen den sog. GAU (größten anzunehmenden Unfall) abzusichern? Vergleichbare Fragen stellen sich in veränderter, aber in der Problematik gleichen Form etwa für die Gentechnologie.

Wem ein solcher Berg von Fragen vorgesetzt wird, wird als erstes darüber nachdenken, ob er die gestellten Fragen überhaupt beantworten muß. Muß der Gesetzgeber bei jeder Eröffnung einer neuen Technologie tätig werden? Kann er den Dingen nicht freien Lauf lassen? Ist eine

Technologie sozusagen erlaubnispflichtig? Muß man vor der Umsetzung einer neuen Technologie vom Staat ein Placet erhalten oder ist sie grundrechtlich geschützt?

Schon um diese unserem Problem noch gleichsam vorgelagerte Frage hat es in den letzten Jahren eine interessante Kontroverse gegeben. Auslöser war eine Entscheidung des Verwaltungsgerichtshofes Kassel aus dem Jahre 1989, also zu einem Zeitpunkt, als das Gentechnikgesetz noch nicht erlassen worden war. Im Streitfalle ging es um die Genehmigung zur Errichtung und zum Betrieb von Anlagen, in denen unter Verwendung gentechnisch veränderter Mikroorganismen ein Zwischenprodukt für die Herstellung von Humaninsulin gewonnen werden sollte. Der Verwaltungsgerichtshof Kassel hat das Resümee seiner Entscheidung in folgenden Sätzen zusammengefaßt: „Solange eine nur vom Gesetzgeber zu treffende Grundentscheidung für die Nutzung der Gentechnologie fehlt, können gentechnische Anlagen auch der hier in Rede stehenden Art nicht errichtet und betrieben werden. Erst nach einer parlamentarischen Leitentscheidung über das „Ob" der Zulässigkeit dieser Technologie schlechthin stellt sich die Frage nach dem „Wie" eines Betriebes im Einzelfall." - Zur Begründung wird auf die aus den Grundrechten resultierenden staatlichen Schutzpflichten hingewiesen, deren Nichterfüllung sich als Grundrechtsverletzung darstellt. Der Staat müsse den Bürger vor den Risiken der Freisetzung lebender Organismen schützen. Dieser Schutz habe Vorrang vor den Grundrechten der Forschungsfreiheit, Berufs- und Gewerbefreiheit und der Eigentumsgarantie. Bei Technologien, die Schäden größten Ausmaßes oder irreversible Schäden nach sich ziehen könnten, wie die Kerntechnologie und Biotechnologie, insbesondere die Gentechnologie, dürfe der Staat nicht erst eingreifen, wenn das Kind schon in den Brunnen gefallen sei.

Die Entscheidung des Verwaltungsgerichtshofes Kassel ist einhellig abgelehnt worden, weil sie das System des Grundrechtsschutzes auf den Kopf stellt, indem sie die aus den Grundrechtsgewährleistungen resultierende objektiv-rechtliche Dimension der Schutzpflicht dem subjektiven Grundrechtsgehalt in Gestalt des Abwehrrechts überordnet. Aber die Entscheidung zeigt immerhin doch die Dimension des Problems auf, vor dem der Staat, speziell der Gesetzgeber, steht, wenn sich in Gesellschaft und Wirtschaft, also außerhalb institutionalisierter Staatlichkeit eine neue Technologie abzeichnet. Bedarf diese Technologie keiner besonderen staatlichen Zulassung, so ist doch allseits unbestritten, daß der Staat Vorsorge gegen Risiken treffen muß. Und es liegt nahe, daß diese Vorsorge gegen Risiken zu allererst vom Gesetzgeber selbst zu treffen ist, weil ja letztlich fundamentale Grundrechtspositionen und existentielle Rechtsgüter auf dem Spiele stehen und nach der anerkannten Aufgabenverteilung zwischen Legislative und Exekutive die für das Gemeinwesen wesentlichen Entscheidungen vom Gesetzgeber zu treffen sind und nicht der Exekutive überlassen werden dürfen.

Noch am wenigsten Probleme scheinen zu bestehen, wenn eine bestimmte Technologie ganz verboten wird, weil sie schon als solche mit der Menschenwürde unvereinbar ist. Dies gilt etwa für das Embryonenschutzgesetz von 1990, welches die gentechnische Veränderung menschlicher Keimbahnzellen und andere mißbräuchliche Techniken unter Strafe stellt. Wie lange dieses Verbotsgesetz hält, scheint nun allerdings nicht ausgemacht. Denn in der Gegenwart liest man von den „Schwierigkeiten eines Wettlaufs zwischen Bioethik und Genetik", der partiell sich zugunsten der Genetik wenden kann, weil sich mit jeder neuen Entdeckung das Verhältnis von Nutzen und Gefahren in nicht exakt prognostizierbarer Weise ändern kann. So wird beispielsweise auf die zunehmend diskutierte Frage der Präimplantationsdiagnostik (PID) hingewiesen. Durch die PID ist es möglich geworden, in vitro befruchtete Eizellen am zweiten oder dritten Tag ihrer Entwicklung zu einem implantationsfähigen Embryo auf ihre genetische Beschaffenheit hin zu testen und sie gegebenenfalls zu verwerfen, sofern eine in der Familie bekannte

Erbkrankheit verifiziert werden könnte. Diese Diagnostik könnte jedoch an § 6 des Embryonenschutzgesetzes scheitern, weil sie die Abspaltung einer in der Regel gerade noch totipotenten Zelle aus dem 8-10-Zellenstadium der Morula erfordert. Inzwischen ist jedoch durch Forschungen erhärtet, daß Blastomeren jenseits des 8-Zellenstadiums praktisch nicht mehr totipotent sind, sodaß der Embryonenschutz neu oder ergänzend formuliert werden müßte.

Hier ergibt sich also die umgekehrte Konstellation, daß das Recht der Technik vorausgeht, aber von der Forschung wieder eingeholt wird und sich korrigieren oder bestätigen muß. Denn die Forschung bleibt von der hier gestellten Problematik, wie der Gesetzgeber sich auf eine neue Technologie einstellen soll, grundsätzlich unberührt. Dies zeigt etwa das zweite anstehende Verbotsgesetz in Gestalt eines Kernenergieausstiegsgesetzes. Ein solches Gesetz, welches eine Kehrtwende des Staates gegenüber dieser Technologie um 180 Grad bedeutet, beträfe nur die kommerziellen Reaktoren, nicht aber die Forschungsreaktoren, weil letztere unter dem verfassungsrechtlichen Schutz der Forschungsfreiheit stehen, die im Gegensatz zur Berufs- und Gewerbefreiheit schrankenlos gewährleistet ist und demzufolge nur ganz ausnahmsweise, etwa unter Berufung auf die Menschenwürde, Beschränkungen unterworfen werden kann.

Kehren wir zurück zu dem eigentlichen Problemfall einer nicht verbotenen, aber mit Risiken behafteten Technologie, wofür die Kerntechnologie und auch die Gentechnologie als Beispiele genannt seien.

Steht eine Technologie noch am Anfang ihrer Entwicklung, so ist es entweder unmöglich oder unzweckmäßig, schon jetzt technische Regeln aufzustellen, die dem Schutz vor Risiken der betreffenden Technologie dienen sollen. Selbstredend werden sich solche Regeln als vorläufige technische Regeln herausbilden, die im Fortgang der Entwicklung korrigiert oder verfeinert werden. Ihre Placierung in einem parlamentsbeschlossenen Gesetz würde aber rechtlich dazu führen, daß diese Regeln in Allgemeinverbindlichkeit erwachsen und von jedermann befolgt werden müßten, bis sie förmlich wieder aufgehoben und durch neue Regeln ersetzt wären, auch wenn sie inzwischen veraltet sind. Hier drückt sich das aus, was schon früher als die notorische Verspätung des Rechts gegenüber der Technik apostrophiert worden ist. „Selbst in den seltenen Fällen, in denen ein technischer Erkenntnis- und Entwicklungsstand vorerst abgeschlossen erscheint, ist es ihm (dem Gesetzgeber) wegen der vielschichtigen und verzweigten Probleme technischer Fragen und Verfahren in der Regel nicht möglich, sämtliche sicherheitstechnischen Anforderungen, denen die jeweiligen Anlagen oder Gegenstände genügen sollen, bis ins einzelne festzulegen."

Der Schutz, den der Gesetzgeber dem Bürger vor den Risiken einer neuen Technologie durch Gesetz gewähren könnte, wäre mithin ein den technischen Möglichkeiten nachhinkender Schutz; ein Schutz der nicht auf der jeweiligen Höhe der technischen Entwicklung stünde. Ein mit der technischen Entwicklung synchronisierter Schutz, ein sog. dynamischer Grundrechtsschutz, wie ihn das Bundesverfassungsgericht fordert, ist also mit dem parlamentarischen Gesetz nicht erreichbar. Die Entscheidung über Höhe und Qualität des Schutzes muß deshalb im wesentlichen außerhalb des förmlichen Gesetzes fallen, obwohl – und dies ist die verfassungsrechtliche Pointe – die Schutzentscheidung wegen ihres praktischen Gewichts von der Idee der Verfassung her als wesentliche Entscheidung dem parlamentarischen Gesetzgeber zugeordnet ist. Das technische Sicherheitsrecht ist also genau betrachtet jedenfalls in großen Teilen „gesetzesfeindlich". Dies bedeutet, daß das parlaments-beschlossene Gesetz sowohl aufgrund seiner prozeduralen Besonderheiten wie auch der prinzipiell auf Allgemeinverbindlichkeit und Dauer angelegten Inhalte als Schutzinstrument gegen Risiken neuer Technologien weithin untauglich ist.

Die erste sich ergebende logische Konsequenz dieses Befundes ist die, daß die Festlegungen für den Schutz vor Risiken aus dem Gesetz herausgenommen und auf andere Stellen verlagert werden müssen. Das Gesetz verschweigt sich zum Schutz nicht völlig, beschränkt sich aber auf hoch abstrakte allgemein gehaltene Klauseln wie etwa der, daß die nach dem Stand von Wissenschaft und Technik erforderliche Vorsorge gegen Gefährdungen zu treffen sei, ohne nähere Aussagen hinzuzufügen, wie diese Vorsorge auszusehen hat und welche Gefährdungen als relevant einzuschätzen sind.

Gefahrenprognosen werden also nicht durch generelle Normprogramme definiert und determiniert, sondern können nur in der konkret-individuellen Situation endgültig getroffen werden, unter Berücksichtigung der jeweiligen Umstände des Einzelfalles. Dies hat für die Struktur der Rechtsordnung gewaltige Konsequenzen. Denn der archimedische Punkt, von dem aus das Recht zu finden ist, liegt jetzt nicht mehr im Gesetz, in einer vorgegebenen Norm, sondern in den Umständen des Einzelfalles; resultiert eher aus den Fakten, als aus abstrakten Entscheidungskriterien. Die Abwägung im Einzelfall tritt an die Stelle genereller Gesetzgebung. Der Gesetzgebungsstaat wird durch den „Abwägungsstaat" abgelöst.

Diese Wesensveränderung und Strukturverschiebung der Rechtsordnung, die durch die Gegebenheiten der Technik verursacht werden, breiten sich auf andere Felder aus. Trifft es zu, daß die Technik „indifferent ist gegenüber dem Humanen", wie *Forsthoff* es ausgedrückt hat, und daß sie einen „Abbau geistiger Gehalte und Traditionen" im Gefolge hat, so hat der damit verbundene Wert- und Konsensverlust auch tiefgreifende Auswirkungen auf die übrige Rechtsordnung, die nicht unmittelbar durch die Technik berührt ist. Denn Werteabbau und Verluste im Grundkonsens bedeuten im Recht die Zerstörung von Prinzipien und Grundsätzen, in denen sich Grundkonsens ausdrückt. Der Verlust von Grundprinzipien führt zu einer kopernikanischen Wende im Rechtssystem. An die Stelle von festen Regel-Ausnahme-Systemen, unter welche Sachverhalte subsumiert werden können, treten Einzelfallabwägungen, die nach dem Regulativ der Konkordanz ablaufen. Abgewogen werden nicht mehr abstrakte Werte, Güter und Prinzipien, sondern konkret-individuelle Umstände des Einzelfalles. Fällt die Entscheidung in der konkreten Einzelfallabwägung, so verliert entsprechend das Gesetz seine regulierende und bestimmende Kraft und verblaßt zum bloßen Ordnungsrahmen.

Ob das Kopftuch der Muslimin im Klassenzimmer zulässig ist oder nicht, wird dann nicht mehr mit Ja oder Nein beantwortet, sondern davon abhängig gemacht, ob das Kopftuch offensiv missionierend instrumentalisiert wird oder wie ein bloßes Kleidungsstück wirkt.

Nochmals in wenigen Sätzen zusammengefaßt besteht die Not des Gesetzgebers im naturwissenschaftlich-technischen Zeitalter also namentlich in folgenden Punkten:

Erstens in der besonderen und gegenüber anderen Materien gesteigerten Komplexität neuer Technologien, zu denen der Staat eine Position einnehmen muß, und zwar in erster Linie durch Gesetzgebung, sei es, daß er sich mit der Technologie identifiziert, die Technologie verbietet oder sich auf den Standpunkt des laissez faire stellt. In jedem Falle bedarf seine Entscheidung einer Abwägung von Chancen und Risiken.

Zweitens besteht die Not des Gesetzgebers darin, daß er mit seinen Regelungen im allgemeinen hinter der technischen Entwicklung herhinkt, nur mit notorischer Verspätung reagieren kann, mit anderen Worten die Politik in Abhängigkeit von der Technik gerät.

Drittens liegt das Dilemma des Gesetzgebers darin, eine Entscheidung treffen zu sollen, ohne daß für diese Entscheidung bereits ausreichende Erkenntnisse oder Erfahrungen vorliegen. Verlangt werden Risikoentscheidungen, die durch Ungewißheit der Sachlage gekennzeichnet sind.

Viertens schließlich verlangt die stürmische naturwissenschaftlich-technische Entwicklung ein schnelles und flexibles Reagieren, auf welches die Prozeduren des Gesetzgebungsverfahrens nicht eingestellt sind.

Vor diesem Hintergrund drängt sich freilich als erstes die Frage auf, ob das Gesetz als die überkommene verfassungsrechtliche Form von Gemeinschaftsregelungen für den Bereich der Technik abgedankt hat und insgesamt durch andere Regelungsformen ersetzt werden muß.

In der Staatsrechtslehre wird nach wie vor das Gesetz als „die Achse der rechtsstaatlichen Verfassung" apostrophiert. Anderen gilt das Gesetz als „der Eckstein des neuen Staatsrechts". Das Gesetz wird sowohl als Wesenselement der Demokratie wie auch des Rechtsstaates gefeiert; es bildet die Klammer, die Demokratie und Rechtsstaat zum demokratischen Rechtsstaat verbindet.

Diese Würdigungen und Lobpreisungen des Gesetzes sind aus der Sicht des Verfassungssystems des demokratischen Rechtsstaates ohne Zweifel gültig und insoweit unbestritten. Aber haben sie auch noch Geltung für den Bereich der Technik? Sind die aus der konstitutionellen Epoche überkommenen Prinzipien und Instrumente staatlicher Herrschaft im naturwissenschaftlich-technischen Zeitalter noch voll verwendbar? Sind sie den neuen Aufgabenstellungen und Herausforderungen überhaupt noch adäquat? Oder muß man zu dem Ergebnis kommen, daß die neuen Regelungsgegenstände durch die überkommenen Regelungsformen, namentlich das parlamentsbeschlossene Gesetz, nicht mehr voll aufgefangen und bewältigt werden können? Gilt hier nicht das alte Bibelwort: „Man füllt nicht jungen Wein in alte Schläuche; sonst zerreißen die Schläuche, und der Wein wird verschüttet, und die Schläuche kommen um. Sondern man füllt jungen Wein in neue Schläuche, so werden sie beide miteinander erhalten" (Matthäus 9,17). Nimmt also nicht nur das grundgesetzliche Regelungssystem Schaden, sondern auch die Technik, wenn man den jungen Wein des Technikrechts in die alten Schläuche des parlamentsbeschlossenen Gesetzes füllt? Kommen nicht auf diese Weise beide miteinander sowohl das Gesetz wie auch die Technik um?

Die Gesetzeslehre des 19. Jahrhunderts hat das Gesetz „vor allem in seiner Funktion innerhalb der Rechtsordnung und ohne Zusammenhang mit der politischen Entwicklung gesehen". Im Gesetz drückten sich die dauerhaften Grundsätze und Wertvorstellungen der Gemeinschaft als Rechtsnormen aus. Dem Vorstellungsbild des Gesetzes entsprach die Kodifikation als tragendes und bleibendes Fundament der Rechtsordnung. Aber das Gesetz ist heute nicht mehr nur „bleibender Ausdruck sozialethischer und - ihr folgend - rechtlicher Bewertung menschlicher Handlungen", sondern es ist schon im vorausgehenden Sozialstaat auch und insbesondere „Instrument zur Steuerung gesellschaftlicher Prozesse nach soziologischen Erkenntnissen und Prognosen." Das Gesetz und das Gesetzgebungsverfahren, so wie es im Grundgesetz in Anknüpfung an frühere Verfassungen angelegt ist, orientiert sich jedoch an der alten Gesetzeslehre des 19. Jahrhunderts, hat das Rechtsgesetz im Sinn, nicht das Steuerungsgesetz. Daraus ergeben sich zwangsläufig Friktionen, die mit Abstrichen und Umorientierungen im Rechtssystem, ja auch im Verfassungssystem verbunden sind. Die Frage ist nur, ob diese Umorientierungen sich noch im Wege der extensiven zeitgemäßen Auslegung der Verfassung zwanglos bewältigen lassen oder ob sie an die Grenzen legitimer Verfassungswandlungen durch Uminterpretation stoßen und sich dann eine breite Grauzone brauchbarer Illegalität auftut.

4. Lösungswege und Mechanismen zur Bewältigung der Probleme des Technikrechts

Wenn sich im Rechtssystem Defizite oder Unebenheiten zeigen, ist es guter Brauch, nicht gleich das ganze System zu verwerfen oder in Frage zu stellen, sondern zu versuchen, mit einer konventionellen Therapie Abhilfe zu schaffen. So ist es denn ganz normal, wenn versucht wird, durch verschiedene Aushilfen und Modifikationen zunächst auf der Gesetzesebene selbst der Probleme Herr zu werden. Für den Bereich der legislativen Entscheidungsbildung ist insoweit hinzuweisen auf das überkommene Institut der Enquete-Kommissionen, die von jeher immer auch dazu gedacht waren, den Gesetzgeber bei seiner Aufgabe durch sachverständige Aufklärung von Sachverhalten zu unterstützen. Vorbildhaft erscheint insoweit etwa für den hier interessierenden technischen Bereich die Enquete-Kommission des Deutschen Bundestages „Chancen und Risiken der Gentechnologie", die aus Abgeordneten und Sachverständigen bestand und in einem umfangreichen Bericht die Grundlagen für das Gentechnikgesetz erarbeitet hat. „Enquete-Kommissionen sollen z.B. dort, wo es einen Grundkonsens über eine Technik nicht gibt, in möglichst vertrauensbildender Weise die Grundlagen für eine rationale Diskussion bieten und darlegen, wo hinreichend gesichertes Wissen vorhanden ist, wo offene Probleme bestehen, welches die alternativen Optionen mit ihren Vor- und Nachteilen sind."

In diesen Zusammenhang gehört auch die Technikfolgenabschätzung, die inzwischen nach langem Hin und Her auch eine institutionelle Grundlage im „Büro für Technikfolgenabschätzung" am Sitz des Bundestages als neues Instrument der Politikberatung gefunden hat.

Des weiteren sind auf der instrumentellen Ebene eine Reihe von neuartigen Gesetzestypen entweder schon etabliert oder vorgeschlagen worden, die sich inhaltlich an die durch die Technik gestellten Anforderungen anpassen. Zu ihnen gehören namentlich Maßnahmegesetze, Moratoriumsgesetze, experimentelle Gesetze, befristete Gesetze. Maßnahmegesetze, mit denen der Gesetzgeber auf Einzelfälle reagiert, sind seit langem bekannt und keineswegs für den Bereich der Technik erfunden worden, aber hier doch vielleicht verwendbar. Experimentelle Gesetze „zielen auf die materielle Rationalisierung der Gesetzgebung durch die Erweiterung der Erfahrungen in bezug auf die rechtssetzungsrelevanten Daten über Wirkungsweisen und Wirkungen von Rechtssetzungsakten, indem sie zum Zwecke der nachfolgenden Implementation die Auswirkungen einer geplanten Regelung im Vorfeld ihres auf Dauer angelegten Erlasses planmäßig und rational zu erfassen suchen". Solche experimentellen oder erprobenden Gesetze sind insbesondere im Entwicklungsprozeß der Telekommunikation erlassen worden, als Bildschirmtextversuchsgesetze, als vorläufige Weiterverbreitungsgesetze im Bereich des Kabel- und Satellitenrundfunks und als Kabelpilotprojekt- und sonstige Medienerprobungsgesetze. Verwandt, aber doch um eine Nuance unterschieden vom Erprobungsgesetz ist das im Schrifttum vorgeschlagene Moratoriumsgesetz, welches dadurch gekennzeichnet ist, daß der Staat eine bestimmte Technologie vorläufig verbietet, zugleich aber eine staatliche Organisation schafft, um die mit der Technologie verbundenen Risiken zu erforschen und festzustellen, ob die betreffende Technologie nach der Chancen-Nutzen-Abwägung akzeptabel ist. Es wird darauf hingewiesen, daß nach diesem Modell beispielsweise die Prozedur betreffend Gentechnik abgelaufen sei, weil dort der Gesetzgebung ein freiwilliges Moratorium der Wissenschaftler vorausgegangen sei.

Schließlich ist auf der Gesetzesebene für das Stadium nach Erlaß eines Gesetzes durch die Rechtsprechung des Bundesverfassungsgerichts ein inzwischen differenziertes System von Überwachungs-, Kontroll-, Anpassungs- und Nachbesserungspflichten des Gesetzgebers kreiert worden. Der Gesetzgeber kann seine Gesetze also nicht mehr für immer „verabschieden", sondern er ist verfassungsrechtlich gehalten, seine Regelungen auch weiterhin zu beobachten und gegebenenfalls zu korrigieren oder wieder ganz aufzuheben.

Diese auf der Gesetzesebene etablierten und diskutierten Aushilfen sind jedoch unzureichend, um insbesondere *einen* Mißstand zu beheben, nämlich den Abstand zwischen technischer Entwicklung und rechtlicher Regelung, die notorisch zu spät kommen muß. Gerade an dieser Stelle tut sich aber eine empfindliche Schutzlücke auf, wenn es nicht gelingt, den neuesten Stand der Technik zum Maßstab für rechtlich gebotene Sicherheitsvorkehrungen allgemeinverbindlich zu machen. Da dies, wie gezeigt, auf der Gesetzesebene nicht gelingen kann, kann eine Lösung nur gefunden werden, indem man die Regelungsebene wechselt. Nach geltendem Verfassungsrecht steht neben dem parlamentsbeschlossenen Gesetz als weiteres Regelungsinstrument mit rechtlicher Allgemeinverbindlichkeit nur noch die Rechtsverordnung zur Verfügung. Rechtsverordnungen dienen nach dem grundgesetzlichen Regelungssystem als exekutive Rechtsetzungen der Konkretisierung und Ausführung von Gesetzen. Sie sollen ihrerseits den parlamentarischen Gesetzgeber von nachrangigen Detailregelungen und ephemeren Anordnungen entlasten, aber nicht an die Stelle von Gesetzen treten oder dem Parlament die Arbeit abnehmen. Nach der Idee und den ausdrücklichen Regelungen des Grundgesetzes sollen die wesentlichen und tragenden Entscheidungen beim Parlament verbleiben und nicht auf die Exekutive verlagert werden dürfen.

Aber wie soll sich dieses Verfassungsverbot mit dem Umstand vertragen, daß der Gesetzgeber mangels näherer Kenntnisse (noch) keine Entscheidung selbst treffen kann? Was der Gesetzgeber nicht regeln kann, kann im allgemeinen auch die Regierung nicht ordnen. Deshalb ist es verständlich und geradezu zwingend, daß die Exekutive in neuen Technikbereichen nicht mit dem Instrument der Rechtsverordnung hantiert, die ihrerseits ebenso wie das parlamentsbeschlossene Gesetz Allgemeinverbindlichkeit auslöst, sondern zu einem anderen Instrument greift, welches ihr mehr Flexibilität verleiht, nämlich die Verwaltungsvorschrift, die jedoch nicht mehr zu den klassischen Rechtsquellen zählt. Die Exekutive kann diese Vorschriften jederzeit ändern und sie erzeugen keine Allgemeinverbindlichkeit. In solchen Verwaltungsvorschriften kann die Exekutive mit vorläufigen Regeln und Erkenntnissen anfangen und diese kontinuierlich fortschreiben, bis sich ein gesicherter Bestand an technischem Wissen angesammelt hat, der weitere konkretere Ausformungen von technischen Regeln und Anforderungen ermöglicht.

Aber, und damit komme ich zur dritten Variante einer Aushilfe, auch der Inhalt von Verwaltungsvorschriften kann bei neuen Technologien nicht von der Exekutive stammen, denn dort ist ein entsprechender Sachverstand nicht angesiedelt. Die Ministerien sind im allgemeinen für rechtliche Regelungen mit speziellem technischen Inhalt nicht gerüstet. Sie legen sich deshalb Sachverständigenkommissionen zu, die sie beraten und Empfehlungen für Regelungen aussprechen. Damit verlagert sich letztlich die Festlegung der Schutzstandards außerhalb der genuinen staatlichen Rechtsetzung. Dies zeigen auch die Formulierungen der einschlägigen Gesetze, die für das Maß der Risikovorsorge regelmäßig auf den jeweiligen Stand der Technik, zuweilen von Wissenschaft und Technik verweisen. Diese Verweisung auf metarechtliche Normen und Standards synchronisiert den Schutz und die Vorsorge gegen Risiken mit dem Fortschritt der wissenschaftlichen und technischen Entwicklung, ist aber naturgemäß mit erheblichen Feststellungs- und Anwendungsproblemen verbunden.

Der Befund ist am Ende jedenfalls ein solcher, der mit dem bisher für richtig gehaltenen Grundmodus des verfassungsrechtlichen Regelungssystems nicht mehr übereinstimmt. Dieser Grundmodus besagt, daß das Parlament die wesentlichen Entscheidungen im Staat treffen soll und muß. Hier aber ist es umgekehrt, das Parlament beschränkt sich - freilich notgedrungen - auf allgemeine Formulierungen, genau betrachtet auf eine Verweisung, auf eine Blankettnorm, die anderweitig ausgefüllt wird. Es legt damit den Sicherheits- und Schutzstandard nicht selbst fest. Das verfassungsrechtliche Grundmuster scheint auf dem Kopf zu stehen: die wesentlichen technischen Regelungen stehen in Verwaltungsvorschriften und privaten technischen Regelwerken, die den Stand der Technik repräsentieren. Im parlamentarischen Gesetz findet man bei Lichte betrachtet nur eine Leerstelle, eben ein Blankett.

Ist damit also die inhaltliche Festlegung von Sicherheits- und Schutzanforderungen schon in eine staatlich-gesellschaftliche Grauzone geraten, so wird diese Verlagerung durch eine weitere Aushilfsstrategie noch weit konsequenter fortgeführt, indem die Erfüllung der Sicherheits- und Schutzaufgaben als solche vom Staat den Privatunternehmen sozusagen aufgedrängt wird. Der Staat trifft dann selbst keine Regelungen mehr, sondern er veranlaßt die mit der Technologie befaßten Unternehmen und Institutionen selbst in hinreichendem Maße entsprechende Sicherheits- und Schutzanforderungen zu erfüllen und zu gewährleisten. Diese Verlagerungsstrategie läuft unter verschiedenen Bezeichnungen wie freiwillige Selbstverpflichtungen, Selbstregulierung oder Konsenslösungen. Mit diesen Strategien wird das Feld rechtlicher Verbindlichkeit und Zurechenbarkeit weitestgehend verlassen. An die Stelle klarer Gebote und Verbote treten gentlemen agreements, deren Einhaltung nicht vor Gericht eingeklagt werden können, die ihrerseits auch nicht rechtlichen, sondern politischen und wirtschaftlichen Sanktionen unterworfen sind. Die dem Recht zugehörige Verantwortungs- und Haftungszuweisung wird weithin aufgelöst. Man bewegt sich in rechtsfreien Räumen, ohne echte rechtliche Verpflichtungen, aber auch ohne Rechte. Das Ganze wird zusammengehalten und funktionsfähig durch Drohungen und Versprechen, durch in Aussicht gestellte Vorteile und Nachteile, durch politischen Druck und Druck der Öffentlichkeit. Funktionsfähigkeit und Akzeptanz gedeihen in diesem rechtlichen Halbdunkel oftmals besser als in der klaren und lichten Luft des staatlichen Ordnungsrechts. Deshalb ist es auch nicht verwunderlich, daß gerade im Umweltrecht als dem klassischen Anwendungsfeld des technischen Sicherheitsrechts der Abschied vom klassischen Ordnungsrecht, welches durch Verbote und Gebote gekennzeichnet ist, stattfindet zugunsten kooperativer, informaler und konsentierter Lösungen.

Überblickt man also das Ganze, so zeigt sich im Bereich der Technik eine deutliche Verlagerung der Regelungen von der Gesetzesebene auf untergesetzliche Stufen und in außergesetzliche und gesellschaftliche Bereiche. Doch dies bedeutet nicht, daß der Gesetzgeber völlig funktionslos geworden wäre. Einige grundsätzliche Fragen verbleiben bei ihm, weil sie gesetzlich regelungsfähig und außerdem teilweise von einem solchen Gewicht sind, daß eine Weiterübertragung dieser Fragen auf andere Instanzen ausscheidet. Auf die insoweit bestehen bleibenden Regelungsprobleme und die rechtlichen Antworten sei ein kurzer Blick geworfen.

Regelungsthema ist im Zusammenhang mit der Verwirklichung von Technologien nicht nur, aber vorrangig der Schutz vor Gefahren und Risiken.

Insoweit orientieren sich die rechtlichen Regelungen an der Begriffstrias: Gefahr, Risiko, Restrisiko. Vertraut ist für den Juristen der Begriff der Gefahr. Es handelt sich hierbei um eine polizeirechtliche Kategorie, die seit weit mehr als hundert Jahren in der verwaltungsgerichtlichen Rechtsprechung erhärtet und erprobt worden ist und eine feste begriffliche Gestalt gewonnen hat. Gefahr ist danach jeder Zustand, der nach Erfahrungssätzen mit Wahrscheinlichkeit zum Eintritt eines Schadens führt. Gefahr ist also das Produkt aus dem Grad der Eintrittswahrscheinlichkeit und dem Schadensumfang.

Der Begriff des Risikos hingegen wird in der Gesetzessprache nicht verwendet, beherrscht aber die Literatur und Rechtsprechung zum technischen Sicherheitsrecht. Von einem Risiko spricht die herrschende Lehre dann, wenn sich die Eintrittswahrscheinlichkeit des Schadens zur bloßen Möglichkeit verflüchtigt. Ich muß allerdings hinzufügen, daß dieser Risikobegriff nicht unumstritten ist und sich insbesondere nicht mit der Begriffssprache der Naturwissenschaften und der Soziologie deckt. Übereinstimmung besteht jedoch darin, daß das Risiko im Vorfeld der Gefahr angesiedelt ist. Gefahrenabwehr einerseits und Risikovorsorge andererseits umfassen Schutzmaßnahmen, die die Eingriffsschwelle für staatliche Anordnungen unterschiedlich placieren. Mit der Risikovorsorge wird die Eingriffsschwelle erheblich vorgelagert, und zwar in ein Feld, in dem Erfahrungswissen nicht mehr zur Verfügung steht. Gefahren können hier nur noch als hypothetische Gefahren ins Kalkül gezogen werden. Die Gefahr ist eine durch Erfahrungswissen gestützte feste Größe. Das Risiko ist in seiner Abschätzung abhängig von dem Stand der naturwissenschaftlich-technischen Entwicklung und deshalb eine dynamische Größe, die sich mit dem Fortschreiten der Erkenntnisse verändern kann. Dabei ist nur an *technische* Risiken gedacht, nicht an Mißbräuche, die mit der Technik betrieben werden können. Auch im technischen Bereich ist das größte Risiko der Mensch. Soll der Gesetzgeber wegen dieses Risikos Technologien ganz verbieten? Insoweit wird verfahren wie schon in vorindustrieller Zeit: der Gesetzgeber verbietet nicht das Messer, sondern den Mord.

Das *Restrisiko* ist dadurch gekennzeichnet, daß es jenseits der Grenzen des menschlichen Erkenntnisvermögens liegt. Verfassungsrechtlich verlangt werden kann nur, daß *solche* Schadensereignisse ausgeschlossen werden, die nach „praktischer Vernunft" vorstellbar sind. Absolute Sicherheit ist nicht erreichbar und kann deshalb auch nicht gefordert werden. Das Bundesverfassungsgericht formuliert so: „Ungewißheiten jenseits dieser Schwelle der praktischen Vernunft haben ihre Ursache in den Grenzen des menschlichen Erkenntnisvermögens; sie sind unentrinnbar und insofern als sozialadäquate Lasten von allen Bürgern zu tragen."

Der parlamentarische Gesetzgeber muß zumindest entscheiden, bis zu welcher Risikogrenze eine Technologie zulässig sein soll. Bei der Kerntechnologie hat er bisher entschieden, daß alle Risiken bis zur Grenze des Restrisikos auszuschließen sind. Er ist aber nicht gehindert, die Risikogrenze zu verschieben, also auch das Restrisiko einzubeziehen und die Kerntechnologie ganz zu verbieten, solange ein Restrisiko besteht. Der Ausstieg aus dieser Technologie ist allerdings nicht ad hoc, sondern nur unter Beachtung der Grundrechte und des Vertrauensschutzes möglich.

Läßt eine Technologie ein solches Restrisiko nicht erkennen, so ist auch ein entsprechendes gesetzliches Verbot unzulässig. Dies wird beispielsweise für die Gentechnik behauptet: hier sei die Risikoforschung so weit gediehen, daß der Gentechnik kein technikspezifisches Risiko mehr inhärent sei. Auch ein anwendungsspezifisches Restrisiko wird also in der Atomtechnik und in der Gentechnik durchaus unterschiedlich gesehen. Aus dieser Differenz wird die Folgerung gezogen, daß ein Ausstieg aus der Gentechnik oder auch nur ein Moratorium im Gegensatz zur Atomtechnik verfassungsrechtlich unzulässig wäre. Dementsprechend sind die Risikoschwellen in der Atomtechnik und in der Gentechnik unterschiedlich definiert. Im Atomrecht ist Vorsorge gegen *alle* vorstellbaren Schadensereignisse zu treffen. In der Gentechnik sind nur „unvertretbare schädliche Einwirkungen" zu vermeiden.

Die regelmäßig vorgeschriebene Risikoforschung kann für die Beurteilung des Risikos neue Erkenntnisse hervorbringen, die dann durch eine neue Risikobewertung in geltendes Recht umgesetzt werden müssen. Hier scheiden sich Technik und Politik bzw. Recht. Risikoforschung ist ein technischer Vorgang nach technischen Regeln, Risikobewertung ist eine politische Abwägung resp. Entscheidung.

Entsprechend der Dynamik der Risikoforschung besteht ein dynamischer Grundrechtsschutz, der Technikentwicklung und Grundrechtsschutz synchronisiert. Der Gesetzgeber ist deshalb auch verfassungsrechtlich verpflichtet, seine Entscheidungen entsprechend den neueren technischen Erkenntnissen unter Umständen nachzubessern.

Insoweit ist der Gesetzgeber durch das Bundesverfassungsgericht kontrollierbar. Da aber die Risikobewertung von vielen ungesicherten, jedenfalls nicht klar bestimmbaren Umständen abhängt, steht dem Gesetzgeber eine erhebliche Einschätzungsprärogative zu, die die verfassungsgerichtliche Kontrolle seiner Entscheidungen auf die Evidenzschwelle zurückführt. Sie gibt ihrer Entscheidungsfreiheit in dem Raum ambivalenter Grundrechtsforderungen, die vom Gesetzgeber sowohl den Schutz individueller Freiheit wie auch den Schutz vor Gefahren von Leben und Gesundheit verlangen.

5. Technische Entwicklung und Verfassungssystem

In einem letzten Abschnitt meiner Überlegungen möchte ich mich der Frage zuwenden, ob die Herausforderungen und Veränderungen, die mit dem naturwissenschaftlich-technischen Zeitalter einhergehen, die verfassungsrechtlichen Grundlagen unseres politischen Systems im Kern berühren. Anders gesprochen: Lassen sich die durch die technische Entwicklung entstandenen neuen staatlichen Aufgaben und die in diesem Zusammenhang zu treffenden Entscheidungen mit den grundgesetzlichen Instrumenten, Mechanismen und Strukturen noch angemessen bewältigen oder stellt sich die Systemfrage? Reicht das verfassungsrechtliche Potential des Grundgesetzes aus, um wie bisher die Verwirklichung des Gemeinwohls in der technisch veränderten Welt zu gewährleisten?

Die Frage der Einwirkung der technischen Realisation auf das politische System ist erwartungsgemäß ein bevorzugter Gegenstand der Soziologie. *Schelsky* hat in dem eingangs erwähnten Vortrag vor der Arbeitsgemeinschaft über das Thema „Der Mensch in der wissenschaftlichen Zivilisation" 1961 die These aufgestellt, daß die wissenschaftliche Zivilisation ein „neues Grundverhältnis von Mensch zu Mensch" schaffen wird, in welchem „an die Stelle der politischen Normen und Gesetze Sachgesetzlichkeiten der wissenschaftlich-technischen Zivilisation treten, die nicht als politische Entscheidungen setzbar und als Gesinnungs- und Weltanschauungsnormen nicht verstehbar sind". Und es heißt dann weiter: „Damit verliert auch die Idee der Demokratie sozusagen ihre klassische Substanz: an die Stelle eines politischen Volkswillens tritt die Sachgesetzlichkeit, die der Mensch als Wissenschaft und Arbeit selbst produziert. Dieser Tatbestand verändert die Grundlagen unserer staatlichen Herrschaft überhaupt." Der herkömmlichen Vertragstheorie des Staates wird eine „Modelltheorie" des „technischen Staates" gegenübergestellt. „Der ‚technische Staat' entzieht, ohne antidemokratisch zu sein, der Demokratie ihre Substanz". Der Staat im Sinne traditioneller Herrschaft stirbt ab.

Forsthoff beginnt seine Analyse „Der Staat der Industriegesellschaft" mit einer Einleitung, die die Überschrift trägt „Erinnerung an den Staat". Im Text wird festgestellt, daß sich die „überkommenen Vorstellungen der Demokratie" nicht mehr ohne weiteres an den „Staat der modernen Industriegesellschaft" herantragen ließen. Andere zeichnen die Vision eines Umweltstaates, für den ökodiktatoriale Züge prägend sein sollen.

Mir geht es nicht darum, die vorgetragenen Modelle, Visionen und Untergangsszenarien sowie in ferner Zukunft vielleicht zu erwartende Technostrukturen, die an die Stelle der rechtsstaatlich-demokratischen Staatsverfassung einmal treten könnten, weiter auszumalen und fortzuspinnen. Aus juristischer Sicht ist die Fragestellung gegenwartsnäher, praktischer, aber auch begrenzter. Es geht ganz konkret darum, ob unser politisches Entscheidungssystem, so wie es im Grundgesetz seinen Ausdruck gefunden hat, noch ausreicht, um die Staatsaufgaben im naturwissenschaftlich-technischen Zeitalter sachangemessen zu bewältigen oder ob ein Systemumbau notwendig ist. Das Ausreichen des verfassungsrechtlichen Systems wäre selbstredend auch dann gewährleistet, wenn sich neue Anforderungen durch systemimmanente Modifikationen noch auffangen lassen.

Auf die Frage „Wird die technische Entwicklung zur Systemfrage?" möchte ich die Antwort vorweggeben und sagen: Vielleicht irgendwann, aber nicht schon jetzt.

Die Existenzbedrohung der Nationalstaaten und ihrer Verfassungssysteme wird in viel größerem Maße durch die technische und ökonomische Globalisierung, d.h. durch die Entgrenzung heraufgeführt als durch die Veränderung der Lebensverhältnisse, die die Technik in jedem Gemeinwesen mit sich bringt. Stellt man die Grundfrage nach dem Schicksal des politischen Systems, so kann der Blick nicht nur auf den verengten Rahmen des Nationalstaates gerichtet werden. Auch die naturwissenschaftlich-technische Entwicklung ist in die Globalisierungstendenz einbezogen. Technische Auswirkungen auf die Umwelt können nur noch in engen Grenzen nationalstaatlich bewältigt werden. Die technischen Entwicklungen erfordern in den wichtigen Fragen über- und internationale Lösungen. Doch dies ist ein anderes Thema. Ich beschränke mich in Kenntnis all dieser Interdependenzen auf die introvertierte Sicht des Grundgesetzes und frage, ob die Mechanismen und Strukturen unserer Verfassung sich in Gefahr oder schon in der Auflösung befinden, nicht wegen der Globalisierung, sondern wegen der spezifischen Herausforderungen, die die naturwissenschaftlich-technische Entwicklung mit sich gebracht hat. Und diese Frage soll wiederum konzentriert sein auf die Aufgabe der Gesetzgebung.

Resümiert man nochmal die Ursachen, die die Not des Gesetzgebers im wissenschaftlich-technischen Zeitalter begründen, so sind drei Punkte hervorzuheben:

Erstens der geschilderte Wettlauf zwischen Recht und Technik, der eigentlich keiner ist, weil die Technik dem Recht stürmisch davonläuft, das Recht hoffnungslos hinterherhinkt und sich im wesentlichen auf Schadensfolgenbegrenzung beschränken muß.

Zweitens die aufgekommenen Zweifel an der Steuerungsfähigkeit des Rechts, die unmittelbar mit dem genannten ersten Punkt zusammenhängen. Diese Zweifel wirken sich auf das herkömmliche Verständnis des Gesetzesbegriffs und seine Prozeduren aus.

Drittens ein Gesichtspunkt, der bisher noch nicht erwähnt wurde, nämlich der Fundamentaldissens in der Technologiepolitik. Er betrifft jene Technologien, deren Realisierung mit unter Umständen schweren Gefahren und irreversiblen Folgen verbunden ist, die existentielle Rechtsgüter des einzelnen betreffen können und aus diesem Grunde einer breiten Akzeptanz bedürfen.

Auf diese und früher herausgestellte Befunde mit dem Urteil zu reagieren, das überkommene Recht sei antiquiert, ist ein unpassendes Pauschalurteil. Recht, auch Verfassungsrecht, besteht stets in der Zeit und auf Zeit: selbst die ewige Dauer von verfassungsrechtlichen Ewigkeitsgarantien ist nicht gewährleistet. Recht war nie eine nur statische Größe. Dynamik wohnt auch dem Recht inne, wenn auch freilich keineswegs in der Weise wie der Technik. Die Fortentwicklung des Rechts ist Aufgabe nicht nur des Gesetzgebers, sondern kraft ausdrücklicher gesetzlicher Vorschriften auch der höchsten Gerichte. Wenn also neue Herausforderungen und Aufgaben entstehen, für die das überkommene Recht nicht voll gerüstet ist, bedarf es der Fortentwicklung. Auf der Ebene des Verfassungsrechts geschieht die Fortentwicklung entweder durch Verfassungstextänderung mit Zwei-Drittel-Mehrheiten beider gesetzgebender Körperschaften oder im Wege der Interpretation resp. des stillen Verfassungswandels, der sich freilich im Rahmen der verfassungsrechtlichen Toleranzen halten muß.

Die Reaktionen des Verfassungsänderungsgebers auf die technischen Entwicklungen sind sehr sporadisch und punktuell. Mit der Verfassungsreform von 1994 ist Art. 20a neu in das Grundgesetz eingefügt worden. Danach schützt der Staat auch in Verantwortung für die künftigen Generationen die natürlichen Lebensgrundlagen. Eine Folge der technischen Entwicklung ist dann noch beispielsweise die Neufassung des Art. 13 GG betreffend die Zulässigkeit von Eingriffen in die Unverletzlichkeit der Wohnung durch technische Mittel und die Privatisierung der Telekommunikation, die vormals unter dem Titel Fernmeldewesen als staatliche Aufgabe monopolisiert war. Es geht also um heterogene Einzelfälle. Eine grundsätzliche Besinnung über den Zusammenhang zwischen Technik einerseits und politischem System andererseits hat in den bisherigen Verfassungsreformen keinen Niederschlag gefunden. Das Entscheidungssystem des Grundgesetzes ist niemals grundsätzlich in Frage gestellt worden, jedenfalls nicht vom Verfassungsänderungsgeber. Notwendige Anpassungen und Änderungen haben vielmehr auf dem Wege des stillen Verfassungswandels stattgefunden.

Die Indolenz des Verfassungsgebers gegenüber der technischen Entwicklung hat ihre Ursache offenbar darin, daß insoweit schlüssige Konzepte für eine Neuorientierung des Systems fehlen. Auch die Fähigkeit, zu *wirksamen* Regelungen zu kommen, ist begrenzt. Und dann ist es besser auf Regelungen ganz zu verzichten. Aus diesem Grunde war und ist der neu eingefügte Art. 20a GG umstritten. Wie soll der Staat die „Verantwortung für die künftigen Generationen" wahrnehmen? Der Staat ist ja nicht eine über den Menschen stehende handlungsfähige Wesenheit, sondern er handelt wiederum durch Menschen der jeweils lebenden Generation. Die Zukunft aber ist, wie *Hans Jonas* in seinem Buch „Das Prinzip der Verantwortung" mit Recht bemerkt, in keinem Gremium der lebenden Generation vertreten; „sie ist keine Kraft, die ihr Gewicht in die Waagschale werfen kann." Die juristischen Kommentatoren haben freilich dem Art. 20a GG schon einen materiellen Gehalt zugewiesen, und als Interpretationsregel wird er auch seine Wirkung tun. Aber wie er auf der Ebene der Gesetzgebung, die durch das Faktum der „Herrschaft auf Zeit" geprägt wird, zu realisieren ist, steht dahin. Die insoweit geäußerten „Zweifel an der Zulänglichkeit repräsentativer Regierung, nach ihren normalen Grundsätzen und mit normalen Verfahren den neuen Anforderungen gerecht zu werden", sind deshalb berechtigt. Die „Verantwortung" des Art. 20a GG kann nicht nur ein rechtlicher Begriff sein, sondern muß auch als eine ethische Kategorie verstanden werden.

Im Ganzen ist also das grundgesetzliche Entscheidungssystem von Verfassungsänderungen, die die technische Entwicklung betreffen, unberührt geblieben. Denkbare Neuorientierungen, insbesondere im Verhältnis zwischen Gesetz und Rechtsverordnung, sind zwar in den zurückliegenden Verfassungsreformen nicht völlig übergangen, sondern diskutiert worden, haben aber nicht zu Änderungen des Systems geführt, obgleich sich eine solche Notwendigkeit spätestens bei der Verfassungsreform im Jahre 1994 bereits aufdrängen mußte. Doch zu diesem Zeitpunkt hatte sich die Adaption des grundgesetzlichen Entscheidungssystems an die Erfordernisse der technischen Entwicklung bereits im Wege der Staatspraxis vollzogen, ohne daß der Widerspruch dieser Staatspraxis zu grundlegenden Dogmen des Verfassungsrechts theoretisch oder höchstrichterlich grundlegend beanstandet worden wäre.

In wenigen Sätzen geht es bei diesem Anpassungsprozeß, der den Wortlaut des Grundgesetzes völlig unberührt gelassen hat, im wesentlichen um folgende Punkte:

Erstens um die schon recht früh sich durchsetzende Erkenntnis, daß der Gesetzesbegriff des Grundgesetzes eine formale Kategorie darstellt, die keinen materialen Inhalt aufweist. „Gesetz" ist also nicht nur das für die großen Kodifikationen des 19. Jahrhunderts geltende Rechtsgesetz, in welchem sich rechtliches Erfahrungs- und Traditionsgut niederschlägt, welches in einer in den Grundlagen statischen Umwelt auch für die fernere Zukunft eine dauerhafte Ordnung aufrichten soll. Wie schon früher erwähnt ist das Gesetz im Sozial- und Industriestaat auch politisches Steuerungsinstrument. Sein Inhalt müssen deshalb nicht auf Dauerhaftigkeit berechnete Normen sein; es können auch kurzfristige Anordnungen, ja sogar konkrete Einzelentscheidungen sein, wie beispielsweise der Bau der „Südumfahrung Stendal" der Eisenbahnstrecke Berlin-Oebisfelde.

Zweitens haben wir, ohne daß sich dies in der Theorie schon niedergeschlagen hätte, deutlich und unübersehbar Abschied genommen von der Verordnungsphobie, die die deutsche Staatsrechtslehre zumindest in den ersten 30 bis 40 Jahren der Geltung des Grundgesetzes beherrscht hat. Normsetzung durch die Regierung mit dem Instrument der Verordnung galt viele Jahrzehnte im Prinzip als Sünde wider den Geist des demokratischen Rechtsstaates. Diese eingefleischte und sich erst in jüngerer Zeit lockernde Auffassung hatte ihre Ursache in wirklichen oder vermeintlichen Erfahrungen deutscher Verfassungsentwicklung seit Weimar. Die Rechtsverordnung mußte im Zaume gehalten werden. Dies war sozusagen unumstößliches Dogma deutscher Staatsrechtslehre. Das parlamentsbeschlossene Gesetz mußte wieder voll zur Geltung gebracht werden.

Daß andere demokratische Verfassungsordnungen, allen voran Frankreich, ihre Verfassung genau umgekehrt konstruiert haben, wurde nicht zur Kenntnis genommen, zumal die Verfassungsvergleichung erst wieder im Zusammenhang mit der Integration Europas aktiviert worden ist. Inzwischen hat sich die Normsetzung vom parlamentsbeschlossenen Gesetz auf die Ebene der Regierungsverordnung und darunter liegende Normsetzungsebenen verschoben. Diese Verschiebung hält sich aufs Ganze gesehen noch innerhalb des Toleranzrahmens der Verfassung, wenngleich völlig neue Entscheidungsmechanismen entstehen, die in der Verfassung nicht vorgesehen sind, Kombinationen von Parlaments- und Regierungsentscheidungen, beinahe „Parlamentsverordnungen" wie sie beispielsweise im Kreislaufwirtschafts- und Abfallgesetz vorgesehen sind. Dieser Weg wird fortgesetzt werden. Verfassungstheoretisch müssen wir Abschied nehmen von einer unrealistischen Überbetonung des Prinzips der demokratischen Legitimation, die in der deutschen Staatsrechtslehre fast monopolisierend im Parlament verankert wird. Stärker zu betonen ist der Umstand, daß das Parlament jederzeit die Möglichkeit hat, Regelungen der Exekutive wieder an sich zu ziehen und zu verändern, wenn dies für notwendig erachtet wird. Damit steht im Hintergrund auch der exekutiven Rechtsetzung immer das Zugriffsrecht des Parlamentes, dessen Nichtausübung exekutive Rechtsetzung gleichsam legitimiert.

Ganz verkehrt wäre es, dies sei abschließend bemerkt, wegen dieser Verlagerung erneut die bekannten Töne der Parlamentarismuskritik anzustimmen. Daß die neueren technischen Entwicklungen für ihre Beurteilung einen besonderen Sachverstand verlangen, ist an sich nichts Neues. Einen solchen Sachverstand brauchen auch andere Gesetze, etwa Steuergesetze oder Rentengesetze. Auch sie werden nur von einem kleinen Teil der Abgeordneten voll erfaßt. Insoweit befinden sich die Abgeordneten bei der Gesetzgebung in keiner anderen Lage als Fakultätsmitglieder bei der Entscheidung über die Habilitation. Auch hier sind Fachkompetenz und Entscheidungsbefugnis der Fakultätsmitglieder oft weit auseinander. Auf die Funktionsfähigkeit des Entscheidungsgremiums und die Funktonsgerechtigkeit der Entscheidungen muß dies keinen Einfluß haben.

Die mit der technischen Entwicklung einhergehende Verlagerung der Normsetzung nach unten kann bei Lichte betrachtet sogar einen günstigen Nebeneffekt haben, nämlich den, daß sich das Parlament auf seine eigentliche Aufgabe, dem Gemeinwesen die Richtung zu geben und nur die großen Linien der Rechtsordnung zu ziehen, besinnt und stärker konzentriert. Die spätestens seit dem Kalkar-Beschluß auch vom Bundesverfassungsgericht abgesegnete evolutionäre Fortentwicklung der staatlichen Entscheidungsmechanismen kann also auch ihre guten Seiten haben. Jedenfalls besteht kein Grund zur Kapitulation des Rechts vor der Technik. Immerhin hat die Technik bewirkt, daß die Normsetzung sich im demokratischen Staat zunehmend zu einem Kondominium von Parlament und Exekutive entwickelt hat.

Zukunftsfaktor Kinder

Barbara Schaeffer-Hegel

Mit einer treffenden Theatermetapher pointiert der Sozialforscher Meinhard Miegel in seinem Buch „Die deformierte Gesellschaft" (2002) die Zukunft Deutschlands: Während die Politiker auf der Bühne über Nebensächliches streiten und sich die Bürger auf den Rängen langweilen, zerbirst am Grunde des Gebäudes das Fundament. Eine ähnliche Assoziation hatte die *Europäische Akademie für Frauen in Politik und Wirtschaft Berlin* für die Präsentation ihrer Konferenz „Zukunftsfaktor Kinder": das Foto einer der neuen Prachtbauten der Berliner Innenstadt, in traurigem Kontrast über das Konterfei des abgewirtschafteten Gebäudes einer Kindertagesstätte aus Berlin Mitte montiert.

Keine Zukunft ohne Kinder

Miegels Theater und unsere Gebäude sind Sinnbilder einer Gesellschaft, die nicht wahrnimmt, daß ihr das Fundament und damit auch die Zukunft, daß ihr der Nachwuchs langsam aber sicher abhanden kommt. Sie sind Sinnbilder einer Gesellschaft, die nicht bemerkt, daß ihr schon bald die Menschen fehlen werden, die in Zukunft die Wirtschaft betreiben, die immer zahlreicher und älter werdenden Alten versorgen und die überhaupt in der Lage sein werden, die Alltagsaufgaben von morgen zu bewältigen. Die Gründlichkeit, mit der wir diesen Tatbestand verdrängen, läßt Zweifel aufkommen, ob uns die Zukunft überhaupt interessiert. Miegel ist schließlich nicht der erste, der uns mit den katastrophenträchtigen Zukunftsprognosen konfrontiert. Seit Jahren liegen die Hochrechnungen der Bevölkerungswissenschafter vor. Seit Jahren wissen wir, daß in Europa nur Spanien eine noch schwächere Geburtenrate aufweist, als die Bundesrepublik (1.2 gegenüber 1.3), und daß bei Fortsetzung der gegenwärtigen Entwicklung die deutsche Bevölkerung bis zum Jahre 2080 um die Hälfte geschrumpft und ihr Medianalter bereits 2040 bei 50 Jahre liegen wird. In 40 Jahren kommen in Deutschland auf 100 Erwachsene im Alter zwischen 20 und 59 Jahren nur 33 Jugendliche und Kinder, dagegen 88 Menschen, die älter als 60 Jahre sind. Die Belastungen, die die bevorstehende Bevölkerungsimplosion auf jedweden Bereich der Gesellschaft und auf den Alltag jedes einzelnen Menschen haben wird, können wir uns nicht dramatisch genug vorstellen: Renten- und Steuersysteme werden kippen, infrastrukturelle Grundversorgungen nicht mehr funktionieren, Arbeitskräfte, Wissen und Kapital zur Mangelware werden.

Aus historischen Gründen ist es in Deutschland noch immer schwierig, bevölkerungspolitische Maßnahmen vorbehaltlos zu diskutieren. Dazu kommt, daß eine politische Kultur, die verantwortliche Politiker veranlaßt, überwiegend in 4-Jahreszyklen zu denken, nicht darauf angelegt ist, mittel- und langfristige Herausforderungen ernsthaft anzugehen, wenn die Lösungen kurzfristig Kosten verursachen. Doch die bereits heute fest programmierten demographischen Brüche lassen unserer Gesellschaft keine Alternative als die, sich ihren Auswirkungen jetzt zu stellen.

Wenn wir dem gegenwärtigen Trend des Geburtenschwundes entgegensteuern wollen, müssen wir die Hürden beseitigen, die potentielle Eltern daran hindern, mehr Kinder groß zu ziehen, bez. ihnen die Hilfen geben, die sie veranlassen könnten, dies doch zu tun. Wir müssen die Regeln und Rahmenbedingungen ändern, die zur Sicherung der Geschlechter- und Generationenfolge Frauen und Männern vor Zeiten bestimmte Rollen auferlegten.

Das in unserer Kultur seit Jahrtausenden geltende Geschlechterarrangement, das die Männer und die Gemeinschaft von der Verantwortung für den gesellschaftlichen Nachwuchs weitgehend entlastet, ist zu einer geradezu lebensbedrohlichen Falle geworden. Viele Faktoren tragen dazu bei, daß das traditionelle Muster zur Regeneration der Gesellschaft, das zwar nicht gerecht war, aber immerhin lange funktioniert hat, den veränderten Bedingungen eines seit dem 20. Jahrhundert wirksamen sozialen Wandels nicht mehr Stand halten kann. Es stimmt nicht mehr, „daß Kinder allemal geboren werden", wie noch Konrad Adenauer meinte, und es führt in eine gesellschaftspolitische Sackgasse, Kinderkriegen und Kindergroßziehen als Privatsache und letztlich als die Angelegenheit nur von Frauen und Müttern zu betrachten. Es ist höchste Zeit, daß wir die gesellschaftliche Verantwortung für Kinder neu bedenken; daß wir die Zeit und die Zuwendung, die sie brauchen und die Betreuung und Bildung, die aus ihnen erst vollwertige Mitglieder der Gemeinschaft macht, zwischen Vätern und Müttern und den Einrichtungen der Gesellschaft neu verteilen.

Der geheime Geburtenstreik vor allem der gut ausgebildeten Frauen steht unübersehbar in Bezug zu der Schlußlichtposition, die Deutschland bei der Versorgung der Familien mit ganztägiger Bildung und Betreuung einnimmt. Die Versorgung mit Krippenplätzen in Deutschland ist miserabel: Die Krippen-Betreuungsquote der Kinder bis zu 3 Jahren lag 1998 in Deutschland bei 7Prozent (in den Ländern der alten Bundesrepublik nur bei 2,8 Prozent), während in den Ländern Belgien Dänemark, Finnland, Frankreich, Niederlande und Schweden zwischen 30Prozent und 75 Prozent der Vorschulkinder einen Krippenplatz belegen können. Ganztagsplätze mit Mittagessenversorgung standen in den alten Bundesländern 1998 nur bei 18,9Prozent der für 3 - 6jährige gesetzlich vorgeschriebenen Kindertagesstätten zur Verfügung (neue Länder: 97Prozent!) und im Jahre 2000 waren nur 4,8 Prozent der Schulen in Deutschland Ganztagsschulen, und von diesen sind 70 Prozent Sonderschulen.

Aus einer Umfrage des „Stern" vom Mai 2002 wissen wir, daß Frauen, denen die Fortsetzung ihrer Erwerbstätigkeit ermöglicht wird, mehr Kinder kriegen. Die gleiche Untersuchung bringt zu Tage, daß 71Prozent der deutschen Frauen, die aus familiären Gründen ihre berufliche Tätigkeit eingeschränkt oder aufgegeben haben, bessere Betreuungsmöglichkeiten wünschen, um überhaupt wieder oder mehr arbeiten zu können. Das Beispiel Frankreichs, dem es durch eine gelungene Politik der Vereinbarkeit von Familie und Beruf gelungen ist, seine Geburtenrate auf den europäischen Höchststand von 1.9 zu bringen, zeigt, daß es durchaus möglich ist, daß Mütter mit hoher beruflicher Qualifikation trotz Kleinkindern ihre Karriere fortsetzen: nahezu 70 Prozent der hochqualifizierten französischen Mütter von Kleinkindern behalten ihre Ganztagsberufstätigkeit bei - in Deutschland tun dies nur knapp über 30 Prozent. Dazu muß man aber wißen, daß für 30Prozent der französischen Kinder zwischen 3 Monaten und 2 Jahren, für 40 Prozent der 2-jährigen, 99 Prozent der 3-jährigen und für fast 100 Prozent der 3-5-jährigen ganztägige Betreuungsplätze außerhalb der Familie zur Verfügung stehen.

Nicht alle der Faktoren, die bei dem weltweit zu beobachtenden Rückgang der Geburtenzahlen eine Rolle spielen, sind beeinflußbar. Aber der Kernfaktor „Kinderbetreuung" bringt, das lehren uns die europäischen Vergleichszahlen, eindeutig Erfolge. Die Versorgung unseres Landes mit einem zumindest bedarfsgerechten Angebot an ganztägigen Krippen, Kindertagesstätten und Schulen ist die derzeitig einzig wirksame Möglichkeit, mehr Frauen zu veranlassen, sich ihre Kinderwünsche zu erfüllen. Sie würde darüber hinaus Lösungen für eine ganze Reihe anderer wirtschaftlicher und gesellschaftlicher Probleme bieten:

1. Der Arbeitskräftemangel insbesondere an qualifizierten Arbeitskräften, der schon heute für den Standortfaktor Deutschland höchst bedenklich ist und angesichts der bevorstehenden Bevölkerungsentwicklung dramatische Ausmaße annehmen wird, würde durch die Einbeziehung qualifizierter Frauen ins berufliche Leben spürbare Entlastung erfahren.

2. Die längst überfällige Einlösung des Auftrages des Grundgesetzes (GG Art. 3, 2) und der Verpflichtungen, die Deutschland aus der 1985 erfolgten Ratifizierung des Menschenrechtsabkommens „Zur Beseitigung aller Formen der Diskriminierung der Frau" eingegangen ist, würden in einem der wichtigsten Punkte erfüllt. Art. 11 (2c) dieses Vertrages verpflichtet die Vertragstaaten nämlich darauf, unterstützende Dienstleistungen bereit zu stellen, die Eltern die Vereinbarkeit von Familie und Beruf ermöglichen.

3. Als Wirkung einer Erhöhung der Erwerbstätigkeit von Frauen kann mit einer wirksamen Reduzierung der Arbeitslosigkeit im Dienstleistungssektor und bei Geringqualifizierten gerechnet werden. Denn wenn hochqualifizierte Frauen ihre professionellen Karrieren beginnen und kontinuierlich verfolgen, so ist das der wichtigste Anreiz zur Schaffung von Arbeitsplätzen für gering qualifizierte Dienstleistungsanbieter. Darin sind sich namhafte Experten der ökonomischen und sozialen Interdependenzen in volkswirtschaftlichen Systemen einig. Die Strukturen, die qualifizierte Frauen davon abhalten, ihre Karrieren zu verfolgen sind also nicht nur verantwortlich für niedrige Geburtenraten und die demographischen Ungleichgewichte, die den „Generationenvertrag" mancher Ländern bedrohen. Sie sind auch das Hauptshindernis, wenn es darum geht - wie in anderen Ländern - durch die Transformation von unbezahlter Hausarbeit in bezahlte Dienstleistungen, neue Arbeitsplätze im Dienstleistungssektor zu schaffen.

Ist die Bundesrepublik reformfähig?

Bereits Anfang der 70er Jahre hatte sich Hildegard Hamm-Brücher, eine der bedeutendsten deutschen Bildungspolitikerinnen, diese Frage gestellt. „Unfähig zur Reform?" titelte sie ihren Appell für gesamtstaatliche Verantwortung des Bundes bei der Realisierung der schon damals überfälligen Reformen im Bildungsbereich. Schon damals stellten Korporatismus und Föderalismus - das „multi- actor System" der politischen Entscheidungskultur in Deutschland, wie die US-amerikanische Politologin Vivian A. Schmidt es nennt - das größte Problem dar, wenn es darum ging, grundlegende Reformen umzusetzen. Doch ist die Chance, daß es heute gelingt, lebensnotwendige Veränderungen im Bildungsbereich durchzusetzen, aufgrund der internationalen Vergleichsdaten (PISA), wegen der überdeutlichen Bekundungen der Deutschen Wirtschaft und auch wegen der tragischen Folgen pädagogischen Versagens in Erfurt nicht unerheblich gestiegen.

Keine Frage: Die Zuständigkeit für Schule und Jugend liegt dem Grundgesetz zufolge zunächst bei den Ländern. Glücklicherweise ist die Frage der Neuordnung der Kompetenzen zwischen Bund und Ländern inzwischen zum Thema bei Politikern, Wissenschaftlern und Staatsrechtlern geworden, und glücklicherweise gibt es ein verfassungsmäßiges Recht, bez. die Pflicht des Bundes, bei der Erfüllung von Aufgaben mitzuwirken, die „für die Gesamtheit bedeutsam" (Art. 91a GG), „zur Abwehr einer Störung des gesamtwirtschaftlichen Gleichgewichts erforderlich"...oder zur „Förderung des wirtschaftlichen Wachstums" nötig sind (Art. 104a GG).

Ein bedenkenswertes und hochaktuelles Beispiel bietet uns die kleine Schweiz, die die gleichen Bevölkerungsprobleme und die gleiche föderale Zuständigkeitsstruktur hat wie die Bundesrepublik. Nach 10 Jahren unermüdlicher öffentlicher Diskussion und Aufklärungsarbeit hat das Schweizer Parlament, der Nationalrat, am 17. April dieses Jahres in Bern ein Gesetz verabschiedet, das den Bund verpflichtet, über einen Zeitraum von 10 Jahren einen Betrag von jährlich 100 Millionen SF Beihilfe an solche schulischen und vorschulischen Einrichtungen (insbesondere an Krippen) zu vergeben, welche ganztägige Bildung und Betreuung anbieten wollen. In den ersten vier Jahren der Laufzeit des Förderprogramms sollen zusätzlich 400 Millionen SF Darlehen gewährt werden. Über weitere Darlehen wird später entschieden. Für 2/3 der erforderlichen Zusatzmittel müssen die pädagogischen Einrichtungen mit Hilfe anderer Zuwendungsgeber selber aufkommen. Um Verwaltungskosten möglichst gering zu halten, werden die Gelder von einer Bundesbehörde verwaltet und direkt an die beantragenden Schulen oder Einrichtungen ausbezahlt, wobei die Kantone nur gehört werden sollen.

Dieses in der „Parlamentarischen Initiative Anstoßfinanzierung für familienergänzende Betreuungsplätze" vom 27. März 2002 vorgesehene und am 17. April vom Schweizer Nationalrat verabschiedete Vorgehen des Bundes und die Auflagen, die den Einrichtungen gemacht werden, sind i. ü. hervorragend geeignet, durch Bündnisse vor Ort auch andere Akteure - Eltern, Unternehmen, die Gemeinden, Kirchen und Organisationen der Jugendhilfe - in die Verantwortung für dieses lebenswichtige Jahrhundertprojekt einzubinden.

Ein der deutschen Bevölkerungszahl entsprechender Finanzzuschuß würde pro Jahr 783,2 Millionen Euro, insgesamt über 10 Jahre verteilt also 7,8 Milliarden Euro betragen, plus in den ersten vier Jahren 3,133 Milliarden Euro Darlehen. Das ist viel Geld, und ist dennoch wenig angesichts der unkalkulierbaren Kosten, die drohen, wenn es nicht angelegt wird. Auch könnten die staatlichen Zusatzkosten durchaus auf vertretbarem Niveau gehalten werden: durch weitsichtige Investitionen in Kinder statt in kinderlose Ehen, durch die Förderung von Infrastruktur, die allen zugute kommt und die über Elternbeiträge dennoch sozial differenzieren kann, anstatt die verfügbaren Fördermittel gießkannenmäßig an alle zu verteilen. Berechnungen mehrerer wissenschaftlicher Einrichtungen beweisen im übrigen, daß sich Investitionen in Ganztagsbildung und -Betreuung durch Mehreinnahmen an Steuergeldern und durch die Einsparung u.a. von Sozialhilfeausgaben in kürzester Zeit amortisieren. Mittel- und langfristig bringen sie den öffentlichen Kassen nicht unerhebliche Gewinne ein. Eine Untersuchung des Kosten-Nutzen-Verhältnisses der Ausgaben für Kinderbetreuung im Kanton Zürich durch das Büro für Arbeits- und Sozialpolitische Studien hat ergeben, daß „aus volkswirtschaftlicher Sicht .. pro Franken, der in Kindertagesstätten investiert wird, gesamthaft wieder rund vier Franken an die Gesellschaft .. zurückfließen". (Karin Müller Kucera, Tobias Müller, Volkswirtschaftlicher Nutzen von

Kindertagesstätten, Edition Sozialpolitik Nr. 5, Bern 2001). Ähnliche Berechnungen, die in USA durch Langzeitvergleichsuntersuchungen erhoben wurden und daher auf besonders solidem Datenmaterial beruhen, geben einen Spareffekt von $ 2,5 bis $ 7 an -, je nach dem ob Zahlungen, die bei der nicht betreuten Vergleichsgruppe an deren Verbrechensopfer gezahlt werden mußten und die den größten Anteil der eingesparten Mittel darstellen, eingerechnet werden oder nicht.

Eine Zukunft für unsere Kinder

Die Einsicht, daß der bedarfsgerechte Ausbau von Ganztagsschulen und Ganztagsplätzen in Krippen und Tagesstätten nicht nur für die Wirtschaft, sondern auch für den Arbeitsmarkt und für die Gleichstellung der Geschlechter von zentraler Bedeutung ist, hat sich inzwischen bei den gesellschaftlichen Akteuren herumgesprochen. Auch die vielfältigen bildungspolitischen Mängel, die jetzt durch die PISA Studie deutlich sichtbar wurden, haben die Erkenntnis gestärkt, daß mehr und bessere Bildung in erster Linie
- eine andere Art von Schule,
- eine andere Vorbereitung auf die Schule und vor allem
- viel mehr Zeit und Aufmerksamkeit für Kinder und Schüler

voraussetzt. Nicht daß es nicht auch in Deutschland gute Schulen und hervorragende Pädagogen gäbe. Doch die Zwänge des Bildungssystems, denen sie unterliegen, tun das ihre. Den eigentlichen Skandal der Tragödie von Erfurt sieht der britische Korrespondent des Tagesspiegels, der wohlwollend-kritische Beobachter des Lebens in der Bundesrepublik Roger Boyes, in den Kommunikationsblockaden zwischen allen Beteiligten. „Das Blutbad von Erfurt sagt weit mehr über die deutsche Schulwirklichkeit aus, als Lehrer, Politiker und Eltern wahrhaben wollen" lesen wir in der ZEIT. Wird doch mit Bezug auf PISA schon wieder nach mehr Leistung, nach besserer Selektion und nach strengeren Zensuren gerufen. Es scheint fast so, als hätte Erfurt kommen müssen, um die Reaktionen auf den Pisaschock vor dieser völlig verqueren Zielrichtung zu bewahren. Leistung kann nur in einem menschenfreundlichen, in einem anregenden und sozial-verträglichen Lernklima entstehen - und Leistung ist schließlich nicht einmal alles. So wie vorschulische Einrichtungen ihre Kinder auf die Schule vorbereiten müssen, so muß die Schule ihren Schülern dazu verhelfen, mit ihren je eigenen Fähigkeiten, ihr je eigenes Leben meistern zu können. Und dafür zählen keinesfalls nur Punkte in Leistungskursen. Dazu gehören Respekt und Akzeptanz für Unterschiede, auch für Verlierer und Versager, dazu braucht man Zeit für Zuwendung, Gespräche, und gemeinsame Freizeitaktivitäten, kurz: eine „Kultur des Hinschauens". Schule braucht einen sinnvollen Rhythmus von Lernen, Entspannung, Hobby und wieder Lernen, der in der gedrängten Halbtagsschule von heute, die fast notwendigerweise zur Paukschule verkommen muß, nicht möglich ist. Die Länder, die als Pisa-Sieger in die Bildungsgeschichte eingehen werden, haben nicht umsonst die Ganztagsschule als Regelschule eingeführt - die meisten von ihnen im übrigen auch die Gesamtschule.

In den meisten europäischen Ländern und in den USA sind außerdem Schulpsychologen und qualifizierte pädagogische Berater bei allen wichtigen, Schüler und Schülerinnen betreffende Entscheidungen einbezogen. In Schweden erhalten Schulleiter und Klassenlehrer eine spezielle Zusatzausbildung, die sie als Organisationsexperten und Manager, aber auch als professionell geschulte Menschenführer qualifiziert. Für die Beurteilung und die Entwicklungsschritte der Schüler und Schülerinnen sind dort regelmäßige Informations- und Beratungsgespräche zwischen Schülern, Klassenlehrern und Eltern von weitaus größerer Bedeutung, als Zensuren und Schulnoten.

Die Lebensumstände von Kindern haben sich in den letzten Jahrzehnten dramatisch verändert. Die Instabilität, Mobilität und die Diskontinuität der Familien hat sich, wie auch die Zahl der alleinerziehenden Eltern, in nie dagewesener Weise erhöht. Armut, Migration und Berufstätigkeit der Mütter bestimmen für viele Kinder den Alltag schon im Kleinkindalter, Mütter und Eltern sind – aus welchen Gründen auch immer - ihren erzieherischen Aufgaben oftmals nicht gewachsen. Wenn sich die Schule und die vorschulische Bildung und Erziehung ändern muß, dann gerade auch für die Kinder aus allen Schichten, die zu Hause nicht das Maß an Förderung und Zuwendung bekommen können, das sie für eine positive menschliche Entwicklung brauchen.

Zur Sicherung der Zukunft von Wirtschaft und Gesellschaft brauchen wir mehr Kinder und folglich mehr Ganztagseinrichtungen. Die Kinder selber aber brauchen mehr Zeit, mehr Zuwendung und mehr kindgerechte Bildung und Betreuung – und deswegen mehr und bessere Ganztagsschulen und Ganztagskindergärten.

Die Natur treibt uns in die Defensive.
Wer kennt die Folgen, nennt die Lösungen?

Von Rolf Peter Sieferle

„Something new under the sun" - Etwas Neues unter der Sonne -, so lautet der Titel eines preisgekrönten Buchs des amerikanischen Historikers John McNeill zur Umweltgeschichte des zwanzigsten Jahrhunderts. Die agrargesellschaftliche Weisheit, daß nichts Neues unter der Sonne geschieht, ist von der Industrialisierung und der mit ihr verbundenen Umwälzung aller Lebensverhältnisse dementiert worden. Visionen der Umweltkrise sind nur ein Aspekt dieser totalen Transformation, die buchstäblich keinen Stein auf dem anderen läßt.

In den letzten zweihundert Jahren ist die Wirtschaft der heutigen Industrieländer etwa um den Faktor siebzig gewachsen. Im gleichen Zeitraum hat sich die Bevölkerung der Industrieländer verfünffacht, woraus folgt, daß die Pro-Kopf-Produktion um das Vierzehnfache gestiegen ist. Dieses dramatische Wachstum fand nicht nur konventionell, in monetären Größen statt, sondern durchaus physisch, als Zunahme von Energieflüssen und Stoffströmen. In der frühen Neuzeit kamen auf einen Europäer gerade ein bis zwei Kilo Eisen im Jahr - heute sind es fast fünfhundert.

Ein solches enormes Wachstum über einen längeren Zeitraum hinweg ist tatsächlich etwas Neues, dergleichen hat es in der Geschichte der Menschheit noch niemals gegeben. Sensationell daran ist vor allem, daß nicht nur die Bevölkerungszahl drastisch zugenommen hat (global in den letzten zweihundert Jahren von einer auf mehr als sechs Milliarden), sondern daß zugleich auch der materielle Wohlstand der einzelnen gewachsen ist. Sofern es heute noch immer existenzgefährdende Armut gibt, liegt dies eher an Verteilungsproblemen und nicht an einer realen Knappheit von Gütern. Auf der positiven Seite der historischen Bilanz läßt sich daher ein Ende des Hungers und des Elends verbuchen, von dem die Ära der Agrargesellschaften geprägt war.

Allerdings sind Umweltprobleme die natürliche Kehrseite dieses gewachsenen Massenwohlstands. Jede materielle Produktion greift auf natürliche Ressourcen zurück, die der Natur entnommen, zu Konsumgütern umgewandelt und dann wieder in der Natur als Abfall deponiert werden. Zunächst verbraucht man gegebene Bestände von Ressourcen, mit deren Erschöpfung in absehbarer Zeit zu rechnen ist. Dies gilt nicht nur für Rohstoffe wie Erdöl, Kohle oder Erze, sondern auch für die Landwirtschaft. So greifen etwa Bauern im amerikanischen Mittleren Westen für die Bewässerung von Feldern, die der Welternährung dienen, auf fossiles Wasser zurück. Das Ogallala-Reservoir wird in knapp hundert Jahren erschöpft sein - gebildet hat es sich aber in 10 000 bis 25 000 Jahren.

Probleme der Ressourcenerschöpfung sind fast immer Probleme, die in der Zukunft liegen und aktuell zwar prognostiziert, nicht aber wirklich gespürt werden. Dies ist mit Deponie- oder Verschmutzungsproblemen anders, die häufig direkt mit der Produktion oder dem Konsum einhergehen, rasch bemerkt werden und zum Ruf nach Gegenmaßnahmen führen. In beiden Fällen finden aber irreversible, gerichtete Prozesse statt, die nicht ohne weiteres umzukehren sind. Was dies in zeitlicher Dimension bedeutet, kann anhand der Bodenerosion illustriert werden.

Im zwanzigsten Jahrhundert wurde die Erosion fruchtbarer Böden im Zuge des Ausbaus der Landwirtschaft enorm beschleunigt mit der Folge, daß große Flächen für eine künftige Kultivierung verlorengingen. Also haben wir offenbar einen zerstörerischen, verschwenderischen Prozeß vor uns. Aber so einfach ist die Sache nicht. Trotz der wachsenden Bodenerosion hat die Agrarproduktion ständig zugenommen. Die Landwirtschaft hat in der zweiten Hälfte des vorigen Jahrhunderts Produktivitätszuwächse erlebt, die zu den höchsten aller Gewerbezweige gehören, und noch niemals in der Geschichte lagen die Erträge so hoch wie heute. Dies bedeutet offenbar, daß Bodenerosion zumindest kurzfristig kein Problem ist, denn sie geht mit höherem Nutzen als Schaden einher. Sehr langfristig gesehen ist die von der Landwirtschaft ausgehende Bodenerosion auch kein Problem. Es ist ganz natürlich, wenn Böden erodieren, ins Meer geschwemmt werden, dort sedimentieren, Gestein bilden, wieder zu Bergen aufgefaltet werden, erneut von Wind und Wasser abgetragen werden, wiederum Böden bilden - ein geologischer Zyklus, der sich erdgeschichtlich mehrmals wiederholt hat.

Bodenerosion ist also kein kurzfristiges und kein langfristiges Problem, sondern in einer mittleren Zeitdimension verankert. Zu einem Problem kann sie nur oberhalb der aktuellen Zyklen landwirtschaftlicher Produktion (Jahre, Jahrzehnte) und unterhalb der geologischen Perioden von Jahrmillionen werden. Diese Aussage läßt sich verallgemeinern: Es gibt keine absoluten Umweltprobleme, sondern diese liegen in einem zeitlichen Rahmen oberhalb der kurzen ökonomischen Nutzenperspektiven und unterhalb biologisch-geologischer Zeiträume. Daher sind Argumente, die sich auf andere Zeiträume beziehen, umweltpolitisch so gut wie irrelevant: Weder politisch-ökonomische noch natural-ökologische Zeitdimensionen haben für Umweltprobleme eine wirkliche Bedeutung.

Zuweilen werden Umweltveränderungen direkt spürbar, auch wenn es außerordentlich schwierig ist, alle Wirkungszusammenhänge zu kennen und zu berücksichtigen, wie wir heute angesichts der Überschwemmungskatastrophe wieder einmal feststellen können. Jede Intervention in Naturzusammenhänge richtet dort eine Störung an, die mehr oder weniger weitreichende Folgen haben kann. Die Natur ist viel komplexer als alle Versuche, sie zu nutzen oder zu kontrollieren. Wir befinden uns damit in einer paradoxen Dynamik: In dem Maße, wie die Zugriffe auf die Natur zunehmen, nimmt die Beherrschung der Natur ab. Dies bedeutet aber für die Zukunft, daß wir damit rechnen können, immer größeren Aufwand treiben zu müssen, um Störungen zu beheben, die auf eine versuchte und gescheiterte Naturbeherrschung zurückzuführen sind. Am logischen Ende dieses Prozesses ist man nur noch mit Reparaturmaßnahmen beschäftigt.

Was läßt sich angesichts dieser Lage tun? Es fehlt natürlich nicht an Angeboten, wie die Lage gemeistert werden könnte. Einige Vorschläge zielen auf ein fundamentales, kausal anpackendes Erdsystemmanagement, doch stehen sie vor einem fundamentalen Dilemma: Um alle Folgen beherrschen und alle Gefahren beseitigen zu können, müßte man sie nicht nur genau kennen, sondern man müßte auch in der Lage sein, wirksame Maßnahmen zu ergreifen, die das Übel an der Wurzel anpacken. Angesichts der hohen Komplexität und Dynamik der betroffenen Wirkungszusammenhänge würde dies aber bedeuten, daß ein solches Umweltmanagement nicht nur allwissend, sondern auch allmächtig sein müßte. Herkömmlich waren dies die Prädikate Gottes. Sollte es wirklich eine Weltumweltbehörde geben können, die in diese Rolle schlüpfen kann? Der Zusammenbruch des Sowjetimperiums hat gelehrt, daß nicht einmal ein relativ einfaches System wie eine Volkswirtschaft sinnvoll geplant werden kann. Daher ist hinsichtlich eines totalisierenden Umweltmanagements Skepsis angebracht.

Eine Alternative könnte darin liegen, daß versucht wird, die menschlichen Aktivitäten und Zugriffe auf Naturzusammenhänge unterhalb einer Schwelle der natürlichen Selbstregulation zu halten. Wenn die Natur die erwünschten Ordnungsleistungen selbst erbringt, ist keine Umweltbürokratie erforderlich. Das Dumme ist nur, daß man hierzu nicht nur diese Schwelle genau kennen müßte, man müßte auch in der Lage sein, die Aktivitäten der gesamten Menschheit unterhalb dieser kritischen Schwelle zu halten. Es ist leicht erkennbar, daß die hiermit verbundenen Wissens-, Umsetzungs- und Kontrollprobleme sich nicht wesentlich von denen der Totalplanung unterscheiden.

Die Zukunft war schon immer unsicher und ungewiß, doch war sie dies noch niemals so sehr wie heute. Fundamentale Parameter der ökologischen und sozialen Existenz sind in Bewegung geraten. Die Transformation der Alten Welt beschleunigt sich noch immer. Die industrielle Revolution ist in vollem Gang, und wir wissen nicht, wie sie ausgehen wird. Manche Beobachter meinen, die Menschheit befinde sich inmitten eines riskanten Experiments, doch auch das ist ein schiefes Bild: Wir können den Prozeß nicht abbrechen, wir können seine Randbedingungen nicht kontrollieren, und wir können ihn nicht wiederholen. Es ist daher kein Experiment, sondern die Geschichte selbst, also ein offener evolutionärer Prozeß ohne Netz und doppelten Boden.

Noch nie war die Welt von einer „Herrschaft der Vernunft", von Planbarkeit, Berechenbarkeit, Rationalität und Sicherheit weiter entfernt als heute. Die wirklich ernsthaften Probleme werden erst dann verstanden, wenn es zu spät ist, auf sie zu reagieren. Diese Einsicht ist aber der ultimative Widerruf des „Projekts der Moderne", das auf ein bewußtes Machen der Geschichte setzte. Das Ancien régime wurde zwar aufgelöst, doch ist es bislang nicht gelungen, ein Nouveau régime zu begründen. Wir können nicht einmal in groben Zügen abschätzen, wie eine Gesellschaft der Zukunft aussehen könnte, in der sich die Lage stabilisiert. Sicher ist nur: Keine mit physischem Wachstum verbundene Transformation kann von längerer Dauer sein, sondern irgendwann werden begrenzende Faktoren wirksam. Heute befinden wir uns vermutlich an einer solchen Grenze.

Die Industrialisierung und die mit ihr verbundene Mobilisierung der Naturverhältnisse ist von Europa (sowie den neoeuropäischen Gebieten) ausgegangen, und deshalb ist es kein Wunder, wenn sich in den letzten zweihundert Jahren Reichtum und Macht in diesen Gebieten konzentriert haben. In den letzten Jahrzehnten wurde dieses Gefälle aber zunehmend abgebaut, sowohl in politischer wie in ökonomischer Hinsicht. Die alten Industrieländer befinden sich historisch in der Defensive. Kaum jemand glaubt noch so recht, daß ihr Wohlstandsmodell global verallgemeinert werden kann, was umgekehrt bedeutet, daß sie ihr hohes materielles

Konsumniveau wieder verlassen müssen. Forderungen nach einer „nachhaltigen Entwicklung" könnten in diese Richtung zielen.

Die Widerstände der Vereinigten Staaten gegen eine globale Umweltpolitik rühren aus der Wahrnehmung solcher kurz- und mittelfristiger Defensivinteressen, sie haben aber darüber hinaus noch eine weitere Pointe. Eine wirksame Weltumweltpolitik würde eine globale politische Machtkonzentration voraussetzen. Nach Lage der Dinge könnten nur die Vereinigten Staaten zu einem Piemont (oder Preußen) eines künftigen Weltstaats werden. Die politischen Fundamente dazu werden vielleicht heute im Zuge des „Kampfs gegen den internationalen Terrorismus" gelegt, keineswegs aber mit Blick auf die Lösung globaler Umweltprobleme. Wer könnte aber ausschließen, daß das eine zur Voraussetzung des anderen wird?

Haben Sie Abitur?
Ein Messer, das Heiliges zerschneidet

Sibylle Tönnies

Tragödien, die im Theater aufgeführt werden, haben bekanntlich den Zweck, im Publikum eine Läuterung zu bewirken, ein Katharsis genanntes Reuegefühl. Genauso lösen die großen Tragödien, die das Leben inszeniert, die großen Katastrophen, die als Bühnenstücke von Millionen verfolgt werden, im Publikum ein kollektives Schuldbewußtsein und einen kollektiven Besserungswillen aus. So war es nach dem 11. September, und so ist es jetzt nach der Tragödie in Erfurt. Das Publikum verlangt nach einer Lehre aus diesem Ereignis.

Es weiß: Die verschärfte Kontrolle über Schußwaffen und Gewaltvideos allein kann es nicht sein. Aber wo auch immer man sonst ansetzen könnte - man wird keine Barrieren aufbauen können, die solche Extremreaktionen wirksam verhindern können.

Man stellt sich deshalb die tiefergehende Frage, ob die Amerikanisierung der Kultur vielleicht schuld ist. Sicher hat die Erscheinungsform der Tragödie etwas damit zu tun. Ohne diesen Einfluß hätte ein solcher Junge vielleicht Selbstmord begangen, ohne zuvor seine Lehrer getötet zu haben. Damit wäre er kein Einzelgänger gewesen. Es gibt Schülerselbstmorde genug. Ihre Zahl ist erschreckend, und zu jedem Versetzungstermin steigt sie signifikant. Aber niemand stört sich daran. Die destruktive Energie eines verstoßenen Schülers mußte nach außen gehen, damit sie öffentlich wahrgenommen wurde.

In der gewaltsamen Externalisierung dieses Konflikts aber zeigt sich ein Stück expressiver amerikanischer Kultur, die dem bis zum Äußersten gehenden „angry young man" schon traditionell eine so günstige Position gibt, wie sie das Abendland nicht kennt. Ein Mann, der rot sieht und infolgedessen nicht weiß, was er tut, genießt in dieser Kultur durchaus Ansehen, und der junge Erfurter Schütze ist durch amerikanische Videos dazu ermutigt worden, seine Gefühle expressiv durch einen nach außen gerichteten Gewaltakt zu entladen.

Sollte man sich also der Amerikanisierung entgegenstellen? Die Frage ist müßig, denn diese Amerikanisierung schreitet unaufhaltsam voran. In der Tagesschau, durch die ich von dem Erfurter Ereignis erfuhr, fiel mir schon vorher die Nachrichtensprecherin auf. Sie hielt die oberen Augenlider in der Manier amerikanischer Frauen so weit hochgezogen, daß über der Iris das Weiße hervorsah. Der reizende, ekstatische und gleichzeitig dümmliche Puppenausdruck, den diese Mimik dem Gesicht verleiht, kommt offenbar auch hier in Mode. Als Nikolaus Lenau sich 1833 resigniert aus Amerika zurückgezogen hatte, berichtete er, die Frauen hätten dort Augen wie aufgeklappte Kellerluken. Es handelt sich offenbar um eine schlechte Angewohnheit, die in Amerika schon länger verbreitet ist. Nun kommt sie also zu uns, und die Tatsache, daß sich jetzt sogar die Mimik an den Westen anpaßt, zeigt, wie tief die Amerikanisierung geht und wie stark das Bedürfnis der Menschen ist, in allem so zu werden wie die Amerikaner.

Dieser Anpassung entgegen zu sein, wäre die falsche Lehre aus Erfurt. Wir leben aus guten Gründen in einer Weltkultur, die amerikanisch dominiert ist, und es kann nicht mehr darum gehen, sich aus dieser Weltkultur wieder zurückzuziehen, sondern nur noch darum, daß die Menschheit sie gemeinsam fortentwickelt.

Aus Erfurt kann nur eine Lehre gezogen werden, die einen Wert verfolgt, der seinen Platz in dieser gemeinsamen Weltkultur hat. Und Erfurt bietet eine solche Lehre an. Die Tat hat nämlich einen Hintergrund, der einem universalen, westlichen Gewissen bedenklich sein muß: das versagte Abitur. Das Attribut „Abitur" schafft, wie nützlich es in seiner Auslesefunktion praktisch auch sein mag, in seiner Symbolik eine dem westlichen Gleichheitsgedanken widersprechende Aufteilung der Menschen in eine obere und eine untere Hälfte.

Ich will hier keinen Beitrag zur Schulpolitik machen und nicht etwa dafür plädieren, daß das Abitur abgeschafft werden sollte. Es soll hier, ganz wie in der griechischen Tragödie, nicht um praktische Lösungen gehen, sondern nur darum, ein Gefühl auszulösen: das Schamgefühl, das am Platze ist, wenn man bedenkt, daß unsere Gesellschaft in zwei Teile geteilt ist, in den der Menschen mit und in den der Menschen ohne Abitur.

Das Abitur schafft eine soziale Trennlinie, die die brüderliche Gemeinschaft der Menschen stört. Sie trifft die universale Idee der Gleichheit ins Herz: Denn sie schafft ja nicht nur, wie die individuelle Heterogenität es unvermeidlich tut, vielfältige Abstufungen, sondern sie fährt mit einem einzigen Messerschnitt durch die ganze Gesellschaft und schafft ein klar definiertes oben und unten.

In der Durchlässigkeit dieser Trennlinie sind zwar große Fortschritte gemacht; die Masse derer, die nach oben gehören, ist enorm (und unter dem Auslesegesichtspunkt zu sehr) gewachsen. Fast ein Drittel eines Jahrgangs macht heute schon Abitur.

Das kommt der Gleichheitsidee aber nur scheinbar entgegen. Die Trennlinie selbst ist ja die Sünde. In gewisser Weise erschwert ihre Durchlässigkeit die psychische Lage derer, die nicht durchstoßen konnten oder womöglich im letzten Moment zurückgestoßen wurden.

Anders etwa als früher die Ausgeschlossenheit aus dem Adel kann die Nichtzugehörigkeit zur Klasse derer mit Abitur nicht als Bürde des Schicksals ertragen werden. Wer hier nicht zu den Schafen, sondern zu den Böcken gehört, hat es sich selbst zuzuschreiben. Es ist sein individuelles Versagen. Auch die Tatsache, daß sich die obere und die untere Masse in ihrer Zahl beinahe schon gleichgewichtig gegenüberstehen, verschärft die Lage für die Untenstehenden eher. Sie sind nicht mehr „das Volk", wie es einmal als Masse einer kleinen Oberschicht gegenüberstand. Sie sind nur noch seine schlechtere Hälfte.

Ich war vor vielen Jahren einmal beim Wasserturm (von dem sich später übrigens ein Sitzenbleiber zu Tode gestürzt hat) mit Jugendlichen im Gespräch, die aus der Berufsschule kamen. Da schepperten die mit Blechbüchsen behängten Autos der neuen Abiturienten vorbei, die einen Triumphzug durch die Gemeinde veranstalteten. „Das sind die, für die wir mal arbeiten müssen!" sagte einer der Berufsschüler. Er machte mir - auch wenn er sich in der Einschätzung irrte, daß „die da oben" nicht arbeiten - eine Wahrheit bewußt, die auch dann schlimm ist, wenn sie nur das Selbstbewußtsein betrifft. Nicht ohne Schmerz kann ich seitdem die fröhliche Karawane sehen, die jedes Frühjahr durch die Stadt fährt und deren oberer Hälfte es das Herz hebt, während sie die untere deprimieren muß.

Ich denke, jeder hat seine eigenen Erinnerungen an Situationen, in denen sich die gesellschaftliche Gabelung peinlich offenbarte. Ich war einmal auf einer Party, auf der ein betrunkener Jurist aufstand und die Gäste der Reihe nach mit der Frage anpöbelte: „Haben Sie überhaupt Abitur?" Im Wein zeigte sich die Wahrheit.

Gestern sprach ich mit einer älteren Dame, die mir erläutern wollte, wie dumm ihre Nachbarin ist. „Die hat nicht nur kein Abitur, die hat das Wort noch nicht einmal gehört!" sagte sie. An ihr habe ich die Lehre von Erfurt erprobt. Sie war ganz schnell davon zu überzeugen, daß sie in dieser Ausdrucksweise eine Unterscheidung getroffen hatte, die sie vor ihrem Gewissen nicht vertreten mochte. Und auch nicht vor ihrer Rationalität. Denn sie konnte mir schnell bestätigen, daß sich auch nach ihrer Erfahrung die Klugen und die Dummen nicht nach Abitur und Nichtabitur aufteilen lassen.

Ich habe in meiner Schulzeit sogar die Erfahrung gemacht, daß die Intelligenteren und Gewitzteren, an deren Freundschaft ich besonders interessiert war, durch die Bank eher oder später die Schule verlassen mußten. Erst blieben sie sitzen, dann waren sie ganz weg. Ich denke an Flaumi, Maika, Ulla, Dedi und all die anderen, die auf der Strecke geblieben sind. Abitur gemacht habe ich mit den Langweiligen und den Angepaßten, und die Freundschaft mit den Lebendigen und Interessanten ließ sich nur mühsam über die Barrieren hinweg fortsetzen. Später im Leben habe ich immer wieder den Eindruck gewonnen, daß sich in der oberen Hälfte eher die Geradlinigen und Simplen versammeln. Auch wenn man der Gesellschaft also ihre Aufteilung nicht übelnehmen wollte: Sie ist nicht geeignet, die Guten ins Töpfchen und die Schlechten ins Kröpfchen zu sortieren.

Man kann zwar auf Menschen verweisen, die es in der Gesellschaft auch ohne Abitur zu hohen Positionen gebracht haben. Unser Außenminister gehört dazu. Sie sind erstens Ausnahmen, und auch Fischer wäre ohne den verflossenen Geist der Siebziger nicht nach oben gekommen; und zweitens kann man sicher sein, daß auch diese Menschen sich zeitlebens dessen schämen, daß sie kein Abitur haben. Vielleicht gehört Fischer wirklich nicht dazu, aber ich kenne Menschen, die zwar durchaus erfolgreich sind, aber eher zur Lüge greifen, als dieses Manko zuzugeben. Daß sie kein Abitur haben, empfinden diese Menschen als den Schandfleck ihres Lebens.

Ich kenne Menschen, die zwar Abitur haben, aber doch immer wieder von dem Angsttraum geplagt werden, daß sie noch einmal Abitur machen müssen. Ein solcher Traum verweist zwar auf andere Versagensängste. Aber das Unbewußte bedient sich dieses Symbols, weil es ihm zur Verkörperung des Versagens schlechthin geeignet zu sein scheint.

Ich weiß von einer jungen Ärztin, die in einer psychiatrischen Anstalt für zwei alte Mädchen, die unerträglich darunter litten, daß sie das Abitur nicht hatten, eine Prüfung vor einem langen Tisch veranstaltet und ihnen durch einen festlichen Akt das Bewußtsein verliehen hat, Abitur gemacht zu haben. Die beiden Alten sollen zwar weiterhin verrückt, aber seither glücklich gewesen sein.

Lehrer sind die ersten, die schon dem Kind das Messer zeigen, das die Gesellschaft trennt. Die meisten von denen, die vergeblich das Abitur versucht haben, tragen zeitlebens einen tiefen Haß auf ihre Lehrer in sich. Viele können darüber nicht einmal sprechen. Die Exkommunikationen, die ihnen durch Sitzenbleiben und Schulabgang zugemutet wurden, sind Axthiebe in ihr Leben, die sie niemals verwinden können.

Als ich als junge Studentin hörte, daß mein Bruder durchs Abitur gefallen war, überkam mich eine so namenlose Angst um diesen Jungen, daß ich mich sofort in den Zug setzte und zu dem Internat fuhr, in dem das Unglück geschehen war. Ich legte Wert darauf, die Nacht neben ihm in seinem Zimmer zu verbringen, und ich denke bis heute, daß ich gut daran getan habe.

Ich habe mit meinen Kindern viele wehmütige Abschiedsfeiern mitgemacht, die am Ende des vierten Schuljahrs, unmittelbar vor der Gabelung in die Schultypen also, veranstaltet wurden. Keiner sprach darüber, aber alle hatten das lähmende Bewußtsein: Von nun an teilen sich die Kinder, die hier noch ein letztes Mal miteinander spielen, in oben und unten auf.

Ich weiß nicht, ob die Trennung in meiner Jugend schärfer war als jetzt. Ich erinnere mich bis heute nicht gern an das Schamgefühl, das mich überkam, wenn ich etwa Mia Meier oder Edelgard Ziese noch einmal in der Stadt traf, nachdem wir schon unsere verschiedenen Wege gegangen waren; noch weniger gern aber erinnere ich mich an das Schamgefühl, das mich überkam, wenn ich die Einladung zu einem Klassenfest ablehnte, weil Schüler der „Mittelschule" es veranstalteten - obwohl mir der Junge, der mich einlud, vielleicht sehr gut gefiel. Das forderte damals die Contrainte sociale. Ich spürte dabei einen Schmerz, von dem ich ahnte, daß er von einem Messer herrührt, das Heiliges zerschneidet: die Gemeinschaft der Menschen.

Wenn die Verhältnisse heute besser sind und die Jugend klassenübergreifend tanzt, so ist das der Amerikanisierung zu verdanken. Die amerikanischen Kultureinflüsse haben bei uns nicht nur Gewaltbereitschaft verbreitet, sondern auch demokratische Grundhaltung. In der Jugend, die ja in stark erhöhtem Maße amerikanisiert ist, gibt es das Bedürfnis nach sozialer Schichtentrennung viel weniger als in meiner Generation. Während sich die jungen Herren zu meiner Zeit noch in dunkelblaue Blazer mit goldenen Knöpfen pressen ließen, die ihre Klassenzugehörigkeit markierten, sind heute auch bei Gymnasiasten Hosen modern, deren Schritt in der Kniekehle sitzt - sie haben ihr Vorbild in amerikanischen Gefängnissen, die nur eine einzige Größe führen und Gürtel aus Sicherheitsgründen nicht zulassen.

Diese Hosen sind nicht schön. Es ist auch nicht schön, daß sich heute selbst die gebildete Jugend eine bis zum äußersten simplifizierte Ausdrucksweise, einen bewußt ordinären Jargon und eine bewußt ungehobelte Gestik zugelegt hat - das alles sind aber Annäherungen an die amerikanische Unterschicht. Auch wenn sie nur halb bewußt sind, haben sie einen objektiven moralischen Wert; sie sind Verneigungen vor der Kultur einer Schicht, deren freies Selbstbewußtsein die Jugend lieber teilen möchte als das der verkrampften, spitzmäuligen Oberschicht. In unzähligen amerikanischen Filmen, die die Jugend prägen, werden die Vorzüge der Unterschicht erfolgreich gegen die der Oberschicht ausgespielt. „Titanic" vorneweg. Den Geist von „Titanic" wollte die ganze Welt aufsaugen.

Nicht gegen die amerikanische Kultur schlechthin kann sich also ein durch Erfurt ausgelöster Besserungswille richten. Er muß sich in sie einfügen, ihre zur Gewalt auffordernden Motive eliminieren und ihre guten, demokratischen Elemente pflegen. Die Gleichheitsidee hat sich, wenn auch immer noch unvollkommen, nirgends so ausgeprägt wie in Amerika. Darum strebt auch die ganze Welt zu dieser Kultur.

Der freie, neue Mensch, den Amerika geschaffen hat, der Mensch, der sein Selbstbewußtsein nicht aus seiner Schichtzugehörigkeit bezieht - dieser Mensch, für den Abitur oder nicht unmaßgeblich ist, dieser Mensch, der Bluejeans trägt - ist der ganzen Welt Idol. Sein autonomes Selbstbewußtsein trägt aber den Schatten, daß es, weil es sich nicht der gesellschaftlichen Knute unterwirft, das Tor zur Gewalt öffnet. Es gibt ein furchtbares Wort von Hobbes: die Gleichheit der Menschen habe ihre reale Grundlage in der Tatsache, daß im Prinzip jeder jeden töten kann.

Vom Nutzen und Nachteil des Lesens für das Leben

Peter Wapnewski

Das einzige Ziel des Schreibens [ist], die Leser in die Lage zu versetzen, das Leben entweder mehr zu genießen oder es besser zu ertragen" (Dr. Samuel Johnson 1709 - 1784).

I

Meine Überlegungen haben nicht die Absicht, die Bedeutung und Wirkung des Buchstabens, der Schrift, der Literatur, des Buches auf die Geschichte, in der Geschichte unserer Kultur zu verfolgen und darzustellen. Dieser Aufgabe haben sich auf eindrucksvolle Weise als Herausgeber John Carter und Percy H. Muir gestellt in ihrem Buch über die „Bücher, die die Welt verändern": „ein kritischer Katalog einer imaginären Bibliothek", - von der Bibel bis zur Uranspaltungsentdeckung durch Hahn-Strassmann-Meitner: eine Fülle kompetenter Kurzrezensionen. Ich handele also nicht von der fundamentalen Vertiefung der Dimension unseres Denkens, Wissens und Empfindens, unserer Welt- und Ich-Erfahrung dank der Begegnung mit Bibel und Koran, mit dem Gilgamesch-Epos, mit Homer und Platon und Kant, mit Dante, Shakespeare und Goethe: Eine Aufgabe, so würdig wie unbewältigbar. Vielmehr stehe ich hier in der Absicht, die *unmittelbare* Wirkung des Lesens, des Lesevorgangs auf das gelebte Leben, auf die solchermaßen neu begriffene und anders begegnende Wirklichkeit zu demonstrieren. Um uns die lebendig machende Kraft des Buchstabens in Erinnerung und Bewußtheit zu rufen.

Der Buchstabe: Das Arbeiten mit dem Computer und seinen Systemen verändert die Bildvorstellung, die Denkabläufe, die Sprachnormen des lesenden Menschen, der hier *der Benutzer* heißt. Unsere Kinder, die nun *kids* genannt werden, adaptieren sich schon im frühsten Entwicklungsstadium an diese neuen spezifischen Denkkategorien, sie wissen in einem Alter, in dem ihre Eltern noch *Die Häschenschule* lasen und *Hänschen im Blaubeerwald* oder *Peterchens Mondfahrt*, was *hard-* und was *software* ist, sie lernen sehr bald auch eine Code-Sprache sprechen und verstehen, die sehr abweicht von den Systemen jener menschlichen Sprachen, die einst der mißglückte Turmbau von Babel ihrer zerstreuten Vielfalt überließ. Und ob Harry Potter da erfolgreich gegensteuert, steht dahin. Auf diesem Felde wirkt heute pragmatisch und belehrend das *Leben in die Schule* hinein, das Leben macht Schule, indem es ihr z.B. den Computer vermacht.

Ob das gelegentlich sorgenvoll oder stolz prophezeite Ende des Gutenberg-Zeitalters, das Ende des Buches sich damit ankündigt, mag man bezweifeln, - mit Gewißheit aber wird des Buches Satzspiegel, wird die umzublätternde Seite, wird die charakteristische und einem Text spezifisch zugeeignete Schriftart (heiße sie nun *Bodoni* oder *Bembo*, *Baskerville* oder *Garamond*, figurierend als sinnhafte Vermittlerin des durch sie dargestellten Textes), - gewiß wird das handwerklich gemachte Buch abgedrängt durch den neutralen Zeichenregen des Bildschirms. Denn am „Beginn des 21. Jahrhunderts treten wir in das Zeitalter des *E-Books* ein" (Wolf Lepenies). Unter ROM stellen wir, die Alten, uns assoziativ ein Kapitel Menschheitsgeschichte vor und immer noch einen Mittelpunkt der Welt, auf sieben Hügeln erbaut, und viele Wege führen dahin. Mittlerweile meint ROM ein Ding, auf dem man allenfalls diese Art von Weltmittelpunkt speichern kann, - und alles andere dazu. Zu schweigen von der Enttäuschung, die den Liebhaber kultivierten Speisens beschleicht, wenn er erfahren muß, was er sich unter einem *Menu* (mit endendem - e) vorzustellen hat, sobald die Elektronik es auftischt. Hier müssen die Jungen die Alten behutsam belehren um zu verhindern, daß sie diese neue Apparatewelt nicht nur nicht verstehen, sondern sie in früh eintretender Altersverstockung nicht einmal verstehen *wollen...* Damit wird ein Jahrtausende altes zivilisatorisches Modell umgestülpt: Die Jungen lernen nicht mehr von den Alten, sondern die Alten - vielleicht - von den Jungen.

Window 95 oder *Internet* machen sich daran, so hört man, die Bewältigung jeglichen Arbeitsvorganges von der wissenschaftlichen Information über die Führung des Bankkontos und den Kauf von Kleidung oder den Einkauf von Nahrungsmitteln bis zur Absolvierung der gottesdienstlichen Rituale und bis zum Anstellen der Spülmaschine dem Berühren bestimmter Tasten zu überlassen. Das heißt, wir können die Bewegung der Dinge vom Bett aus beherrschen: es kündigt sich eine unvorhergesehene *Oblomowierung* unserer Welt an.

II

Gutenbergs Revolution. Man kann sie sich umwälzend genug kaum vorstellen. (Für Victor Hugo war Gutenbergs Erfindung „das wichtigste Ereignis in der Geschichte der Menschheit".) Man bedenke: Über die Jahrhunderte hin war im Abendland die Kunst des Schreibens und (also) Lesens einer kleinen Kaste anvertraut, Mönchen vor allem, in Scriptorien der Klöster erhabene Schriften kopierend, die Buchstaben und Initialen kunstvoll malend, womöglich den Codex durch Illuminationen bereichernd. Mit Bedacht ausgewählt war, was auf diesem Wege als fromme Weisung und gottesfürchtige Belehrung in Ohr und Herz der Laien drang. Welthaltig hingegen war, was nicht über das geheiligte Lateinische sondern in der paganen, in der Volkssprache verkündet wurde: Frommes und weniger Frommes, Legenden und Traktate und Chroniken, Märchen und Epen von Helden und Rittern; auch Lieder, die es mit einer besonderen, einer stilisierten und regulierten Form von gedachter Liebe zu tun hatten. Texte, die geschrieben und gelesen wurden von Männern mit geistlicher Schulbildung, ungeweihten *Clerici*, also *clerks*. Ihre Fertigkeiten, nämlich die des Lesens und Schreibens, machten sie zu unentbehrlichen Helfern der großen Herren, - die ihrerseits anderes zu tun hatten als sich dem mühsamen Erlernen dieser Technik hinzugeben.

Streng begrenzt also war, was dank kirchlich-theologischer Tradition aufs Pergament geriet, der Gelehrsamkeit dienend wie der praktischen Unterweisung wie dem Kult in Messe und Liturgie; begrenzt aber war auch, was der adeligen Gesellschaft an langen dunklen Abenden zur Unterhaltung vorgetragen wurde aus dem Bereich antiker, orientalischer, heimischer Sagen, Märchen, Mythen; Geschichten dazu, die man für 'Geschichte' hielt. Begrenzt schließlich auch, was im Wirtshaus oder auf dem Marktplatz dem nach gröberen Genüssen verlangenden Geschmack des „Volkes" geboten wurde.

Des Lesens (und Vorlesens) *Nutzen* war also leicht zu bestimmen, vom *Nachteil* konnte kaum die Rede sein.

III

Dies alles änderte sich, änderte sich gewaltig und nahezu mit einem Schlag. Ende des 15. Jahrhunderts gab es Druckereien bereits in sechzig deutschen Städten, und bis zum heutigen Tag bezeugen geläufige Redensarten, welchen Wirkungsgrad, welchen wirklichkeitsverändernden Grad dem rapiden Prozeß dieser Kunst eigen war: der *schwarzen Kunst*. Und Verdächtigung und Verklärung heben einander nicht auf sondern bestätigen sich: Da lügt einer *wie gedruckt*, und man ist geneigt ihn *anzuschwärzen*, - indessen, was man *Schwarz auf Weiß besitzt*...; und wenn man mit jemandem *Fraktur geredet hat*, und wenn etwas *durchschlagend* ist oder *hochgestochen*, - dann bezeugt all dies die Wirkung einer Zunfttätigkeit, die sich allzeit als vornehm empfand und deren starkes und ungebrochenes Selbstbewußtsein sich auch ausprägt in eigentümlichen Riten und handfesten Bräuchen. Mit ihrer Hilfe, ihren Mitteln konnte nunmehr nahezu alles, was erdacht und gedacht, was von Kirche und weltlicher Obrigkeit verlautbart wurde wie von ihren Kritikern und Opponenten, unter die Leute gebracht werden und an die Kirchentür genagelt. Jeder Genieblitz wie jede Dummheit, Versuch und Versuchung, Andacht wie Verdacht, Poesie auf leichtem Flügel wie nun vor allem die schwerfüßige Prosa, die zum massenhaften Gefäß des expandierenden Mitteilungsbedürfnisses aus jeglichem Fundus der neuen Welterfahrung wurde.

Viel *Nutzen* gewiß, - wohl aber entdeckte das nie schlafende Auge einer geistlichen und weltlichen Obrigkeit sehr bald den *Nachteil*. Den denkbaren Schaden also für das fragile Gefüge einer hierarchisch organisierten Gesellschaft. Das aber heißt, und hier haben wir es mit einem durchaus dialektisch zu begreifenden Vorgang zu tun: Das freie Wort, weil frei, trägt in sich das Moment seiner Fesselung. Es erzeugt aus sich sein Wider-Wort. Das Widerwort heißt: Zensur. „Ein Jahrhundert nach Gutenbergs Erfindung war die Zensur des gedruckten Wortes bereits in ganz Europa allgemeine Übung der geistlichen und weltlichen Mächte geworden"(S.H.Steinberg). Vor ketzerischem Gedankengut mußten die Gläubigen, vor aufrührerischen Ideen die Bürger geschützt werden. In Wahrheit ging es allemal um den Schutz der herrschenden Instanzen. Wobei die Kirche vor allem bestrebt war, „ketzerische" Schriften zu unterdrücken und sich eher gleichgültig verhielt gegenüber „sexuelle[r] Unmoral und Obszönitäten" Nachdem schon eine

Reihe von Verbotslisten vorausgeschickt worden war, begründete im Jahre 1559 Papst Paul IV. (als Kardinal „der Wiederhersteller der Inquisition") die Mutter aller Zensurinstitutionen: Den *Index Librorum Prohibitorum*. Schon zuvor hatte die weltliche Macht reagiert auf ihre Weise, und leider gebührt Mainz neben dem Ruhm, Wiege der Buchdruckerkunst zu sein, auch der Makel, deren Widerpart, die Zensur in die Wiege gelegt zu haben: Die Freie Reichsstadt Frankfurt und das Kurfürstentum Mainz gründeten auf Geheiß des Erzbischofs Berthold von Henneberg „im Jahre 1486 gemeinsam die erste weltliche Zensurbehörde".

Jahrhunderte später, nach dem wohltätigen Wirken der Aufklärung, nachdem Giordano Bruno wieder gedruckt und Montesquieu und Rousseau und Voltaire wieder heimisch sein durften in ihrer Heimat und die Ideale und Ideen der Französischen Revolution längst verbürgerlicht und konstitutionell verbrieft waren, - da war es schwer vorstellbar und ist seitdem der Erinnerung für alle Zeit eingeprägt, daß in einem europäischen Kulturstaat am 10. Mai des Jahres 1933 wieder Bücher ins „reinigende" Feuer geschleudert wurden und Bannsprüche das Gedächtnis ihrer Autoren verbrennen sollten...

Neben und unter der obrigkeitlichen Zensur aber machte sich nicht minder wirkungsvoll die Selbstzensur der Gesellschaft daran, Nutzen und Nachteil des Lesens zu regulieren. Will sagen: Unüberblickbar ist die Erbauungs- und Erziehungsliteratur des 17., 18., vor allem des frühen 19. Jahrhunderts, die Schaden und Schädlichkeit einer Seele und Gemüt verderblich bedrohenden Lektüre warnend darstellt und anprangert. Durchaus willkürlich greife ich einige wenige von ungezählten Publikationen der erbaulichen und belehrenden Art heraus, die sich bemerkenswerter Weise in der Mehrzahl an Frauenzimmer, an junge Mädchen vor allem richten. Denn - und nun zitiere ich für ungezählte andere gleichgestimmte Schriften aus dem Bildungsvorrat einer von aufklärerischer Naivität und sentimentaler Zärtlichkeit bestimmten Epoche aus der „Kunst ein gutes Mädchen, eine gute Gattin, Mutter und Hausfrau zu werden. Ein Handbuch [...] von Johann Ludwig Ewald, Erstes Bändchen, Frankfurt am Mayn 1807, S. 55: denn „Was soll der Mann nicht alles seyn? Gelehrter, Soldat, Künstler, Staatsmann, Redner, Handwerker, Landmann. Fast nur in Stunden der Erholung ist es den Meisten erlaubt, Gatten und Väter zu sein. Das Weib braucht blos Weib, Gattin, Mutter zu seyn und weiter nichts".

Daraus erhellt: Das Weib hat Muße, sich der Lektüre von „Romanen" zu widmen. Und: entsprechend sensibler, bildungsfähiger - und gefährdeter ist sein Charakter. Der Zeigestock dieser belehrenden Fürsorge richtet sich - nicht gänzlich unvernünftig - auf die Gefahr des Illusionismus, der idealischen Verklärung einer Welt nur des ungefährdeten Guten. Darum geht an die jungen Leserinnen die Mahnung: „... meiden Sie alles, was Ihre Phantasie zu einseitig und auf Kosten Ihres Verstandes nähren kann. Wählen Sie Ihre Lektüre etwas sorgfältiger, als sie gewöhnlich von Ihrem Geschlechte gewählt wird. Lesen Sie nicht blos Schriften, die Ihre Phantasie nähren [...]. Keine empfindsame Betrachtung, kein Ausmalen und Darstellen von Idealen". Und so fort. Zur Zeit des ausgehenden Rationalismus schon hatte es entsprechend geheißen in der „Hausmutter in allen ihren Geschäfften, Fünfter und letzter Band", Leipzig 1781. (Ich verdanke den Hinweis auf beide Titel der Kompetenz von Caroline Gruenter, Berlin). Da ist die Rede von den „schädlichen Wirkungen der Romanen": „Sie füllen uns den Kopf mit Idealen an, verrücken uns den Gesichtspunct, aus welchem wir die Dinge betrachten sollen, und schaffen um uns herum eine ganz andre Welt, als die wirkliche ist. [...] Daher kömmt es, daß uns so selten der wirkliche Genuß befriedigt, weil er mit unserem Ideal nicht übereinkömmt [...]. Daher so manche unglückliche Ehen, weil keines von den Eheleuten so ist, wie es sich das andere vorgestellt..." (S. 623).

Und so durfte man wohl hoffen, daß im Gefolge dieser Lese-Weisungen Heidi eines Tages brauchen konnte, was es gelernt hat...

IV

Meine Überlegungen büßen für die Konditionierung durch den einengenden, auf Nutzen und Nachteil blickenden (von Nietzsche entlehnten und alliterierend erweiterten) Titel. Der „Nachteil" nötigte zu dem freilich ungehörig knappen Blick auf das Randgebiet der Erbauungs- und Bildungsliteratur im Gefolge von Aufklärung und Empfindsamkeit. Wo immer von Nutzen und Nachteil, also von der Wirkung der Literatur gesprochen und gedacht wird, da drängt sich eine Fülle von Beispielen und Themen an. Wer will ermessen, in welchem Maß und Ausmaß die großen Frauengestalten des 19. Jahrhunderts, die ihrerseits den großen Roman des 19. Jahrhunderts verwirklichen, das Selbstverständnis, die Ichfindung (hier kann es nicht abgehen ohne Schlagworte), die Emanzipation also der Frau befördert, ihre Befreiung vorbereitet haben, - ohne die Betty Freedan so wenig zu denken ist wie Alice Schwarzer? Wer will ermessen, wie viele Existenzen sich entschieden haben für eine Betrachtung der Welt aus der quietistischen Perspektive des Liegens und Ruhens, wie sie uns Oblomow nahelegt? Und fraglos ist, daß Schlegels „Lucinde" zu einer neuen Haltung im Bereich des Erotischen und zu einer neuen Erkenntnis der weiblichen Erotik so viel beigetragen hat wie Nabokovs Nymphchen Lolita.

Die weltenbewegende Wirkung des „Kapitals" ist - Nutzen hin und Nachteil her - so wenig zu bezweifeln wie der Geist männerbündischer Elite, der aus Stefan Georges Gedicht den Entschluß zum Tyrannenmord erwachsen ließ. Während, was „Mein Kampf" betrifft, es wohl hier eher das „Leben" war, das sich zum „Nachteil" auswirkte auf das Geschriebene, - denn es heißt, daß dieses elende Buch dem Standesbeamten zwar zur Geschenkgabe, den solchermaßen bereicherten jungen Eheleuten nicht jedoch zur Lektüre getaugt habe.

(Und hier eigens von der sogenannten „Schundliteratur", elenden Heften, voll von aggressiver Militanz im kriminellen, sexuellen und militärischen Bereich zu reden, verbietet sich schon durch deren charakterlosen Charakter, - der sie zu übergehen nötigt. Sie sprechen für, d.h. gegen sich selbst.)

Harriet Beecher-Stowe gehört zu den wenigen schöngeistigen Autoren, deren Büchern man uneingeschränkt geschichtliche Folgen nachsagen darf, denn „Onkel Toms Hütte" hat wesentlich beigetragen zur Sklavenbefreiung in den USA. (Wohingegen die Marseillaise wohl eher von der Revolution gemacht wurde als daß sie die Revolution gemacht hätte.)

Im Bewußtsein also der Einseitigkeit und scheinbaren Willkür meines Verfahrens wähle ich im Folgenden zum Zwecke der Demonstration meiner dem Vortragstitel innewohnenden These acht Exempel, Fallstudien also. Die erste ist das Musterbeispiel schlechthin für „Nutzen und Nachteil" der Lektüre, sie verdankt sich Dantes *Commedia*. Die zweite, dem Mittelalter gehörig, läßt das schicksalhafte todtraurige Ende einer großen Liebe, der von Tristan und Isolt, in der Lektüre vorerleben. Die dritte will die Wirkung des geschriebenen und vorgetragenen Wortes auf die Politik vorführen und gehört gleichfalls dem Mittelalter. Die vierte zeigt, wie ein weitverbreitetes Romangenre durch einen Roman erledigt wird. Die fünfte erinnert an Mode und Nachfolge, wie sie ausgingen von einem die unglückliche Liebe darstellenden Roman: erinnert an Werther also. Die sechste läßt Dante für einen Augenblick der Freiheit in der Hölle sorgen. Die siebte läßt den Trojanischen Krieg stattfinden. Die letzte aber führt uns den frühesten ersichtlichen Akt der Bekehrung durch das Lesen vor.

V

„Dante ist der weiseste Dichter, den es je gab. Er nimmt uns ein Stück bei der Hand, dann läßt er uns frei und wünscht, daß wir allein weitergehen" (Iso Camartin). Und als Motto könnten meinen Überlegungen die Verse Paradiso 10, 22-25 dienen:

Or ti riman, lettor, sovra 'l tuo banco,
dietro pensando a ciò che si perliba...

Bleib sitzen, Leser, auf der Bank und denke,
was ich dir aufgegeben, nochmals durch,
damit du Freude hast, statt müd zu werden.
Ich hab dir vorgelegt, nun stärke dich allein.

Wir stärken uns im Verfolg unseres Themas mit seiner Hilfe, indem wir jene dunkle Episode beobachten, die des großen Gedichtes berühmteste ist, und mehr als jede andere die Übersetzer gereizt hat, sich an ihr zu versuchen: Die traurige Geschichte von Paolo und Francesca da Rimini, die ihre Liebe mit dem Tode büßten. Ich wüßte kein Beispiel, das treffender und konzentrierter wiedergibt, was unser Titel will, - nur daß es in diesem durchaus tragischen Zusammenhang zynisch klingt, von „Nutzen und Nachteil" zu reden. Im *Canto Quinto* des *Inferno* (V. 73 - 142) wagt der Dichter, was man als eine Ungeheuerlichkeit bezeichnen könnte. Er fügt ein blutiges Kriminalstück aus seiner unmittelbaren Gegenwart ein, ihm die Weihe der mitfühlenden, mitleidenden und weiterführenden Poesie gebend. „Die Episode von Paolo und Francesca ist das erste großartige Beispiel solcher transzendenter Geschichtsdeutung, in der Dante ein Schicksal zu Ende denkt und im Namen Gottes richtet". Welches Schicksal? Das Liebesverhältnis, den Ehebruch des Paolo da Rimini mit Francesca da Polenta, die seines Bruders Gianciotto Gattin war. Die Liebenden nutzten dessen zeitweilige Abwesenheit, wurden verraten (wie Bocaccio berichtet) und von dem eilig Zurückkehrenden ermordet. Das geschah zum Ende des Duecento (Dante vollendete sein Werk nach langen Jahren der Arbeit 1321).

Im zweiten Kreis also der Hölle begegnet Dante voll mitleidenden Entsetzens den *peccator carnali*, den Sündern im Fleische, den antiken Liebesheroen Semiramis und Kleopatra und Dido und Achill und Paris (und auch Tristan), sie alle haben die *ragion* dem *talento* unterworfen, die Vernunft dem Begehren. Unter ihnen nun auch Paolo und Francesca. Die - und das gilt ihnen als Gnade – die Strafe gemeinsam erleiden dürfen. Nun der Text (Francesca zu Dante, Verse 127ff.):

Noi leggevamo un giorno per diletto
Di Lancilotto come amor lo strinse:
Soli eravamo e senza alcun sospetto.
Per piu fiate gli occhi ci sospinse
Quella lettura, es colorocci il viso;
Ma solo un punto fu quel che ci vinse.
Quando leggemo il disato riso

    Esser baciato da contanto amante,
Questi, che mai da me non fia diviso,
La bocca mi cacio tutto tremante.

Galeotto fu il libro e che lo scrisse:
Quel giorno piu non vi leggemo avante.

Hier kann man lernen, was Poesie vermag: in einem einzigen Verse, scheinbar beiläufig dahingesagt, eine ganze Welt, ein Schicksal, Inbegriff von Glück und Verhängnis: „An diesem Tage lasen wir nicht weiter...".

Dem kann keine Übersetzung gerecht werden, ich verzichte auf die sich dem Reim fügenden, halte mich mit einigen Abweichungen an Gmelin (I. Teil, 1949):

Wir lasen eines Tages zum Vergnügen
Von Lanzelot, wie Liebe ihn bedrängte.
Alleine waren wir und ohne Argwohn.
Mehrmals ließ unsre Augen schon verwirren
Dies Buch, und unser Angesicht erbleichen,
Doch eine Stelle war's, die uns besiegt:
Als wir gelesen vom ersehnten Lächeln
wie es geküßt vom innigen Geliebten,
Hat dieser, der mich niemals wird verlassen
Mich auf den Mund geküßt mit tiefem Beben.
Galahot war das Buch und der's geschrieben.
An jenem Tage lasen wir nicht mehr...

Zur weiteren Erläuterung:

Dantes Griff in seine Gegenwart spielt hier an auf eine dunkle Episode aus dem Bereich der Artus-Sage. Der strahlende Ritter-Held Lanzelot und die Artus-Königin Ginover verfallen einander in ehebrecherischer, also unhöfischer Liebe, und der Freund Lanzelots, Calahod (Galeotto), auch er ein Ritterheld, arrangiert eine Begegnung Lanzelots mit der Königin, daraus wird der erste Kuß und das Geständnis der Liebe: „Der künftige Untergang des Artusreiches wird auf diese Weise [...] besonders deutlich vorausgesagt, weil die Liebe zwischen Lanzelot und Ginover, die die logische Konsequenz der höfischen Ethik und gleichzeitig das zerstörende Element der arthurischen Herrschaft bedeutet, auf ihren ersten Höhepunkt zuläuft" (Volker Mertens).

VI

Das Erlebnis der Lektüre – auch der wiedererzählten und wiedererinnerten Lektüre – greift auch ein in das Leben von Tristan und Isolt. Und zwar, indem es sich als Spiegelung und schmerzlich-prophetische Antizipation erweist. König Marke hat sie – blutenden Herzens – verbannt: *diu gemeinde under uns drîn (...) ist boese*: Dieses Dreier-Verhältnis ist eine Bemakelung, eine Schändung des Hofes und eine Minderung der Herrscherwürde. „Rache" aber – oder Bestrafung nach dem Gesetz – kann er nicht exekutieren, will er nicht exekutieren. So verbannt er sie, - und sie leben in einer illusionären märchenhaften Waldeinsamkeit, einem künstlichen Paradies, ihr „Wunschleben". Gottfried von Straßburg schildert, malt es mit zartem Stift in einzelnen Szenen. Zu ihnen gehört die der Beglückung durch Geschichten, - Liebesgeschichten natürlich. Ich zitiere V. 17 183 ff.:

(Da saßen sie aneinandergeschmiegt,)
diu getriuwen senedaere,
unt triben ir senemaere
von den, die vor ir jâren
von sene verdorben wâren.
Si beredeten unde besageten,
si betrûreten unde beclageten,
daz Villîse von Trâze,
daz der armen Canâze
in der minnen namen geschach;
daz Biblîse ir herze brach
durh ir bruoder minne;
daz ez der küneginne
von Tîre und von Sidône,
der senenden Didône
durch sene so jaemerlîche ergie.
mit solhen maeren wâren s'ie
unmüezic eteswenne...

Man sieht, sie kannten ihren Ovid. Und welche Art von Schicksal wählten sie aus? Nur solche des tragischen Liebestodes: Von Phyllis von Thrakien, die des Theseus Sohn liebte und sich erhängte, als er nicht wiederkehrte. – Kanake, Tochter des Äolus, nahm sich das Leben, nachdem sie dem geliebten Bruder ein Kind geboren hatte. – Auch Byblis war das Opfer der Geschwisterliebe und weinte sich zu Tode, als ihr Bruder sich ihrer Werbung entzog. Dido schließlich – nun ist Vergil die Quelle – nimmt sich das Leben, weil Aeneas ihre Liebe verschmäht.

Sie ändern zwar nicht ihr Leben unter dem Eindruck dieser „Lektüre", aber sie nehmen dieses Lebens trauriges Ende vorweg, indem sie die innige Verbindung, die Polarität von Liebe und Tod als „bittersüße" Thematik ihrer „Unterhaltung" wählen und erleben.

VII

Seit es Dichter, seit es die Kunst und die Künste gibt, ist mit ihnen die Frage vorgegeben nach ihrer Wirkung. Die Frage, ob sie die Welt ändern, zumindest verändern, vielleicht sogar bessern können.

Bange Frage, - und nicht ohne Bangen, nicht ohne Skepsis und Melancholie zu beantworten. Wir bleiben noch im Mittelalter, wenden uns um 100 Jahre vor Dante zurück: Zu Walther von der Vogelweide, denn über ihn, in Bezug auf sein Wirken und seine Wirkung gibt es ein Zeugnis, das wiederum sensationell genannt werden darf. Sensationell angesichts des Umstands, daß wir im allgemeinen nur unvollkommen unterrichtet sind über Resonanz, Beliebtheit und Wirkung des dichterischen Wortes im Mittelalter, und spärlich zumal über seine unmittelbare gesellschaftlich-politische Effizienz.

Hier nun der Befund:

Walther von der Vogelweide hat - vermutlich im Sommer 1213 - eine Gruppe von sog. 'Sprüchen', das heißt einstrophigen Liedern politischen Inhaltes, gegen den Papst Innozenz III. geschleudert. Eine Heptade, also sieben Strophen, die voller Stacheln und Gift sind, voll des maßlosen Zorns, der Wut und Aggression, und nichts weniger als gerecht. Indessen wollte Walther nicht gerecht sondern ein wirkungsvoller Publizist im Dienste seines damaligen Herren sein, des Welfen-Kaisers Otto IV. (von Braunschweig, oder Poitou) sein; und das in der Tat war er.

Die Philologen haben diese Sprüche sorgfältig analysiert, haben Form und Inhalt erfaßt und sie im Ganzen wie im Detail präzis gedeutet, - nur über den entscheidenden Punkt bestünde gänzlich Unklarheit: nämlich über die Frage, wie es denn um die von ihrem Autor intendierte Wirkung dieser 'Sprüche' möge gestanden haben, - wenn nicht dieses seltsame und einsame Zeugnis des Domherren von Aquileja namens Thomasin vorläge.

Dieser Thomasin, aus dem Stadtpatriziat von Cerchiari (lat. Cerclaria, mittelhochdeutsch Zirclaere) und mithin aus der Markgrafschaft Friaul stammend, ein Italiener also aus dem Südostzipfel des damaligen *rîche*, des römisch-deutschen Reichs, hat ein umfangreiches Lehrgedicht verfaßt, - so umfangreich wie es noch nie in deutscher Sprache gedichtet worden war: fast 15 000 Verse umfassend, und der redlich und tüchtig denkende Verfasser beklagt sich begreiflicherweise darüber, daß ihn die Arbeit an dieser ritterlich-höfischen Tugendlehre in den Jahren 1215/ 1216 zehn Stunden des Tages fessele. Sein Werk, das er, wiewohl sich als Italiener fühlend, in deutscher Sprache als der *Lingua franca* des 'Reiches' abfaßt, nennt er einen *welschen gast*, also den „Fremden aus der Romania", aus Italien (V. 87ff.):

Tiusche lant, emphâhe wol,
als ein guot hûsfrouwe sol,
Disen dînen welshen gast...

Von der Sittenlehre dieses klugen Geistlichen interessiert uns hier das VIII. Buch, das es zu tun hat mit der Tugend der *mâze*, also der *temperantia*, der Contenance, der freiwilligen Mäßigung und Selbstbeherrschung: des Gegenpols der Ursünde schlechthin, nämlich der *superbia* (deren Thomasin den deutschen König-Kaiser Otto beschuldigt). Im Zuge seiner Ausführungen wendet sich der Verfasser bei Erörterung der kriegerischen Zeitumstände gegen einen, den er nicht mit Namen nennt. Wir zweifeln trotz der Anonymität nicht, wer mit solcher Erwähnung gemeint sei: Walther von der Vogelweide nämlich, denn Thomasin zitiert wörtlich aus einem von Walthers antipäpstlichen Pamphleten: Dieser Mann habe mit einem einzigen bösen Wort mehr Schaden angerichtet, als er von Gott und den Menschen je an Verdienst für sich reklamieren mag (V. 11 223ff.):

wan er hât tûsent man betoeret,
daz si habent überhoeret
gotes und des bâbstes gebot...

Mit dieser Klage und Anklage aber haben wir den gewünschten und unumstößlichen Beweis: daß nämlich der politische Propagandist Walther von der Vogelweide im von ihm und seinem königlichen Auftraggeber gewünschten Sinne gewirkt, daß er „Tausende" vom 'rechten Wege', das heißt vom Gehorsam gegenüber der Kurie, abgebracht hat, - und „Tausende" wird hier stehen für eine kaum zählbare aber sehr große Zahl frommer Seelen.

VIII

Von Artus und der ihn umrundenden (Tafel-)Welt der Illusion, des immerwährenden Pfingstfestes, der topischen Heilserfüllung war andeutend die Rede im Zusammenhang mit Lanzelot und dem Riß, der durch dessen Liebesabenteuer die heile Welt dieser utopischen Glücksverheißung zerreißt. *Daz iuch den schaden tuot, daz ist der wân!* singt der Artus-Dichter Hartmann von Aue, - er macht diesen Vorwurf nicht den Epikern, an deren Spitze er selber steht, sondern den Minnesängern. Aber auch das Heldenleben des Höfischen Epos ist ein imaginiertes und geborgtes, über das dünne Eis von Willen und Vorstellung bewegt sich elegant ihr schönes Vollbringen, gestützt und geleitet vom *wân*, das heißt vom hoffnungsfrohen Glauben an das endliche Gelingen. Das kann die neue Zeit, die Neuzeit, deren Wesen die Entdeckung der materiellen Wirklichkeit ist auf allen Gebieten, nicht mehr tragen und ertragen. Der aber der alten den machtvoll-pittoresken Abgesang singt, ist Miguel de Cervantes. Und der Exekutor seines aufhebenden Willens ist sein bizarrer Held, ist der „sinnreiche Junker Don Quijote de la Mancha". Diesem Ritter „de la Triste Figura", also „vom traurigen Antlitz, Gesicht" (von Ludwig Tieck fälschlich 'von der traurigen Gestalt' übersetzt, und solches Attribut haftet ihm im Deutschen nun dauernd an. Natürlich steht er unter dem Zeichen Saturns, Melancholiker wie gemäß antiker Säftelehretradition alle bedeutenden kreativen Begabungen), - diesem Ritter also hat das Lesen nun wahrlich nicht Nutzen sondern herben Nachteil verschafft. Das Lesen der illusionären Ritterromane vom *Amadis* bis zum *Orlando furioso*, - und diese Lektüre hat ihn um den Verstand gebracht. Man kennt seine Abenteuer, kennt seinen - der Realität näheren - Knappen Sancho Panza, kennt sein elendes Pferd Rosinante, kennt sein ritterlich-huldigendes Minne-Werben um die ferne Geliebte, die ein derbes Bauernmädchen ist (Dulcinea), und kennt seinen Kampf gegen die Windmühlenflügel, die seine Verblendung für feindliche Riesen zu halten genötigt ist. In all seinen idealistischen Unternehmungen scheitert er, wird geschlagen und geschunden und verhöhnt und veralbert. In ihm geht zugrund alle strahlende Ritterherrlichkeit, erledigt durch die schärfste aller immateriellen Waffen: durch das Instrument der Ironie, durch das Instrument der Parodie.

Don Quijote stirbt als der, der er eigentlich ist, er nimmt seinen wahren Namen wieder an: Alonso Quija el Buono war in die klangvolle Rüstung des erfundenen Namens Don Quijote geschlüpft, er ent-rüstet sich, legt sie ab zum Ende, und Cervantes läßt seinen fiktiven Historiker Cide Hamete Benengeli proklamieren, sein Werk sei aus der Absicht entstanden, „den Abscheu gegen all die ersonnenen und wirren Ritterbücher zu erwecken".

Aufgehoben im Hegelschen Doppelsinn hat Cervantes das Genre des mittelalterlichen Ritterromans. Er hat ihn erledigt durch das Mittel der extremierenden Parodie, somit der edlen Gattung ihr lächerliches Ende bereitend. Zum andern aber hat er, was er hier aufwendig zu Grabe trug, auf solche Weise dem Gedächtnis der Nachwelt zum Zwecke pfleglicher Erinnerung anvertraut: den Fundus der alten Ritterherrlichkeit. Solchermaßen erweist sich das große pittoreske Exempel vom Nachteil des Lesens als ein Vorgang von großem Nutzen für die lesende Nachwelt.

IX

Goethe: Ein halbes Jahrhundert nach der Erstausgabe seines „Werther" schreibt er auf Drängen des Verlegers „ein kurzes Vorwort" zur Neuausgabe. Verse, die entstehen in der Nacht vom 24. Auf den 25. März 1824. Verse des beklommenen Schmerzes und der dumpfen Trauer, die letzte der „An Werther" gerichteten Strophen setzt ein:

Du lächelst, Freund, gefühlvoll, wie sich ziemt:
Ein gräßlich Scheiden machte dich berühmt;
Wir feierten dein gräßlich Mißgeschick,
Du ließest uns zu Wohl und Weh zurück...

Was dann folgt, gehört in einen andern, gehört in den Zusammenhang jener Alterstragödie, die ihren wunderbaren, in der Tat wie ein Wunder wirkenden sog. „Trilogie der Leidenschaften" ihren kostbaren Niederschlag gefunden hat.

Machte dich berühmt... 45 Jahre später, bei der Niederschrift seiner „Campagne in Frankreich", erinnert sich Goethe noch einmal an Werther und die Folgen. Erinnert sich an jene Vorgänge, die damals ihren Niederschlag gefunden haben in den Versen „Auf dem Harz im Dezember 1777". Eine Winterreise, unternommen zu Pferde, ausgelöst durch das professionell bedingte Bedürfnis, sich vertraut zu machen mit dem Bergwerks- und Hüttenwesen. Aber es ging um anderes, um mehr, um den Versuch, Klarheit mit sich selbst, mit seinem „Beruf", seinem Schicksal zu finden, den Werther in ihm zu überwinden. Die wunderbar unmittelbaren Briefe an Frau von Stein legen bewegend Zeugnis ab von diesen bewegenden Vorgängen.

Abseits dieser Reise sucht er einen jungen unglücklichen Menschen auf, der sich in seiner Seelennot brieflich zwei mal an den ihm unbekannten Dichter gewandt hatte und ohne Antwort blieb. Nun besucht ihn in seiner winterlichen Seeleneinsamkeit ein Fremder, nennt sich Weber und einen Landschaftsmaler, - und spricht mit ihm über einen Goethe in Weimar. Dieser Friedrich Victor Lebrecht Plessing ist es, der weiterlebt in den Versen von dem,

... dem Balsam zu Gift ward,
Der sich Menschenhaß
Aus der Fülle der Liebe tranck,
Erst verachtet, nun ein Verächter
Zehrt er heimlich auf
Seinen eigenen Werth
In ungnügender Selbstsucht.

Folgen die hymnischen Gebetsverse, die Johannes Brahms kongenial dem Chorgesang anvertraut hat:

Ist auf deinem Psalter,
Vater der Liebe, ein Ton
Seinem Ohre vernehmlich
So erquicke dies Herz...

Plessing, - einer von vielen „jungen Leuten dieser Generation", denen Werthers Passion „ein so gefährlich-verführerisches Identifikationsangebot lieferte. Fühlte der Autor sich selbst durch die Niederschrift des Romans aus einer tiefen Lebenskrise befreit, so sah er andere durch die Lektüre eben dieses Romans nun gerade in solche Krisen verstrickt" (Albrecht Schöne).

Des verwirrten jungen Plessings Lebenslinie nahm dann doch nach mannigfachen Wegen und Umwegen ihren, so wird man sagen wollen, geordneten bürgerlichen Gang: Er brachte es zum Professor der Philosophie in Duisburg. Und eben dort besuchte ihn Goethe anläßlich der „Campagne in Frankreich" (am 5. Dezember 1792). Die Erinnerung an das Treffen legt es ihm nahe, sich der Wirkung seines „Werther" zu [erinnern, und so vermerkt] er denn mit sanft apologetischer Geste: „'Werther', bei seinem Erscheinen in Deutschland, hatte keineswegs, wie man ihm vorwarf, eine Krankheit, ein Fieber erregt, sondern nur das Übel aufgedeckt, das in jungen Gemütern verborgen lag".

Daß mag er so sehen wollen, aber schon der sentimentalisch-herzbewegende Vorgang der „Aufdeckung" solchen latenten Übels erzeugte jenes Fieber, das epidemisch wurde und den Autor des kleinen Briefromans zum berühmtesten Schriftsteller seiner Zeit und Generation machte.

Wieder haben wir es, wie schon anläßlich des „Don Quijote", mit einer Binnen- und einer Außenwirkung des Lesens, der Lektüre auf das Leben zu tun. Auf das Leben (und Sterben) des Romanhelden, dessen empfindsam-stolzes Gemüt sich hat erregen und erheben lassen von den mythisch-pathetischen Gesängen des Ossian; und endlich: „Emilia Galotti lag auf dem Pulte aufgeschlagen". Die heroische Selbstmörderin hat ihn auf dem letzten Wege begleitet.

Dies die Binnenwirkung. Die Außenwirkung, wieder nicht mit dem flotten Gegensatzpaar von Nutzen und Nachteil angemessen zu erfassen, machte den unglücklichen Werther zu einem Idol seiner Generation. Bis hin in die Kleidung (blauer Frack, gelbe Hose, braune Stiefel). Um etwas wahrlich nicht Einfaches mit einfachen Worten zu sagen: Goethe mußte seinen Werther sterben lassen, damit er, Goethe, überleben konnte. Denn, wie in „Dichtung und Wahrheit" zu lesen (und anderwärts auch) machte er es sich zum Gesetz: „Nämlich, dasjenige, was mich erfreute oder quälte, oder sonst beschäftigte, in ein Bild, ein Gedicht zu verwandeln und darüber mit mir selbst abzuschließen, um sowohl meine Begriffe von den äußeren Dingen zu berichtigen, als mich im Innern deshalb zu beruhigen".

Das mag ihm eher gelungen sein als seiner unermesslichen Leserschaft.

„Bis zu den beiden letzten Jahrzehnten seines Lebens, als *Faust* in den Vordergrund zu treten begann, verdankte Goethe seinen europäischen Ruf dem *Werther*. Innerhalb eines Jahres nach seinem Erscheinen lagen zwei französische Fassungen und eine französische Dramatisierung vor. Ins Englische wurde Werther erstmals 1779 übersetzt [...], im Jahre 1800 war er in den meisten europäischen Sprachen greifbar" (Nicholas Boyle). Bezeichnend genug, daß in den Begegnungen Goethes mit Napoleon in Erfurt 1808 der Werther den wesentlichen Inhalt des Gesprächs bildete (Napoleon will ihn sieben Mal gelesen haben.). „In Deutschland war der Erfolg schlagartig: Bis Ende 1775 waren nicht weniger als elf Ausgaben (zumeist Raubdrucke) erschienen". Manifest, Analyse und Selbstdestruktion der Empfindsamkeit, - Boyle sagt es mit einem Wort: „Werther wurde Mode, weil es das Buch über eine Mode war" (und damit bestätigt er Goethes Urteil in den Aufzeichnungen der „Campagne"). Und neben allem Herzensjammer und allen Konfessionen höchster-tiefster Leidenschaft: war das Buch auch erste Vorahnung einer bürgerlichen Emanzipation und Revolution. (Endlich: „Es ist natürlich unmöglich", sagt Boyle S. 210 in Klammern, „den Nachweis zu führen, daß *Werther* Selbstmorde verursacht habe; aber von Selbstmordfällen im Zusammenhang mit einer *Werther*-Lektüre wird bis weit ins 19. Jahrhundert hinein berichtet").

X

Noch einmal Dante. Im achten Kreis der Hölle trifft er auf Odysseus, den Mann der tragischen Hybris, der frevelhaften Gebrauch gemacht hat von der göttlichen Gabe der Ratio. Aber Dante gibt ihm auch schon etwas vom Charakter des modernen Weltentdeckers und kühnen Seehelden des Eroberers fremder Erdteile. Der Dichter weiß nichts von der Homerischen Tradition, nichts von der endlichen glücklichen Heimkehr des Vielgewandten, läßt ihn und seine Gefährten vielmehr in den Tod fahren: der schrankenlose Mensch verliert sich im schrankenlosen Ozean. Das Schiff gelangt zur Meerenge von Gibraltar, „wo Herkules die Zeichen aufgerichtet,/ Damit die Menschen nicht mehr weiterführen". Solches Hemmnis zu überwinden aber setzt der große Abenteurer noch einmal all seine Klugheit und List und Beredsamkeit ein, die müden Gefährten befeuernd mit dem schönsten Atemstrom des Idealismus (Inferno 26, 116-123):

Ihr sollt [...] euch der Erforschung nicht verschließen
(Der Sonne folgend) ungewohnter Länder.
Bedenket, welchem Samen ihr entsprossen:
Man schuf euch nicht, zu leben wie die Tiere,
Nach Tugend und nach Wissen sollt ihr trachten...

Dieses Streben aber führt ins tödliche Ende der Irrfahrt, eine Wogenflut zerschmettert das sinkende Schiff: „Bis über uns geschlossen ward das Meer...". Diese Verse aber verweisen uns staunenswert auf einen Bericht sehr anderer Art.

Auf einen Bericht nicht von kühnem Frevelmut, sondern vom feigen Verrat des Menschen am Menschen, von unsäglicher Tortur, schäbigster Erniedrigung, zertretender Demütigung, von Hunger, Qual, Tod. Vom Verlust des zivilisatorischen Weltvertrauens. Und aus all der Dunkelheit erhebt sich für einen Augenblick strahlend das Antlitz der Würde des Menschen. „Der Gesang des Odysseus", so ist ein Kapitel überschrieben, das 1944 in Auschwitz spielt, der Sigle für das Ende jedes Weges. Primo Levi hat diesen Weg beschrieben, bevor auch er ein spätes Opfer von Auschwitz wurde, in seinem Buch: *Questo è un uomo?*. All jene Sensationen, wie sie Teil sind der Empfindungen der freien Brust, der Grenzenlosigkeit, der Weite, des Hinausstrebens werden aufs gewaltigste evoziert in dieser Situation des totalen Gefesseltseins, der kerkerdunklen Haft. Und nun ereignet sich Wunderbares, der erledigte Mensch, die ruinierte Würde richtet sich für einen Atemzug auf an dem imaginierten Erlebnis der odysseischen Meerfahrt, das Gedächtnis gibt die Terzinen frei des 26. Gesangs, als der Häftling mit der Nummer 174 517 mit Jean, dem anderen Häftling, einem jungen Elsässer, als Essenholer über die qualgedüngte Lagererde geht, die Stange mit dem Kessel über den Schultern. Jean, der Französisch Sprechende, will Italienisch lernen, auch das ein verzweifelter Griff nach Freiheit, in eine andere, in eine künftige Welt; und Primo Levi greift in sein „portatives Vaterland" (Heine), in das Depot seines Gedächtnisses, und er zitiert:
Ma misi me per l'alto mare aperto...

Auf die hohe, auf die offne See ich mich begab...

Der eingegitterte Wanderer durch das zerfurchte Gelände des Lagers erblickt „die offne See", und nun folgt die erschütternde Szene, darin der Mensch in seiner tiefsten Entwürdigung an seine Würde, seine Bestimmung gewaltig-gewaltsam erinnert wird und sie (zumindest augenblicksweise) wiedergewinnt. Wenn aber auch für einen Augenblick nur, so ist doch dieser Moment ein Beweis dafür, daß es sie gibt, die Würde des Menschen: *Bedenket, welchem Samen ihr entsprossen...*

Considerate la vostra semenza:
Fatti non foste a viver come bruti,
Ma per seguir virtute e conoscenza...

„Als hörte ich das zum erstenmal: wie ein Posaunenstoß, wie Gottes Stimme. Einen Augenblick lang vergesse ich, wer ich bin, und wo ich mich befinde".

Und stückweis entringt Levi dem überwachsenen Gedächtnis die Verse, läßt aus, was sich nicht mehr einstellen will, ergänzt mit eigenen Worten die Lücken, und dann: „Aber es ist spät geworden [...], ich muß zum Schluß kommen [...]. Nun stehen wir an der Suppenausgabe, in dem stumpfen, zerlumpten Haufen von Suppenträgern der anderen Kommandos. [...] ‚Bis über uns geschlossen ward das Meer', *Infin che'l mar fu sopra noi rinchiuso ...*".

XI

Hecuba war ihm nicht Hecuba.
Sein Leben war wie ein Märchen, wie ein Mythos, Leben als Literatur. Ein mecklenburgischer Pfarrerssohn, in ärmlichen und bedrängten Verhältnissen aufgewachsen, setzt Lesen, setzt Literatur in Wirklichkeit um: Er liest den Homer, er glaubt ihm aufs Wort, - und entdeckt ihn, entdeckt die achäische Griechenwelt. Heinrich Schliemann, 1822 im Bezirk Rostock geboren, 1890 in Neapel gestorben 68-jährig, ist der erstaunlichste Fall einer Umsetzung von leidenschaftlicher Lektüre in die Entdeckung einer Welt. Dem (beinahe) Achtjährigen schenkt der Vater „zum Weihnachtsfeste 1829 Dr. Georg Ludwig Jerrers ‚Weltgeschichte für Kinder'", darin findet er ein Bild des brennenden Troja und weiß von nun an: Troja, das Troja Homers, hat es gegeben!
Ein staunenswertes Leben, reich an Ereignissen, die wie Wunder wirken. Bewegt von einem leidenschaftlichen Sinn für handfeste Realitäten, für die Wirklichkeit des Machbaren, von dem brennenden Ehrgeiz des Gelingens - und einer durchaus romantischen Sehnsucht nach der Erfüllung von Ahnung und Traum.
Elende Jahre als Lehrling und Handlungsgehilfe, aber er hält durch inmitten von niederer Arbeit und Not. Eine ingeniöse Begabung macht seinen Aufstieg: Er lernt scheinbar spielend fremde Sprachen, - ingesamt 15 soll er beherrscht haben. Das macht ihn schließlich zu einem erfolgreichen Kaufmann, zu einem reichen Handelsmann in Petersburg. Dann die Wende: Im Jahre 1843 schließt er sein erstes Leben ab und beginnt das zweite, das eigentliche. Er unternimmt eine Weltreise, läßt sich nieder in Paris, - und widmet von nun an bis an sein Lebensende all sein Denken und Fühlen und Tun der griechischen Literatur, der griechischen Altertumskunde, der Entdeckung der griechischen Vorzeit. Er gräbt im türkischen Hissarlik sein Troja aus. Er legt in Mykene die Königsgräber frei, er entdeckt eine vordorische Festlandsburg in Tiryns. Er fördert unermeßliche Schätze ans Licht, Goldmasken in Mykene und den kostbaren sog. Schatz des Priamos in Troja. Er setzt diese gewaltigen Erfolge durch gegen eine Welt von

Widerständen politischer und gelehrter Art, - und er geleitet den Krieg um Troja aus einer märchenhaft-mythischen Schicht hinüber in die Glaubwürdigkeit des Geschichtlichen.

Wir wissen heute, daß sein Troja nicht das Homers war. Wissen, daß man an die Freilegung archäologischer Schichten mit anderen Mitteln, an die Deutung der Funde mit anderen Methoden gehen muß. Aber wir danken auch seinen Irrtümern unsere Erkenntnisse, danken seiner ingeniösen Inspiration und seiner brennenden Energie, daß aus Gesängen in Hexametern glaubhaft gelebtes Leben wurde. (Dankbar verpflichtet bin ich den Hinweisen von Gabriele Miller/ Berlin.)

XII

Das schlechthin schlagende, das überzeugendste Exempel für den „Nutzen" des Lesens schenkt uns – nicht eben verwunderlich – die Bibel. Und zwar erzählt sie die Geschichte einer Bekehrung und Taufe (Act.Ap.9, 27-39), wie sie Philippus vollzieht, Evangelist der Jerusalemer Urgemeinde. (In Luthers Übersetzung:)

Und siehe, ein Mann aus Äthiopien, ein Kämmerer und Mächtiger am Hof der Kandake, der Königin von Äthiopien, welcher ihren ganzen Schatz verwaltete, der war nach Jerusalem gekommen, um anzubeten. Nun zog er wieder heim und saß auf seinem Wagen und las den Propheten Jesaja. Der Geist aber sprach zu Philippus: Geh hin und halte dich zu diesem Wagen! Da lief Philippus hin und hörte, daß er den Propheten Jesaja las, und fragte: Verstehest du auch, was du liesest? Er aber sprach: Wie kann ich, wenn mich nicht jemand anleitet? Und er bat Philippus, aufzusteigen und sich zu ihm zu setzen.

Philippus also legt nun dem Mann aus dem Mohrenlande den Text aus, das Evangelium Jesu predigend. Mit einer Wirkung von geradezu schockartiger Unmittelbarkeit:

Und als sie auf der Straße dahinfuhren, kamen sie an ein Wasser. Da sprach der Kämmerer: Siehe, da ist Wasser; was hindert's, daß ich mich taufen lasse? Und er ließ den Wagen halten, und beide stiegen in das Wasser hinab, Philippus und der Kämmerer, und er taufte ihn.

Ein überzeugenderes Beispiel für den Nutzen des Lesens vermag ich nicht zu liefern: Der große Herr und Heide liest, versteht, - und nimmt die Taufe, sich zum wahren Glauben bekennend. Es muß aber auch noch die gewaltige politische Konsequenz dieses scheinbar privaten Erlebnisses hervorgehoben werden: Der ins Mohrenland zurückkehrende Schatzverwalter gilt als Begründer des äthiopischen Christentums!

Die wunderbare Geschichte aber enthält über ihren frommen Kern hinaus noch eine Lehre, die als Trost und Bestätigung eines gelegentlich unterschätzten Berufsstandes zu verstehen ist. Des Standes der Bucherklärer, der Philologen also. Denn der einsame Lesevorgang als solcher war noch nicht Movens genug für die Metanoia. Es bedurfte des auslegenden Geistes. Des Philologen also. Freilich, erleuchtet muß er schon sein...

Krämer im Tempel der Wissenschaft

Barbara Zehnpfennig

Es war geradezu prophetisch, daß Hegel das Stadium des absoluten Wissens, in dem der Weltgeist zu sich gekommen ist, mit seinem eigenen philosophischen System vollendet sah. Denn wo sollte er heute den Weltgeist verorten – etwa an der deutschen Universität? Dort hat mittlerweile ein anderer Geist Einzug gehalten, der des Kapitalismus. Und dessen Herrschaft ist so unerbittlich, daß er die freien Geister, von denen die Universität doch lebte, in den Status von Asylbewerbern zu drängen droht. Heimat- und ortlos geworden, könnten sie sich in nicht allzu ferner Zukunft genötigt sehen, der Universität um der Wissenschaft willen den Rücken zu kehren und andernorts zu suchen, was inneruniversitär immer schwerer zu finden sein wird: die Möglichkeit, frei zu atmen, ohne ständigen ökonomischen Druck zu forschen und ohne fragwürdige Effizienzkontrolle einfach nur nachzudenken.

Ein völlig überzeichnetes Bild? Noch mag es so scheinen. Doch daß die Universität sich in einem Umbruch befindet, der aus ihr eine völlig andere Institution als die bisher bekannte machen könnte, ist schwerlich zu leugnen. Dabei ist nicht die Veränderung als solche das Problem; die Universität muß wie jede andere gesellschaftliche Einrichtung auf die Erfordernisse der Zeit reagieren. Sich den Forderungen der Zeit auszuliefern, ist aber etwas völlig anderes, und es steht zu befürchten, daß sich die deutsche Universität auch in bezug auf die aktuell herrschende Ideologie wieder einmal nicht als Hort des Widerstandes, sondern als williger Vollstrecker erweisen wird.

Nachdem mit dem Zusammenbruch des Ostblocks auch die Systemkonkurrenz ihr Ende gefunden hat, ist das ökonomische Denken des Neoliberalismus konkurrenzlos geworden – eine merkwürdige Konstellation angesichts einer Wirtschaftsordnung, die doch den Wettbewerb predigt. Nun ist der Wettbewerb sicher unverzichtbar; welche Stagnation dort einsetzt, wo er fehlt, war an den sozialistischen Ländern in extenso zu studieren. Die Frage ist nur, ob dem Wettbewerbsprinzip sozusagen der Status einer Letztbegründung zukommt, d.h. ob dieses Prinzip auf alle Bereiche des Lebens übertragen werden kann und dann für die Optimierung des jeweils Gegebenen sorgt.

Fraglich ist das schon deshalb, weil Wettbewerb Knappheit voraussetzt. Das Gut, um das es in der Wissenschaft gehen sollte, die Wahrheit, ist aber nicht knapp. Sie ist für jeden da, wird nicht weniger, wenn einer sie erreicht, und ist stets ein gemeinsames Gut, unabhängig davon, wer sie erreicht. Sie für sich haben zu wollen, indem man die Konkurrenten aus dem Feld schlägt, statt das Ringen von Meinung und Gegenmeinung als den genuinen Prozeß gemeinschaftlicher Wahrheitsfindung zu verstehen, stellt bereits eine Verkehrung dar.

Wenn das ökonomische Denken, das heißt: die Eigennutzmaximierung, von der Wissenschaft Besitz ergreift, kann es nicht mehr um die Wahrheit gehen. Oft ist der populäre Irrtum lukrativer als die unpopuläre Wahrheit. Der ökonomisch denkende Geisteswissenschaftler müßte also Theorien auf den Markt werfen, die man ihm gerne „abkauft" – solche, die dem Publikumsgeschmack entsprechen. Und der ökonomisch denkende Naturwissenschaftler könnte – wie geschehen – seine persönliche Kosten-Nutzen-Rechnung erheblich optimieren, wenn er Ergebnisse fälschte, statt sich mit langwierigen und möglicherweise fruchtlosen Versuchsreihen herumzuschlagen. Das Paradigma der Ökonomie, nämlich das des nur um seinen eigenen Nutzen besorgten homo oeconomicus, kann nicht das der Wissenschaft sein. Ebenso wie derjenige Arzt, dem seine Abrechnungen wichtiger sind als das Patientenwohl, ein schlechter Arzt ist, ist ein schlechter Wissenschaftler, wer sich dem Diktat der Ökonomie beugt – selbst wenn er, wie man es wohl von ihm verlangt, was aber sehr unökonomisch wäre, dabei nicht primär seinen eigenen Nutzen, sondern einen fragwürdigen gesellschaftlichen Nutzen verfolgte.

Die Reform, der die Hochschule gegenwärtig im wahrsten Sinne des Wortes unterworfen wird, steht jedenfalls ganz im Zeichen der Ökonomie: Studiengänge und akademische Qualifikationswege sollen verkürzt, praxistaugliche Inhalte verstärkt vermittelt, die Effizienz professoraler Lehr- und Forschungsleistungen ständig überprüft, die Finanzierung über Drittmittel erheblich ausgeweitet und die inneruniversitäre Mittelvergabe nach dem Konkurrenzprinzip geregelt werden – um nur einiges zu nennen. Daß der größte Teil dieser Reformen einem sozialdemokratisch geführten Bildungsministerium entspringt, mag nur auf den ersten Blick verwundern. Das ökonomische Denken wurde zwar vom liberalen Bürgertum inauguriert, aber vom Marxismus übernommen und radikalisiert. Auch wenn die Sozialdemokratie ihrem marxistischen Erbe abgeschworen hat, einem Dogma ist sie nach wie vor verhaftet: daß die Ökonomie das Schicksal ist und daß man über das Geld regeln müsse, was immer man regeln will. Allerdings sind auch die Konservativen inzwischen nicht mehr wertkonservativ, so daß von dieser Seite kein nennenswerter Widerstand gegen die Ökonomisierung der Universitäten zu erwarten ist. Welche Folgen die Fixierung des Blicks auf den Geldbeutel für den Wissenschaftsbetrieb haben könnte, soll an drei Gegenstandsbereichen aufgezeigt werden: an der Arbeit der Professoren, dem Studium und der Universität im ganzen.

Steigerung der Effizienz ist das Motto, gemäß dem das professorale Wirken reformiert werden soll. Gehaltsrelevante Leistungskontrollen sollen hierbei den erforderlichen Druck ausüben, wobei der Bund es aber großzügig den Ländern überlassen will, Leistungen zu definieren und zu kontrollieren. Was geschehen wird, ist absehbar: Niemand wird sich die Finger daran verbrennen wollen, professorale Leistungen inhaltlich zu bestimmen und etwa dem Kollegen die schlechte Qualität seines letzten Buches vorzurechnen. Gemessen werden wird nicht Qualität, sondern Quantität: die Zahl der Publikationen, der Vorträge, der veranstalteten Tagungen etc. Man kann sich denken, daß Quantität und Qualität dabei nicht notwendig korrelieren; eher besteht der

Verdacht, daß nicht selten von einer umgekehrten Proportionalität auszugehen ist. Und wenn man versuchte, durch die Messung der Quantität auf Qualität zurückzuschließen, wie das etwa beim citation index der Fall ist, bei dem registriert wird, wie oft ein Autor von Kollegen zitiert wird, so erscheint auch dies fragwürdig. Das wohl am meisten zitierte Buch über Platon, Poppers „Offene Gesellschaft und ihre Feinde", ist wohl auch das dümmste Buch über Platon.

Geist ist nun einmal nicht meßbar. Naturwissenschaftliche Meßverfahren zur Feststellung von Effizienz sind nicht einmal in den Naturwissenschaften selbst immer anwendbar. Wer wollte vorhersagen, ob sich die aktuell betriebene Grundlagenforschung jemals „rechnen" wird? Unter Effizienzkriterien wäre es vielmehr ratsam, nur noch kurzfristig zu denken und auf schnelle Publikations- und Publikumserfolge zu setzen. Der lange Atem der Wissenschaft würde von der Kurzatmigkeit einer hektischen Betriebsamkeit abgelöst.

Was für die Forschung gilt, trifft größtenteils auch auf die Lehre zu. Die Evaluation der Lehre durch die Studenten ist nur so sinnvoll wie die ihr zugrundegelegten Kriterien. Auch hier wird das Quantifizierbare (Einsatz moderner Medien, zur Vorbereitung empfohlene Literatur etc.) ein überproportionales Gewicht bekommen. Und was die qualitative Seite der Lehre angeht, so muß man sich fragen, was denn tatsächlich Wertschätzung erfährt. Studenten, die während ihrer gesamten Schulzeit darauf getrimmt wurden, um der Optimierung ihrer Punktezahl willen den Weg des geringsten Widerstands zu gehen und die Kurse zu wählen, die ihnen am wenigsten Leistung abverlangen, übernehmen diese Gewohnheit auch in die Universität. Durch die radikale Verkürzung der Studienzeit zwingt man sie geradezu zur Beibehaltung dieses Verhaltens. Es liegt auf der Hand, welche Lehrveranstaltungen unter solchen Umständen als die besten erscheinen müssen – sicher nicht die, die zu einer Nachdenklichkeit anregen, welche den vorwärtsstürmenden Schritt hemmen könnte.

Die Leistungen des Professors zu messen, erweist sich also als schwieriges Geschäft; die Fragwürdigkeit der dazu verwandten Maßstäbe könnte geradezu das Gegenteil des Intendierten bewirken, nämlich eine Minderung der Qualität seines wissenschaftlichen Arbeitens. Auf jeden Fall kontraproduktiv ist die zunehmende Bürokratisierung, der man sich als Forscher in einer ökonomisch ausgerichteten Universität ausgesetzt sieht. Wer um seine Mittel kämpfen muß, muß viel Zeit auf Wissenschaftsfremdes verwenden. Vielleicht zählt dazu bald auch die in der Politik so beliebte „Landschaftspflege", mit der man sich diejenigen, die Mittel zu vergeben haben, geneigt zu machen pflegt. Projekte zu entwerfen, zu denen einen nichts treibt als der Druck, Drittmittel einzuwerben; Kollegen zu beurteilen, die ihrerseits wieder als Gutachter tätig werden müssen; nach komplizierten Systemen Leistungspunkte abzurechnen, die in zunehmend verschulten Studiengängen anfallen; sich mit den Konflikten auseinanderzusetzen, die unzweifelhaft aus einem Kampf um die Finanzen entstehen werden – all dies bedeutet keine Steigerung, sondern eine Minderung wissenschaftlicher Effizienz, abgesehen davon, daß es einen Typus an die Universität ziehen könnte, der bisher glücklicherweise noch nicht beherrschend war: den reinen Wissenschaftsmanager ohne wirklichen wissenschaftlichen Eros.

Und noch ein weiterer grotesker Faktor ist im Zusammenhang mit der künftigen Arbeit des Hochschullehrers zu nennen: das Verbot, den entscheidenden, weil wissenschaftsadäquaten Maßstab zur Messung der Leistung des prospektiven Professors weiterhin anzuwenden – die Habilitation. Dieses sehr inhaltlich ausgerichtete Verfahren war tatsächlich qualitätssichernd. Noch dazu wurde es nicht dogmatisch gebraucht, es war – zumindest in den Geistes- und Sozialwissenschaften – der Königsweg, aber nicht der einzige Weg zur Professur.

Offenbar kann man aber auf diese Qualitätskontrolle verzichten, ebenso wie auf die mit der Habilitation verbundene Institution des Privatdozenten. Ökonomisch gesehen, ist das höchste

Unvernunft, denn der Privatdozent kostet nichts und muß dennoch lehren. Wissenschaftlich gesehen, ist das eine Katastrophe, denn mit dem Ende der Privatdozentur geht der Universität nicht nur ungeheuere Lehrkapazität verloren, sondern vor allem auch ein geistiges Potential, das unersetzbar ist. Gerade die freischwebende Existenz des Privatdozenten setzt mitunter eine Kreativität frei, die sich im sicheren Hafen der Professur vielleicht schwerer entwickeln oder bewahren läßt.

Außerdem sind Privatdozenten oft Menschen, die eben nicht rechnen – Menschen, die die „schenkende Tugend" praktizieren und die Universität mit einem Geist bereichern, der nicht der des Kapitalismus ist. Man sollte einmal den Anteil der Privatdozenten an der deutschen Geistesgeschichte, bspw. der Philosophie, untersuchen und sich dann die Frage stellen, ob man auf diesen Anteil hätte verzichten wollen. Das Argument, bei der Privatdozentur handle es sich um ein Ausbeutungsverhältnis, ist nur bedingt überzeugend; ist es vielleicht menschenfreundlicher, den inzwischen vielleicht auch nicht mehr so jungen Wissenschaftler nach Ablauf seiner Vertragszeit ohne Zusatzqualifikation wie die Habilitation schlicht von der Universität zu werfen, wie das wohl bei der Juniorprofessur möglich sein wird?

Die Folgen der Reformen für das Studium erscheinen auch nicht eben verlockend. Der mit Wissenschaftsfremdem okkupierte Hochschullehrer wird – ökonomisch denkend – seinen Aufwand dort reduzieren, wo die Kontrolle am schwierigsten ist: in der Lehre. Die restlose Ausfüllung der Seminarsitzung mit studentischen Referaten ist da ein probates Mittel; zudem liegt es für den von Projekt zu Projekt hetzenden Forscher nahe, seine in der Regel doch sehr spezifischen Projektinhalte zu Lehrinhalten umzufunktionieren. Von der vorgesehenen Verkürzung der Studienzeiten könnte man sich eine Konzentration auf die wesentlichen Inhalte erhoffen – wenn es nicht gleichzeitig Forderungen an ein zeitgemäßes Studium gäbe, die sich allesamt als Angriff auf dessen inhaltliche Seite erweisen könnten.

Es sind dies – bspw. von mehrheitlich mit Unternehmensvertretern besetzten Hochschulräten erhobene – Forderungen, unabhängig vom Fach verstärkt ökonomische Aspekte einzubeziehen, die Medienkompetenz zu schulen, den Praxisbezug zu intensivieren. Abgesehen davon, daß dies schon aus zeitlichen Gründen unweigerlich eine Reduzierung der inhaltlichen Ausbildung bedeutet, erzeugt das auch einen neuen Geist: wichtiger als der Inhalt wird die Fähigkeit, ihn – oder sich – zu verkaufen.

Wenn schon die Theologie aufgefordert wird, sich vermehrt um wirtschaftliche Kontakte zu bemühen; wenn Studenten als letzter Stand wissenschaftlicher Darbietung die power-point-Präsentation vorgeführt wird, bei der das gesprochene Wort nur noch der Erläuterung der bunten Bilder dient; wenn es den Studenten allmählich Mühe bereitet, in ihre verschiedenen Praktika auch noch ihr Universitätsstudium hineinzuzwängen, dann sind das Tendenzen, die Rückwirkungen auf die Substanz des Studiums haben müssen. Auch die immer beliebter werdenden Studiengänge, die aus einer Kombination der verschiedensten Fächer bestehen, können es an Tiefgang natürlich nicht mit dem traditionellen Fachstudium aufnehmen. Sie sind eher eine Karikatur des früheren studium generale – möglicherweise, aber auch das ist nicht sicher, zum Einstieg in das moderne Berufsleben geeignet, doch wohl kaum das vermittelnd, was man einmal mit dem Universitätsstudium verband: das Erlebnis wirklicher Bildung.

Damit ist der dritte eingangs angekündigte Aspekt angesprochen, die Auswirkungen der Reformen auf die Universität im ganzen. Die Universität darf keine Insel der Seligen sein, der Hort des Schönen, Guten und Wahren, dem Strom der Zeit enthoben. Es kann aber auch nicht ihre Aufgabe sein, sich als Wellenreiter zu betätigen und sich jeweils dorthin tragen zu lassen, wohin die Strömung sie treibt.

Daß der ökonomische Erfolg im modernen Leben zum Sinnzentrum geworden ist, ist Ausdruck einer durchgreifenden Orientierungskrise. Denn am Mehrhaben-Wollen kann man sich schlechterdings nicht orientieren, weil man Maßlosigkeit nicht zum Maß machen kann. Dazu zu befähigen, das rechte Maß zu finden, genau dies aber ist die Aufgabe von Bildung, einer Bildung, die Wissensvermittlung nicht primär als Mittel zur Einkommensmaximierung betrachtet, sondern vor allem als Mittel der Persönlichkeitsentwicklung. Zu dieser gehört die Förderung der individuellen Autonomie durch Herausbildung von Urteilskraft.

Kann eine unter ständigem Erfolgsdruck stehende Universität noch in dieser Weise bildend wirken? Wird es den Studenten der Zukunft überhaupt noch vergönnt sein, einen von der Leidenschaft für seine Sache durchglühten akademischen Lehrer zu erleben, der schon durch das Vorführen der eigenen wissenschaftlichen Existenz ein Bildungserlebnis par excellence darstellt – und der lebende Beweis dafür ist, welche Erfüllung darin liegen kann, eben nicht zu rechnen, sondern sich ganz an die Sache zu verschwenden? Bedeutet die durchgreifende Ökonomisierung der Universität nicht ein Heranzüchten von Krämerseelen, bei denen das Kalkül den Eros ersetzt und die kleinlich rechnen, wo es großzügig von der eigenen Fülle mitzuteilen gälte?

Aber wahrscheinlich, und das verändert die Perspektive auf das bisher Ausgeführte, bekommt die Universität jetzt nur zurück, was von ihr selbst ausging: Sie hat eben nicht hinreichend orientierend gewirkt, indem sie ihren Absolventen das Rüstzeug zur geistigen Selbständigkeit mitgegeben hätte. Vielmehr hat sie entweder vor der fragmentierten Wirklichkeit kapituliert, indem sie durch unendliche Diversifikation und Spezialisierung innerhalb der Fächer den Blick für den Zusammenhang verlorengehen ließ. Oder sie hat sich als Ideologienlieferant statt als Ideologiekritiker betätigt und damit jeden Versuch desavouiert, durch universitäre Bildung einen geistig gesicherten Stand in einer komplexen, widersprüchlichen Wirklichkeit zu erringen. Ihre eigene Orientierungslosigkeit oder Fehlorientierung hat in die Gesellschaft hineingewirkt, die, von der Wissenschaft, allen voran der Philosophie, derart im Stich gelassen, sich auf das einfachste Mittel besann, für sich ein Ziel zu bestimmen: den Gelderwerb. An diesem nun noch verbliebenen Maß der Ökonomie wird jetzt auch die Universität gemessen – und siehe, es gibt da vieles, was sich nicht rechnet.

Die Frage ist nur, ob die Universität die Gesellschaft nicht ein weiteres Mal im Stich läßt, wenn sie sich einem Maßstab beugt, dessen Herrschaft sie zumindest mitverantwortet hat und bei dem, wie unsere Spaßgesellschaft beweist, materieller Reichtum mit geistiger Verarmung erkauft ist. Wenigstens dort, wo der Geist seine Wohnstätte haben sollte, müßte die Herrschaft des Geldes ein Ende haben. Gibt es denn niemanden, der die Händler aus dem Tempel der Wissenschaft vertreibt?

Die Autoren

Audretsch, Jürgen, Dr. rer. nat., Univ.-Professor, Physik, Universität Konstanz

Beck, Ulrich, Dr. rer. soc., Univ.-Professor, Universität München und London School of Economics and Political Science

Bolz, Norbert, Dr. phil., Univ.-Professor, Kommunikationstheorie, Universität Gesamthochschule Essen

Eggers, Christian, Dr. med., Univ.-Professor, Psychiatrie und Psychotherapie des Kindes- und Jugendalters, Universität Essen

Frühwald, Wolfgang, Dr. phil., Dr. h.c. mult., Univ.-Professor, Universität München, Neuere Deutsche Literaturwissenschaft, Präsident der Alexander von Humboldt-Stiftung

Gerhardt, Volker, Dr.phil., Univ.-Professor, Philosophie, Humboldt-Universität zu Berlin

Glotz, Peter, Dr. phil., Professor, Kommunikationswissenschaft, Universität St. Gallen, Bundesgeschäftsführer der SPD von 1981 bis 1987

Höffe, Otfried, Dr. phil., Dr. h.c., Univ.-Professor, Philosophie, Universität Tübingen

Kirchhof, Paul, Dr. iur., Univ.-Professor, Institut für Finanz- und Steuerrecht, Universität Heidelberg, 1987-1999 Richter am Bundesverfassungsgericht

Köcher, Renate, Dr. rer. pol., Geschäftsführerin des Institut für Demoskopie Allensbach

Lösche, Peter, Dr. rer. pol., Univ.-Professor, Politikwissenschaft, Georg-August-Universität Göttingen

Meincke, Jens Peter, Dr. iur., Univ.-Professor, Bürgerliches Recht, Universität zu Köln, Rektor der Universität zu Köln von 1997 bis März 2001

Nida-Rümelin, Julian, Dr. phil., Professor, Philosophisches Seminar, Georg-August-Universität Göttingen, ehemaliger Staatsminister, Beauftragter der Bundesregierung für Angelegenheiten der Kultur und der Medien

Ossenbühl, Fritz, Dr. iur., Univ.-Professor, Öffentliches Recht, Rheinische Friedrich-Wilhelms-Universität Bonn

Schaeffer-Hegel, Barbara, Dr. phil., Professor für Erziehungswissenschaften, Technische Universität Berlin, Vorstandsvorsitzende der Europäischen Akademie für Frauen in Politik und Wirtschaft Berlin e.V.

Sieferle, Rolf Peter, Der Autor arbeitet als Historiker mit Schwerpunkt Umwelt- und Universalgeschichte an der Universität St. Gallen. In deutscher Sprache ist zuletzt sein Buch „Rückblick auf die Natur" (Luchterhand, 1997) erschienen. Sein aktuelles Buch „The Subterranian Forest" wurde 2001 in der White Horse Press Cambridge veröffentlicht.

Tönnies, Sibylle, Dr.iur., Professor, Bucerius-Law School Hamburg

Wapnewski, Peter, Dr. phil., Univ.-Professor für Germanistik an den Universitäten Heidelberg, Freie Universität Berlin, Karlsruhe und Technische Universität Berlin; von 1977-2002 Vize-Präsident des Goethe-Instituts. 1980 Gründungsrektor des Wissenschaftskollegs zu Berlin. 2002: Dr. h.c. der Universität Heidelberg

Zehnpfennig, Barbara, Dr.phil., Univ.-Professor, Politische Theorie und Ideengeschichte, Universität Passau

Quellennachweis

Audretsch, Jürgen: *Wissenschaft als Mythenlieferant. Naturwissenschaften in der Pop-Moderne*
   Aus: Forschung & Lehre 3/2002, Seite 125-128, der Text mit Abbildungen ist zu finden unter http://kaluza.physik.uni-konstanz.de/AU/Staff/audretsch/wissenschaftalsmythenlieferant/index.html

Beck, Ulrich: *Weltrisikogesellschaft revisited. Die terroristische Bedrohung*
   Aus: Forschung & Lehre 2/2002, Seite 62-64

Bolz, Norbert: *"Celebrity Design" und „Muddling Through". Die zwei Gesichter der postmodernen Politik*
   Aus: Forschung & Lehre 8/2002, Seite 415-416

Eggers, Christian: *Zwischen Bindungssicherheit und Desorientierung. Jugend aus psychotherapeutischer Sicht*
   Aus: Forschung & Lehre 7/2002, Seite 350-352

Frühwald, Wolfgang: *Als die Weisheit zur Bildung wurde. Anmerkungen zur historischen und zur aktuellen Bildungsdiskussion*
   Vortrag bei der 153. Zusammenkunft des Bremer Tabak-Collegiums am 6. Juni 2002 in den Franckeschen Stiftungen in Halle an der Saale

Gerhardt, Volker: *Was Biopolitik ist und was gegen sie spricht. Eine Analyse aus philosophischer Sicht*
Aus: Forschung & Lehre 8/2002, Seite 409-412

Glotz, Peter: *Dein Abgeordneter, der arme Schlucker*
Aus: Die Zeit, 18. Juli 2002, Seite 7

Höffe, Otfried: *Globalisierung und Lebenswissenschaften. Will Deutschland die Geisteswissenschaften aufgeben?*
Vortrag auf der Öffentlichen Akademie-Veranstaltung der Nordrhein-Westfälischen Akademie der Wissenschaften „Bildung und Forschung - Umdenken in NRW?", Düsseldorf, 12. Oktober 2002. Gekürzte Fassung erschienen in der Neuen Zürcher Zeitung, November 2002

Kirchhof, Paul: *Damit sich Ehrlichkeit lohnt*
Aus: Die Zeit, 8. Mai 2002, Seite 32

Köcher, Renate: *Was ist der Mensch?*
Einführungsreferat zum Schwerpunktthema: „Was ist der Mensch?" der Synode der EKD, Timmendorferstrand, 4. November 2002

Lösche, Peter: *Der Großkoordinator: Wie die Medien die politische Wirklichkeit auf den Kopf stellen*
Aus: Frankfurter Allgemeine Zeitung, 10. August.2002

Meincke, Jens Peter: *Kreativität, Intensität und Verständnis. Erwartungen an Studenten, Professoren und Politiker*
Aus: Forschung & Lehre 5/2002, Seite 235-242

Nida-Rümelin, Julian: *Zur kulturellen Dimension der Bildung*
Eröffnungsvortrag beim 18. Kongress der Deutschen Gesellschaft für Erziehungswissenschaft, München, 25. März 2002
In gekürzter Fassung erschienen in „Die Welt", 27. März 2002, S. 28 (unter dem Titel „Alles wandelt sich, der Humanismus bleibt")

Ossenbühl, Fritz: *Die Not des Gesetzgebers im naturwissenschaftlich- technischen Zeitalter*
Vortrag gehalten im Magnus-Haus am 8. Februar 2000. Gleichlautend gehalten vor der Nordrhein-Westfälischen Akademie der Wissenschaften und veröffentlicht als Vortrag G 376 n der Schriftenreihe der Akademie beim Verlag Ferdinand Schöningh, Paderborn 2000.

Schaeffer-Hegel, Barbara: *Zukunftsfaktor Kinder*
Aus Politik und Zeitgeschichte B 22-23/2002, Seite 3-6

Sieferle, Rolf Peter: *Die Natur treibt uns in die Defensive*
Aus: Frankfurter Allgemeine Zeitung, 26. August.2002

Tönnies, Sibylle: *Haben Sie Abitur?*
Aus: Frankfurter Allgemeine Zeitung, 7. Mai.2002

Wapnewski, Peter: *Vom Nutzen und Nachteil des Lesens für das Leben*
Erweiterte und veränderte Fassung eines Vortrages auf Einladung der „Stiftung Lesen" im November 2000 in Mainz. In gekürzter und veränderter Version vorgetragen am 23.November 2001 auf Einladung der Katholischen Universität Eichstätt-Ingolstadt

Zehnpfennig, Barbara:*Krämer im Tempel der Wissenschaft*
Ursprüngliche Fassung des Artikels, aus: Frankfurter Allgemeine Zeitung, 22. Mai 2002, in einer von der Redaktion überarbeiteten Form

Bei Fragen zur Produktsicherheit wenden Sie sich bitte an:
If you have any questions regarding product safety,
please contact:

Walter de Gruyter GmbH
Genthiner Straße 13
10785 Berlin
productsafety@degruyterbrill.com